LA SCIENCE

DE

LA LÉGISLATION,

M. le Chevalier GAETANO FILANGIERI.

Ouvrage traduit de l'Italien, d'après l'édition de Naples, de 1784.

TOME SECOND.

A PARIS,

Chez CUCHET, rue & Hôtel Serpente.

M. DCC. LXXXVI.

Avec Approbation & Privilége du Roi.

Οὐκ ἐςιν ὐδεν κρείττον ἢ νομοι πολει καλως τιθενται.

Nihil est civitati præstantius, quam leges rectè positæ. Eurip. in Supplicib.

TABLE

DES CHAPITRES

Contenus dans ce volume.

LIVRE DEUXIEME.

Des Lois politiques & économiques.

a ij

TABLE

Fin de la Table.

LA SCIENCE

DE LA

LÉGISLATION.

LIVRE DEUXIEME.

Des Lois politiques & économiques.

CHAPIRE PREMIER.

Des lois des anciens, & particulièrement des Grecs & des Romains, sur la population.

L A *population* & les *richesses* sont, comme je l'ai dit dans le plan de cet ouvrage, les deux objets des lois politiques & économiques. Il n'y a point

Tome II.   A

de société là où il n'y a point d'hommes, & il n'y a point d'hommes là où
il n'y a point de moyens de subsistance. Tout le monde aperçoit l'évidence
de ces rapports. Je parlerai d'abord de
la population. Fidèle au plan que je
me suis prescrit, je vais exposer rapidement tous les moyens que les anciens
Législateurs, & sur - tout ceux de la
Grèce & de Rome, ont imaginés pour
encourager la multiplication de l'espèce
humaine. L'ordre exige, qu'avant de
dire ce qu'il convient de faire, je parle
de tout ce qu'on a fait. Pénétrons donc
dans l'antiquité ; oublions, s'il est possible, cette longue suite de siècles qui la
sépare de nous ; appelons, en quelque
sorte, au tribunal de notre raison les
idées que les peuples les plus éclairés
ont eues sur la population, & examinons les tentatives qu'ils ont faites à
cet égard.

Chez toutes les nations, dans tous
les siècles, & dans toutes les espèces
de Gouvernemens, les Législateurs ont
considéré la multiplicité des hommes

comme un besoin de première nécessité : voilà pourquoi la population est devenue le premier objet de leurs soins. Je ne parle pas des Hébreux : on sait combien ce peuple avoit en horreur le célibat & la stérilité. C'étoit le respect pour l'opinion publique qui obligeoit l'Hébreu à devenir pere ; c'étoit la crainte de l'infamie qui le forçoit à seconder le vœu de la nature. Chez aucune nation, dit le savant Selden, la loi divine, qui prescrit la multiplication de l'espèce, n'a été observée avec un respect plus religieux que chez la nation Juive (1). Nous voyons dans les livres sacrés quels furent les progrès de leur population (2):

_____

(1) Voyez l'ouvrage de *Selden*, qui a pour titre, *de jure naturæ & gentium juxtà disciplinam Hæbreorum.*

(2) Il suffit de lire dans la Bible l'histoire des guerres de ce peuple, pour être frappé de l'excès de sa population. On voit dans le livre 1 des Paralipom. xxj, 5, 6, que les combattans étoient au nombre de 1,570,000, sans compter les tribus de Lévi & de Benjamin.

S'il existoit dans ces deux tribus un nombre proportionné d'hommes propres à faire la guerre, il est constant que ce peuple avoit alors 1,691,000 hommes en état de

A 2

leurs lois, dictées par la fageffe éternelle, étoient fans doute admirables à cet égard. Mais laiffons le peuple d'Ifraël; fes lois font trop connues, pour qu'il foit nécef-faire de les rappeler ici. Voyons ce qu'on a fait chez les autres nations; & d'abord commençons par les Perfes.

Tous les ans, dit Strabon, le Roi de cette belle & fertile contrée pro-pofe des récompenfes pour ceux qui don-neront le plus de citoyens à l'Etat (1). C'étoit là, comme on le voit dans Hé-rodote, le grand objet des lois de cette nation (2). Leur religion, leurs maximes de morale, leurs opinions, tout con-couroit à ce but. Un des dogmes de la religion des Mages, qui étoit alors la

porter les armes, ce qui fuppofe une population de 6,674,000 perfonnes; population bien extraordinaire fans doute, puifqu'au rapport de *Temple*, l'étendue de la Paleftine n'eft que la fixème partie de celle de l'An-gleterre. Voyez la defcription que *Jofephe* fait de la Ga-lilée (*lib. 3 ae Bello Judaïco, cap. 3.*) Lifez encore *Dion Caffius, lib. 69.*

(1) *Strab. Lib. 15, p. 733.*
(2) *Lib. 1, cap. 135.*

religion de la Perse, enseignoit que l'action la plus agréable à la divinité est de produire son semblable, de cultiver un champ, de planter un arbre. Si l'Abbé de St. Pierre eût voulu créer une secte, il n'auroit pu certainement prêcher un dogme plus utile.

Je rapporterai ici le dix-neuvième article du *Sadder*, qui est l'abrégé de l'antique & fameux *Zend-Avesta*. *Marie-toi dans ta jeunesse; ce monde n'est qu'un passage: il faut que ton fils te suive, & que la chaîne des êtres ne soit point interrompue.* Quel meilleur moyen pouvoient employer les Législateurs de la Perse, pour encourager la population, que l'ascendant de la morale, des dogmes, & de la religion? Mais si les lois de cet Empire étoient très-propres à favoriser la population, celles de la plupart des Républiques Grecques l'étoient également.

Dans toute la Grèce, dit Musonius, on ne pouvoit être impunément célibataire. Les lois établissoient des récompenses pour les pères de famille, &

A 3

puniſſoient la ſtérilité dans l'un & l'autre
ſexe (1). Diſpoſer de ſa poſtérité, c'étoit
commettre le même crime qu'attenter
à ſa vie. La loi voyoit également, &
dans le ſuicide & dans le célibataire,
un homme qui abuſoit de ſes droits, un
mauvais citoyen, un deſtructeur de la
ſociété. Il falloit donc éloigner l'homme
de ce délit, il falloit lui donner une
affection contraire. Voilà l'eſprit de
toutes les lois de la Grèce, relativement au mariage & au célibat. L'Hiſtoire
ne nous a tranſmis que celle des Athéniens & des Spartiates, dont nous allons
parler.

A Athènes, ſuivant Dinarque, ni les
orateurs, ni les commandans de l'armée ne pouvoient être admis au Gouvernement de la République, qu'après
avoir eu des enfans (2) ; & à Sparte,
il ſuffiſoit, au rapport d'Elien, d'avoir
trois enfans, pour être exempté de la
garde, & cinq pour être délivré de tou-

(1) *Muſon apud Sobœum, ſerm.* 73.
(2) *Dinarchus, invectiv, in Demoſt.*

tes les charges de la République (1). Il y a plus ; comme dans ces deux Républiques le célibat étoit puni , on introduisit quelques formules d'accusation relatives à ce délit. A Athènes , dit Pollux , on avoit établi une accusation d'*agamie* , ou de célibat : à Sparte , outre cette accusation de célibat , il y en avoit une qu'on appeloit d'*opsigamie* , contre les hommes qui se marioient trop tard , & une autre , qu'on appeloit de *cacogamie* , contre ceux qui faisoient un mauvais mariage (2).

L'union légitime des deux sexes étoit donc un devoir chez les Spartiates , & un devoir qu'il falloit remplir de la manière la plus utile pour l'espèce humaine. Tous les organes du corps s'affoiblissent à mesure que l'homme vieillit. Le mariage de deux personnes âgées n'est qu'une

----

(1) *Var. Hist. lib.* 6 *cap.* 6. Aristote dit la même chose , avec cette différence , qu'il croyoit que quatre enfans suffisoient pour exempter un citoyen de toutes les charges de la République. *Aristot. polit. lib.* 2 , *cap.* 9.

(2) *Julius Pollux in Onomastico* , *lib.* 8 , *cap.* 6.

A 4

action inutile ; mais il n'en est pas de même de celui d'un vieillard avec une jeune fille, ou d'un jeune homme avec une vieille femme. Ces confidérations déterminèrent les Spartiates à établir des peines contre *l'opfigamie* & la *oxogamie*, afin de prévenir des défordres que la nature condamne, & qui font incompatibles avec le maintien de l'ordre public (1). Les Légiflateurs, pour punir ce délit, ne fe fervirent que de l'infamie, parce qu'ils pensèrent, avec raifon, que c'étoit là le moyen le plus propre à prévenir les crimes dans une République, où les citoyens n'ont pas encore appris à méprifer l'opinion publique.

---

(1) Les lois romaines tentèrent auffi d'arrêter ces défordres : un des article de la loi *Papia Poppæa*, dont je parlerai plus bas, étoit précifément relatif à cet objet, *Sexagenario mafculo*, *quinquagenariæ feminæ nuptias contrahere jus ne efto*. Voyez Heineccius *ad leg. Jul. & Papiam Popp. Comment. lib.* 1., *cap.* 5, *pag.* 81, 82.)

On établit encore dans le Sénatufconfulte Prifcianien *Ut fexagenarii & quinquagenaria, licet inierint matrimonium, pœnis tamen celibatûs fubfint perpetuò.* Heineccius, *ibid.*

La peine des célibataires, dit Plutarque, étoit d'être exclus des jeux *Ginniques*, & d'aller, l'hiver, tout nus, dans la place publique, chanter une hymne de dérision contre les célibataires (1). La peine des *opsigames*, c'est-à-dire, de ceux qui se marioient trop tard, étoit, au rapport d'*Athénée*, d'être conduits, un jour de fête, près de l'autel, & d'y être fustigés par les femmes (2). L'Histoire ne nous parle pas des peines qui étoient établies contre la *cacogamie* ; mais on peut présumer qu'elles n'étoient pas moins déshonorantes.

---

(1) Voyez *Plutarque* dans la vie de *Lycurgue*. Le même Auteur rapporte un fait duquel on peut conclure, qu'indépendamment de cette peine, le vieillard célibataire étoit privé, à Sparte, de la considération & du respect que la jeunesse devoit rendre aux vieillards. Un vieux guerrier, fameux par sa bravoure, entre un jour dans une assemblée : un jeune homme, qui est près de lui, refuse de lui céder le siége sur lequel il est assis : Tu n'as point de fils, lui dit-il, qui puisse un jour me céder sa place : & cette réponse hardie, loin d'exciter la moindre rumeur, est applaudie universellement. (*ibid.*)

(2) *Athénée, lib.* 13, *pag.* 555.

Telles font les lois que les deux plus célèbres Républiques de la Grèce avoient faites pour encourager la population. Le temps nous a fait perdre celles des autres Républiques ; mais il y a lieu de croire qu'elles étoient formées fur le même plan. Plusieurs faits de l'Histoire de la Grèce, nous autorisent à le conjecturer ; & un de ces faits, rapporté par Diodore de Sicile, nous le démontre évidemment. Epaminondas, frappé d'un coup mortel, étoit près d'expirer : Pelopidas s'approche, & lui dit : O, mon ami, tu meurs, & fans laisser de fils à la patrie ! Non, répond Epaminondas, j'en laisse deux, la victoire de Leuctres & celle de Mantinée (1). Heureux fiècle ! heureufe République, où la paternité eft le premier devoir du citoyen, & où un homme, qui meurt, fans enfans, a befoin de deux victoires pour expier cette faute (2) !

_____

(1) *Diodore de Sicile*, lib. 15, cap. 87.

(2) Le nombre confidérable de colonies grecques, établies fur les côtes de l'Italie, de l'Afie, & de l'Afrique,

Si de la Grèce je paſſe à Rome, je vois des lois en faveur de la population, commencer avec Rome même. Romulus accorde les plus grands privilèges aux peres de famille, donne aux maris des droits preſque illimités ſur leurs femmes (1), & aux pères ſur leurs enfans (2). Il encourage la population par l'amour du pouvoir, qui, comme on l'a vu, eſt le grand principe d'activité de tous les hommes & de tous les

ſuffiroit, au défaut de toute autre preuve, pour nous faire connoître la ſageſſe des lois que les Grecs avoient faites relativement à la population. Dion, *lib.* 12, & Thucydide, *lib.* 3, diſent que les *Trachiniens*, ayant perdu une grande quantité de leurs citoyens, ne firent autre choſe que demander à Sparte, leur métropole, 10,000 hommes, pour remplir le vide de leur population. Plutarque rapporte, que Timoléon ayant, après l'expulſion de Denis le Tyran, trouvé Syracuſe & Selinunte entierement dépeuplées, invita les Grecs à s'y établir, & que ſon offre fut ſur le champ acceptée par 60,000 perſonnes. (*Vie de Timoléon.*) Une mere qui n'a qu'un petit nombre d'enfans, ne les donne certainement à perſonne.

(1) *Aulugelle, lib.* 17, *cap.* 6.
(2) *Denis d'Halicarnaffe, lib.* 2, *pag.* 96.

Gouvernemens (1). Augufte , dans fa harangue rapportée par *Dion*, dit que, dans les premiers temps de la Républi-que, le Sénat & le peuple firent un grand nombre de réglemens pour déterminer les citoyens au mariage (2). Numa em-pêche, par fes lois, que la proftitution ne pénètre dans Rome (3); il emploie tous les moyens qui peuvent exciter les en-fans à obtenir de leurs pères la permif-

---

(1) *Liv.* 1, *chap.* 12.

(2) *Dion*, *lib.* 56.

(3) C'étoit une coutume établie chez les Romains, que les nouvelles mariées, dans le temps que l'on faifoit un facrifice à Junon, Déeffe protectrice du mariage, en touchaffent l'autel. Ainfi, *toucher l'Autel de Junon*, & *fe marier*, exprimoient la même chofe. Numa, pour éloigner les femmes de la proftitution, ordonna que celle qui le feroit, une feule fois, livrée à un homme, ne pourroit participer à cet honneur, qu'après avoir offert un facrifice d'expiation à fa Déeffe, en habit de deuil, & avec tout l'extérieur de l'humiliation. Voy. *Heinec-cius*, *Comment. ad leg. Juliam*, & *Papiam Poppæam*, *lib.* 1, *cap.* 2. Les expreffions de cette loi de Numa nous ont été confervées en leur entier par *Feftus*. *Pellex afdm. Junonis ne tagito, fei tagit, Junonei crenobis demifis, ac non fœminant credito.* Voyez *Feftus*, au mot *Pellex.*

fion de fe marier (1), & qui peuvent les
dérober à cette féduction dangereufe
d'une volupté toujours indépendante &
toujours variée, fi propre à rendre le
mariage infupportable à ceux qui ne
favent plus goûter les plaifirs de l'innocence. La cenfure eft établie quelque
temps après : elle travaille conftamment
à arrêter le célibat & à favorifer la population; elle condamne les célibataires
à une peine pécuniaire, nommée *multa
uxaria* (2). On lit dans Aulugelle le
fragment d'un difcours du Cenfeur P.
Scipion l'Africain, qui prouve que la
cenfure ne fe contentoit pas de punir
le célibataire, mais qu'elle accordoit

---

(1) Il ordonna qu'un père qui auroit donné à fon fils la
permiffion de fe marier, n'auroit plus le droit de le vendre.
Voyez *Plutarque*, *Vie de Numa*, pag. 71. Il eft aifé de
fentit combien une loi de cette nature devoit exciter les
enfans à folliciter de leurs pères la permiffion de fe marier.

(2) (Feftus, v°. *uxorem*). *Cenfores, illos omnes qui ad
feneftutem cœlibes pervenerant A. E. R. A. pœnæ nomine
in ærarium deferre juffiffe.* (Valerius Maxim. lib. 2,
cap. 9).

encore de grandes récompenfes aux citoyens qui avoient donné des enfans à la république (1). Les célibataires étoient privés de la confiance publique, & par conféquent du droit d'être appelés en témoignage (2). Cependant on voit les Romains, dans les temps poftérieurs à cette époque, ne regarder plus le mariage qu'avec une averfion extrême, au milieu de toutes les lois qui le protégeoient, & fous les yeux même des cenfeurs, qui fembloient n'être occupés qu'à en refferrer les liens. L'on ne doit point être étonné d'une pareille révolution. En effet, que peuvent les encouragemens,

---

(1) *Animadvertimus, in oratione P. Scipionis, quam Cenfor habuit ad populum inter ea, quæ reprehendebat, quod contrà majorum inftituaz fuerent, id etiam eum culpaffe, quod filius adoptivus patri adoptatori inter præmia patrum prodeffet.* (*Aulugell, lib. 5, cap. 14.*)

(2) La première queftion que l'on faifoit à ceux qui fe préfentoient pour prêter ferment, étoit celle-ci. *Ex animi tui fententiâ tu equum habes, tu uxorem habes?* La loi croyoit que celui qui n'avoit ni cheval ni femme, étant indigne de fa confiance, ne devoit pas être admis au ferment.

lorfqu'il exifte de grands obftacles ? Que peuvent des lois que les citoyens n'ont aucun intérêt de fuivre ? à quoi fert la cenfure, lorfque la corruption eft univerfelle ? Nous favons à quel excès étoit parvenu le luxe des dames Romaines (1); nous favons quels progrès avoit faits dans Rome l'incontinence publique (2); nous connoiffons l'étonnante quantité d'efclaves qui y exiftoient. Toute l'Afie, toute l'Afrique, toutes les provinces fuffifoient à peine pour fournir à la capitale cette malheureufe claffe d'hommes, inftrument & victime du luxe & de l'oifiveté des Romains (3). L'agriculture languiffoit

---

(1) L'Hiftoire nous rappelle fouvent tous ces miniftres de la volupté romaine, qui, fous les noms de *Ornatrici*, *Veftiplici*, *Cinifloni*, *Pfecadi*, *Teffitrici*, *Untatrici*, &c., étoient devenus, pour les femmes, des objets de première néceffité.

(2) Je parle des temps de la décadence de la République. Voyez dans la harangue d'Augufte, rapportée par *Dion* (Dion lib. 46), comme cet Empereur reproche aux Romains leur libertinage.

(3) Tous les écrivains anciens nous parlent de cette importation continuelle d'efclaves qui venoient de la

en Italie (1); les campagnes, abandonnées
par les citoyens, étoient devenues l'habi-
tation des esclaves; & la terre, arrosée de
la sueur de ces êtres infortunés, sembloit
avoir perdu, sous leurs bras serviles, son
ancienne fécondité (2). Les discordes

Syrie, de la Cilicie, de la Capadoce, de l'Asie mineure,
de la Thrace, & de l'Egypte. *Strabon* (liv. 14) dit, qu'à
Delos en Cilicie, dix mille esclaves furent vendus en un
seul jour. Un palais à Rome en renfermoit jusqu'à quatre
cents, comme l'apprit un événement terrible. On mit à
mort tout ce nombre de malheureux, pour n'avoir pas
empêché l'assassinat de leur maître. *Tacite, annal. liv.*
14, *ch.* 43. A mesure que Rome se peuploit d'esclaves,
elle se dépeuploit de citoyens.

(1) Les Auteurs du siècle d'Auguste & des siècles sui-
vans gémissent sur la décadence de l'agriculture en Italie.
Voyez *Columelle* (*Proëm. lib.* 1, *cap.* 1 & 17); *Horace*,
(*lib.* 2, *od.* 15); *Varron* (*lib.* 3, *cap.* 1); *Tacite*,
(*annal. lib.* 3, *cap.* 34); *Suetone, in Vitâ August. cap.* 42.

(2) Sans les ergastules, dit *Tite-Live*, une partie de
l'Italie ne seroit qu'une vaste solitude. Ces campagnes,
dit *Sénèque* (*Controv.* 5, *lib.* 5), autrefois si riches,
parce qu'elles étoient labourées par des citoyens, ne
sont aujourd'hui remplies que d'ergastules. L'Italie, dit
Pline (*lib.* 18, *cap.* 3), n'a presque d'autres laboureurs,
que des malheureux, dont l'existence entiere est dévouée
à la servitude & à l'opprobre. On me demandera, dit

intestines

inteſtines, les attentats de la tyrannie, la défiance, la crainte, les vengeances de l'ambition, & la lutte continuelle du deſpotiſme contre la liberté, enlevoient chaque jour à la patrie une portion conſidérable de citoyens, & privoient l'autre de ſûreté & de tranquillité (1).

Que pouvoient les efforts de la loi, contre l'action deſtructrice de tant de forces combinées ? Céſar & Auguſte, qui voyoient la population diminuer & les mariages devenir plus rares, travaillèrent, non point à détruire les cauſes de ce mal, mais à en affoiblir les effets : ils s'occupèrent, l'un & l'autre, à imaginer des moyens qui euſſent le pouvoir de rattacher, pour ainſi dire, au mariage, des hommes qui en abhorroient les liens (2).

Tite-Live (*lib.* 6), où les Volſques ont pu retrouver tant de ſoldats pour faire la guerre, après avoir été tant de fois vaincus. Il devoit exiſter une population immenſe dans cette contrée, qui ne ſeroit aujourd'hui qu'un déſert, ſi elle n'étoit habitée par une poignée de ſoldats & d'eſclaves Romains.

(1) Voyez *Appien*, *de bello civili*, *lib.* 2.

(2) Céſar, ayant voulu faire un dénombrement, après

Tome II. B

Ils rétablirent la censure, & voulurent
même être censeurs (1). Mais si un cen-
seur peut conserver les mœurs dans un
Etat, il ne peut jamais les ramener à

---

la guerre civile, ne trouva que 150,000 Romains. *Voyez
l'Epitome de Florus*, sur la douzieme décade de *Tite-Live.
Suétone, Vie de César*, chap. 41. *Appien*, ibid. *Plutarque, Vie de César*.

Lorsqu'on a lu dans Tite-Live la description des
dénombremens antérieurs, on sent combien, dans le
temps dont je parle, la population de Rome avoit souffert
d'atteintes funestes. Si le récit de Fabius, qui est rapporté
par cet Historien (décad. 1, lib. 1, cap. 17), n'étoit point
exagéré, on pourroit croire que le nombre des citoyens
Romains avoit été deux fois plus considérable sous Ser-
vius Tullius, qu'il ne le fut ensuite sous Jules-César; car
il dit que dans le dénombrement qui fut fait par ce Roi,
on trouva 80 mille hommes en état de porter les armes.
Mais sans s'arrêter à ce dénombrement, qui paroît invrai-
semblable, que l'on examine les dénombremens posté-
rieurs, en commençant depuis le quatrième siècle de
Rome jusqu'au septième, & l'on verra que les dix-huit
dénombremens antérieurs à César, dont il est fait mention dans les livres de Tite-Live qui nous restent, & dans
le sommaire de ceux qui sont perdus, excédèrent tous le
nombre de 200 mille : sept en offrirent 250 mille; cinq,
300 mille; trois, 350 mille, & deux, 400 mille.

(1) Dion, lib. 43.

leur pureté primitive. Ils firent divers réglemens qui n'eurent pas la moindre utilité. César donna des récompenses à ceux qui avoient beaucoup d'enfans (1). Il défendit aux femmes qui avoient moins de quarante-cinq ans, & qui n'avoient ni maris, ni enfans, de porter des pierreries, & de se servir de litières (2), méthode excellente, dit Montesquieu, d'attaquer le célibat par la vanité (3). Auguste fit plus encore; il imposa des peines nouvelles à ceux qui n'étoient point mariés, & augmenta les récompenses de ceux qui l'étoient & de ceux qui avoient des enfans. Mais ces lois alloient trop directement à leur but; aussi rencontrèrent-elles une infinité d'obstacles. Quelques années après, les chevaliers Romains en demanderent la révocation (4). Cette honteuse demande

---

(1) Suétone, Vie de César, chap. 20.

(2) Eusebe, dans sa Chronique.

(3) Esprit des Lois, lib. 23, cap. 21.

(4) Dion, lib. 56.

B 2

donna lieu à la harangue célèbre d'Augufte , rapportée par Dion (1). Ce difcours, qui refpire la gravité des anciens
cenfeurs , offre le tableau déplorable
d'une République que fes vices intérieurs minent & confument lentement.
Comme il eft très-long, je n'en rapporterai que les dernières paroles. Après
avoir démontré la néceffité de la population , & prouvé combien il eft effentiel de contracter des mariages ; pour
remplacer cette foule de citoyens que
les guerres, les maladies, & les difcordes
civiles enlèvent chaque jour à la patrie ;
après avoir dit que c'eft à la corruption
des mœurs qu'il faut attribuer cette averfion , prefque univerfelle , contre les
unions légitimes ; après avoir rappelé
les récompenfes qu'il avoit établies pour
le mariage; après avoir promis fon amitié
à tous les pères de famille , & leur avoir
affuré qu'ils auront toujours la préférence dans la diftribution des charges de

---

(1) Dion , ibid.

Magiſtrature, il ſe tourne vers les célibataires ; & paroiſſant incertain ſur le
nom qu'il doit leur donner : « Vous
n'êtes pas des hommes, leur dit-il ; car
vous n'avez donné aucune preuve de
cette qualité. Vous n'êtes pas des Romains , puiſque vous faites tous vos
efforts pour détruire la République. Je
pourrois vous appeler des homicides,
puiſque vous privez l'Etat de ces citoyens que vous êtes en état de faire
naître ; des impies, puiſque vous déſo-
béïſſez aux volontés des Dieux ; des ſa-
criléges, puiſque vous ſouffrez tranquil-
lement que les noms & les images de
vos aïeux périſſent ; des perfides, puiſque
vous cherchez à déſoler la patrie & à
lui enlever des citoyens. Mais tous ces
noms ne ſuffiroient pas encore pour vous
dire tout ce que vous êtes. Sortez donc
de cet état, ſi vous avez pour moi quelque ſentiment d'amitié ; & ſi ce n'eſt
pas pour me flatter, mais pour m'honorer réellement , que vous m'avez
donné le nom de père, donnez, je vous
en conjure , donnez des citoyens à

B 3

l'Etat ; alors je participerai moi-même à tous les biens que vous ferez naître pour la patrie , & je serai véritablement digne de ce nom sublime » (1). Après avoir ainsi terminé sa harangue , Auguste donna la fameuse loi qu'on nomma de son nom *Julia* , & *Papia Poppæa* , du nom des Consuls d'une partie de cette année-là. La grandeur du mal, dit Montesquieu , paroissoit dans leur élection même : Dion nous dit qu'ils n'étoient point mariés , & qu'ils n'avoient point d'enfans (2).

Mon dessein n'est point de commenter ici cette loi , ni de rapporter les différentes parties dont elle est composée : ce travail m'entraîneroit trop loin de mon sujet. Je renvoie le Lecteur au profond ouvrage du célèbre Heineccius, qui l'a expliquée par le développement de la

---

(1) Je n'ai pas traduit littéralement ce morceau, mais on verra , en lisant le texte grec , que je l'ai suivi avec assez de fidélité.

(2) Esprit des lois , liv. 23 , chap. 21 ; & Dion , lib. 56.

plus vafte érudition (1). Je me contenterai de dire, que tous les efforts d'Augufte furent inutiles, & que les Romains
continuèrent de regarder d'un œil d'averfion, comme auparavant, & le mariage,
& la paternité. C'eft ce que Tacite vouloit faire entendre, lorfque, parlant des
mœurs des Germains, il difoit : C'eft
commettre un crime, chez eux, que de
ceffer d'être père, ou de mettre à mort
quelqu'un de fes parens. Les bonnes
mœurs y ont plus de force que les lois
n'en ont ailleurs (2). On ne peut douter
que Tacite ne voulût faire allufion aux
mœurs des Romains, qui, pour ne point
encourir les peines portées par la loi
Papia Poppæa, contre celui qui n'avoit
point d'enfant, fe marioient, &, après
en avoir eu un, répudioient leurs femmes, ou les faifoient avorter, au moment qu'ils apercevoient les premiers
fignes de maternité. Ils avoient imaginé

_____

(1) *Ad leg. Jul. & Pap. Poppeam, commentarius.*
(2) *De morib. German.*

B 4

cette exécrable reffource, pour éluder
la partie de la loi *Papia Poppæa* qui
défendoit à ceux qui n'étoient pas mariés
de rien recevoir des étrangers, foit par
inftitution d'héritier, foit par legs; &
à ceux qui, étant mariés, n'avoient
point d'enfans, de recevoir plus de la
moitié de l'hérédité ou du legs (1).
Voilà pourquoi Plutarque dit que les
Romains fe marioient pour être héritiers,
& non pour avoir des héritiers (2). Les
récompenfes & les peines établies par
Augufte pour encourager la population,
ne furent pas de la moindre utilité pour
Rome. Le mal avoit plus de force que
les remèdes n'avoient d'activité. Les

---

(1) Cette difpofition étoit renfermée dans les chapitres
36 & 37 de la loi Papia Poppæa. *Cœlibes, nifi intra centum
dies huic legi parucrint, neque hæreditatem, neque legatum
ex teftamento, nifi proximorum, capiunto.*

Si qui conjugum mafculus (ultrà XXV *annum) femina
(ultrà vicefimum) orbi erunt, femiffem reliftorum tan-
tum capiunto.* (Voyez *Heineccius, comment. ad leg. Jul.
& Papiam Poppæam, lib.* 1, *cap.* 5.)

(2) *Plutarque, Œuvres morales*, au Traité *de l'amour
des pères envers leurs enfans.*

Germains, comme nous l'avons vu dans le paffage de Tacite, n'avoient befoin ni de peines, ni de récompenfes, pour regarder le mariage comme le premier devoir du citoyen, & la paternité comme le plus doux bienfait du mariage : les Romains, au contraire, avec toutes leurs lois, détestoient l'un, & redoutoient l'autre (1).

Quel jugement porterons-nous donc fur ces lois d'Augufte? Etoient-elles les meilleures qu'on pût imaginer? doit-on donner le nom de bonne à une loi qui n'eft pas propre à produire l'effet que le Légiflateur a en vue, & l'inutilité eft-elle, en matiere de Légiflation, une circonftance indifférente? Si c'eft mal raifonner en général que de juger de la na-

(1) Voyez *Pline*, lib. 4, lett. 15; *Tacite*, Annal. lib. 15; & *Amien Marcellin*, lib. 14, chap. 19. On voit dans ce dernier, que ces défordres s'étoient confervés jufques à fon fiècle. *Vile tunc Romæ exiſtimatum quidquid extrà urbis pomœria natum fuiſſet, præter orbos & cœlibes, nec credi poſſe quâ obſequiorum diverſitate culti ſint homines ſine liberis, ut hi, qui patres fuerint, tanquàm in capita mendicorum cœlibes dominarentur.*

ture des chofes par leurs effets, il n'en
eft pas de même lorfqu'on parle des lois.
Voilà pourquoi, après avoir expofé toutes
les idées que les anciens Légiflateurs
ont eues fur la manière d'accélérer les
progrès de la population, j'ai befoin de
confidérer les effets , pour juger de l'état
actuel de la Légiflation à cet égard ; &
pour voir fi les lois de l'Europe concernant la population , font les plus propres
à accroître le nombre des hommes. Je
me propofe donc, afin d'établir fur ce
fujet un principe certain , d'examiner fi
l'Europe eft auffi peuplée qu'elle pourroit
l'être. Cette recherche , très-intéreffante
pour la Science de la Légiflation , fera
l'objet du chapitre fuivant.

CHAPITRE II.

Etat actuel de la population de l'Europe.

JE n'examinerai point ici la question célèbre, agitée par tant d'Ecrivains, si le monde a été autrefois beaucoup plus peuplé qu'il ne l'est aujourd'hui. Malgré toute la force que donneroit à mes idées l'opinion de ceux qui se sont déclarés en faveur de la population des temps anciens, la bonne foi, dont je fais profession, ne me permet point de cacher mes sentimens sur cet objet. Pour peu qu'en lisant leurs écrits, on fasse usage d'une saine critique, il sera facile de voir combien sont fausses les données sur lesquelles ils appuient leurs calculs chimériques. Ceux de Vossius & de Wallac révoltent tout lecteur de bon sens. Si ces deux écrivains, très-érudits il est vrai, mais très-peu philosophes, avoient été chargés, par l'antiquité, du soin de la

défendre, ils n'auroient pas pu s'écarter
avec moins de fcrupule de toutes les
règles de la critique, ni autant abufer
de l'Hiftoire, qu'ils l'ont fait : ils n'étoient
animés que de l'efprit de fyftême, & de
cette manie fi commune aux philolo-
gues & aux orateurs, de faire parade de
leurs talens dans la défenfe d'une mauvaife caufe.

Après les lumières que le célèbre
Hume a répandues fur ce fujet, il n'eft
pas poffible de douter que, malgré la
diminution que la population a éprouvée
en particulier dans quelques régions de
l'Europe, elle ne foit cependant en général plutôt accrue que diminuée (1).

Mais eft-elle dans l'état où elle pourroit & devroit être ? Cette autre queftion
eft beaucoup plus intéreffante que la
première, & beaucoup plus aifée à réfoudre ; mais elle nous mène à quelques
réfultats, dangereux pour celui qui les
annonce, & humilians pour ceux qui
en font la caufe.

_____

(1) Hume, *Difcours politiques.* Difcours 10.

L'indice le plus sûr de l'état de la population d'un pays, est sans doute l'état de son agriculture. Si, par exemple, l'agriculture est fort loin de ce degré de perfection auquel elle auroit pu parvenir; si une portion du territoire de ce pays n'est point cultivée, & que l'autre, par le défaut de culture, ne produise point ce qu'elle pourroit produire; si des marais infects, qu'on auroit pu desssécher, couvrent une partie de son sol; si une autre partie est hérissée de forêts inutiles; si des terreins fertiles, qui pourroient être chargés d'épis, sont condamnés à ne produire que des herbes sauvages & à présenter aux animaux une chétive pâture; si, en un mot, on observe que les habitans de ce pays demandent à la nature beaucoup moins que ce qu'elle pourroit offrir à leur industrie; alors, sans aller chercher des dénombremens, des calculs, & d'autres vaines conjectures, on peut assurer, avec certitude, que sa population est peu considérable. Cette vérité est si claire & si évidente, qu'il seroit ridicule de s'engager à la démontrer.

Etablissons-la donc comme une donnée sûre, & jetons ensuite un coup-d'œil philosophique sur l'état de l'Europe.

Quelle est, je le demande, la nation de l'Europe qui peut se glorifier d'avoir porté son agriculture, je ne dis pas au plus haut degré de perfection, mais à un simple degré de médiocrité..? Quelle est la nation dont la moitié ou le tiers au moins du territoire n'est pas inculte ou couvert par des forêts inutiles, ou par des eaux stagnantes, ou par des pâturages superflus? Est-il, en Europe, un peuple qui puisse dire, comme l'industrieux Chinois : « La terre que nous habitons est employée tout entière à pourvoir à notre subsistance ; nous ne partageons point avec les bêtes sauvages ses productions précieuses ; le riz, qui est notre premier aliment, couvre toute la surface de notre vaste Empire ; les eaux des fleuves sont, en quelque sorte, elles-mêmes des surfaces sur lesquelles nous élevons, quand cela nous est possible, nos habitations mobiles ; nous avons bâti sur elles nos villages flottans, pour ne point dérober à la culture cette portion de terre qu'occuperoient les maisons (1) ; les arbres, que l'on trouve ailleurs entassés les uns sur les autres, & qui cachent les terrains les plus fertiles, nous les avons, avec une sage économie, distribués dans des lieux qui ne seroient propres à nulle autre production ; la terre, que dans d'autres endroits on laisse oisive, est contrainte, par nos efforts vigoureux, à nous renouveler ses bienfaits trois fois chaque année : en un mot, la générosité de la nature est proportionnée au nombre des bras que nous employons à la feconder »? Hélas ! à l'exception de quelques petits Etats d'Italie & de quelques Républiques dont le territoire est extrêmement borné, les peuples de l'Europe font bien éloignés de pouvoir tenir un pareil langage ! Il suffit de fortir des capitales de nos grands États, où une consomma-

---

(1) On fait qu'il y a dans la Chine un très-grand nombre de familles qui habitent fur les eaux des fleuves dans des édifices faits en forme de petits navires.

mation confidérable anime la culture des terres voifines, pour apercevoir, à mefure qu'on s'en éloigne, le trifte fpectacle de la ftérilité.

L'état de l'agriculture de l'Europe nous attefte donc le mauvais état de fa population.

Quelle eft la conféquence qui doit naître de cette réflexion ? C'eft que la Légiflation eft défectueufe en Europe, puifque, comme on l'a dit, en matiere de politique, c'eft toujours par les effets qu'il faut juger de la nature des caufes.

Dans le cours ordinaire des chofes, la nature humaine tend à fe multiplier prodigieufement. Toutes les fois qu'un homme aura de quoi nourrir fans peine une femme & des enfans, il écoutera le vœu de la nature. Le plaifir de s'éternifer en quelque forte dans fes defcendans, a quelque chofe de fi doux, l'état du mariage eft fi féduifant, que tout citoyen, qui ne fera pas dans l'impoffibilité d'en foutenir les charges, fuivra le penchant qui l'y porte. C'eft une vérité que plufieurs Ecrivains célèbres

bres

bres ont démontrée jufqu'à l'évidence (1),
& que l'expérience de tous les fiècles a
rendue inconteftable. Ainfi, dans tout
État où, fans un fléau extraordinaire,
dont quelquefois le ciel afflige les nations, la population ne s'augmente point,
ou s'augmente à pas lents, c'eft-à-dire,
d'une manière qui n'eft pas proportionnée à la fécondité naturelle, il faut en
conclure qu'il y exifte un vice de politique, dont la force peut être mefurée
par la différence qui fe trouve entre la
population exiftante & la population
poffible.

Que l'on compare en Europe le nombre des gens mariés avec celui des célibataires, & qu'on juge, par ce feul calcul,
quels font les défauts de notre politique
& les vices deftructeurs de la Légiflation

(1) Voyez les Effais de Hume, premiere partie. chap.
25 (fur la nature du commerce); l'Ami des hommes,
& plufieurs autres Écrivains politiques. Vo ez auffi l'Ouvrage du Comte Verri, intitulé Méditations fur l'économie
publique, §. xx.

Tome II.　　　　C

actuelle. Nos Législateurs ont connu
le mal ; mais en ont-ils connu les causes ? en ont-ils trouvé les remèdes ?
Qu'a-t-on fait jusqu'à ce jour ? que
fait-on encore pour en détruire le principe ? Ce que fait un médecin, lorsque,
sans connoître la cause du mal, il veut
en arrêter les effets. On propose quelques encouragemens en faveur du mariage & de la paternité : on accorde
quelques foibles exemptions aux citoyens
qui ont donné un certain nombre d'enfans à l'Etat : on prive les célibataires
de quelques prérogatives ; & cependant
on laisse subsister les obstacles qui empêchent la plus grande partie des hommes
de se marier & de devenir pères.

Otez les obstacles, & ne vous embar-
rassez point de toutes ces amorces & de
ces encouragemens. La nature invite
assez au mariage, pour que l'homme n'ait
pas besoin d'autres secours. Que le
Prince ne donne rien, dit Pline, mais
qu'il ne retranche rien ; qu'il ne nour-
risse point, mais qu'il ne tue pas ; & par-

tout naîtront des enfans (1). Au lieu
d'imaginer tant d'encouragemens & de
récompenſes, la Science de la Légiſlation doit ne conſidérer que les obſtacles.
Elle doit examiner quelles ſont les entraves qui arrêtent les progrès de la population, & quels ſont les moyens qu'on
doit employer pour les écarter ou les
détruire. C'eſt à ces deux objets que
doit être réduite toute la partie de cette
Science qui a pour objet la multiplication de l'eſpece. Pour avancer avec ordre
dans ces recherches, poſons ici d'abord
un principe général qu'ont adopté, comme
un axiome, tous les Ecrivains politiques
du ſiècle : *Tout ce qui tend à rendre la ſubſiſtance difficile, tend à diminuer la population.*

_____

(1) *Atque adeò nihil largiatur Princeps, dùm nihil aufe-
rat; non alat, dùm non occidat; nec deerunt qui filios concu-
piſcant.* Pline, Panégyrique de Trajan.

C 2

CHAPITRE III.

Petit nombre de propriétaires : nombre infini de non propriétaires ; premier obstacle à la population (1).

LA propriété est la source productive du citoyen, & le sol est le lien qui l'attache à la patrie. Un citoyen qui vit au jour la journée, a le mariage en horreur, parce qu'il craint de faire naître des malheureux.

---

(1) Le principe incontestable que je viens de poser, m'engageroit à mettre au premier rang des obstacles qui s'opposent à la population, toutes les causes qui arrêtent les progrès de la richesse publique, c'est-à-dire, celles qui empêchent l'agriculture, les arts, & le commerce de prospérer, puisque toutes ces causes tendent à rendre la subsistance plus difficile; mais comme je dois en parler dans la suite avec étendue, pour ne point confondre l'ordre des choses, je m'abstiens ici de les considérer séparément sous cet aspect. Il me suffit d'avoir observé dans cette note qu'on doit aussi les compter parmi les objets qui nuisent le plus à la population.

Un propriétaire désire de se marier : tout nouveau bras est pour lui un bien- fait de la Providence, & le doux espoir d'acquérir un appui pour sa vieillesse, & un héritier pour ses biens, excite en lui le désir de faire naître une famille robuste. Il faudroit peu d'efforts pour démontrer cette vérité, par l'histoire de toutes les nations & l'expérience de tous les siècles. Mais je ne veux point m'écar- ter des principes que j'ai établis. J'ai dit que tout ce qui tend à rendre la subsis- tance plus difficile, tend aussi à diminuer la population. Or le petit nombre de propriétaires, & le nombre infini de non propriétaires doit nécessairement produire cet effet. Voici mes preuves.

Considérez l'état de toutes les nations, ouvrez le grand livre des sociétés ; vous les trouverez divisées en deux partis irréconciliables. Les propriétaires & les non propriétaires ou les mercenaires, forment ces deux classes de citoyens, malheureusement ennemies l'une de l'au- tre. Vainement les moralistes ont cherché les moyens d'établir un traité de paix

C 3

entre ces deux conditions. Le propriétaire tâchera toujours d'acheter du mercenaire fon ouvrage au moindre prix poffible , & le mercenaire s'efforcera de le
lui vendre le plus cher qu'il pourra. Dans
ce marché , laquelle des deux claffes
fera léfée ? Il n'en faut point douter ;
ce fera la plus nombreufe. Pour le malheur de l'Europe, par un vice énorme
de Légiflation , la claffe des propriétaires
n'eft qu'un infiniment petit relativement
à celle des mercenaires. Or de cette funefte difproportion , naît le défaut de
fubfiftance dans la plus grande partie des
citoyens qui compofent la claffe des mercenaires. La concurrence, qui réfulte de leur
multitude , doit néceffairement avilir le
prix de leurs ouvrages. Elle l'avilit en effet.
Quinze ou vingt fous, tout au plus, font le
prix ordinaire, dont fe paye, chez nous, la
journée entiere d'un homme de labour ,
qui ne trouve à travailler que pendant
quelques mois de l'année. On peut fans rifque, dans ce calcul, diminuer ce prix d'un
tiers , parce qu'il refte au moins un tiers
de l'année fans occupation. Malheureux !

fourniffez maintenant aux befoins d'une famille, avec dix ou douze fous par jour! De là vient la mifère du plus grand nombre ; de là le défaut de fubfiftance dans la claffe des non propriétaires ; voilà enfin ce qui ôte à la plus grande partie des citoyens le défir, l'efpoir, les moyens de devenir peres, & de former un lien incompatible avec la mifère, & funefte lorfqu'il la produit & qu'il l'accroît.

Qu'on n'aille pas m'oppofer les faits & l'expérience : c'eft dit Montefquieu, la facilité de parler & l'impuiffance d'examiner, qui ont fait dire, que plus les fujets étoient pauvres, plus les familles étoient nombreufes. Les gens qui n'ont abfolument rien, comme les mendians, ont beaucoup d'enfans. C'eft qu'ils font dans le cas des peuples naiffans : il n'en coûte rien au père pour donner fon art à fes enfans, qui même font, en naiffant, des inftrumens de cet art. Mais ceux qui ne font pauvres que parce que, privés de propriété, le travail de leurs mains, avili par la concurrence, ne leur procure point de quoi foutenir une famille ;

C 4

ces gens-là , dis-je , font peu d'enfans?
Ils n'ont pas même leur nourriture ; comment pourroient-ils songer à la partager ?
Ils ne peuvent se soigner dans leurs maladies ; comment pourroient ils élever des créatures qui font dans une maladie continuelle , qui est l'enfance (1) ?

Quittez les capitales , dira quelqu'un ,
pénétrez dans l'intérieur des provinces ;
observez les pays soumis à la domination
féodale , où souvent le baron est le seul
propriétaire des terres : vous y verrez
une multitude d'hommes forcés de tirer
leur subsistance d'une rétribution journalière , d'un modique salaire qui les condamne au dénuement le plus terrible :
vous verrez l'indigence peinte sur leur
visage , vous la verrez dans leur triste
chaumière. Cependant sur le grabat de la
misère vous trouverez rarement une seule
personne. Chacun de ces malheureux
veut avoir une compagne qui partage
ses peines , & cherche à adoucir , par

---

(1) Esprit des Lois , liv. 23 , chap. 11.

les plaifirs innocens de la nature, les rigueurs affreufes de la pauvreté. Mais,
je le demande à ce partifan obftiné de
l'indigence, fi dans ces pays les mariages
étoient fréquens, la population ne devroit-elle pas augmenter de jour en jour?
Pourquoi, à mefure que nous nous
éloignons de la capitale, trouvons-nous
la défolation dans les campagnes? pourquoi leur population, au lieu d'augmenter, diminue - t - elle fenfiblement ?
Il faut donc dire, ou que le fait n'eft
pas vrai, ou que les enfans qui naiffent
de ces époux malheureux, périffent à
l'aurore même de leurs jours, ou que
le mariage eft ftérile, lorfqu'il eft tourmenté par la mifère.

Je reviens à mon objet. Je crois avoir
fuffifamment démontré comment la
grande difproportion que l'on trouve
en Europe entre le nombre des propriétaires & celui des non propriétaires . doit
néceffairement produire, dans la claffe la
plus nombreufe, le défaut de fubfiftance,
& par conféquent de population. Voyons
maintenant ce qu'ont imaginé les Légif-

lateurs les plus célèbres, pour prévenir ce mal ; voyons ce qu'il conviendroit de faire.

Toutes les sociétés ont commencé par la diftribution des terres. Les lois agraires ont toujours été les premières lois des peuples naiffans. Le premier objet de ces lois a été d'affigner, à chaque citoyen, une égale portion de terrain ; le fecond, de faire en forte que cette diftribution éprouvât la moindre altération poffible. Pour parvenir à ce but, Moïfe ordonna la reftitution des fonds à chaque renouvellement de jubilé (1). Un Hébreu ne pouvoit fe dépouiller de fa propriété pour toujours. L'année du jubilé étoit le terme prefcrit par la loi. L'acheteur étoit alors obligé de rendre le fonds au vendeur, ou à fa famille. Cette loi s'étendoit auffi à toutes les efpèces de donations qui regardoient les fonds. Moïfe fe fervit de ce moyen, pour

_____

(1) Voyez l'ouvrage de Zepper, intitulé *Legum Mofaïcarum forenfium explanatio*, *l.* 4, *c.* 23, *p.* 609 & 610.

empêcher que le nombre des non propriétaires ne s'accrût confidérablement
dans fa nation, & que les fubfiftances de
beaucoup d'individus ne fe réuniffent en
peu de mains.

On retrouve les mêmes vues dans ces
lois des Athéniens, qui defendoient aux
citoyens de tefter (1) ; qui vouloient que
l'hérédité paternelle fe partageât également entre les enfans (2) ; qui ne per-
mettoient point à la même perfonne de
fuccéder à deux hérédités (3) ; qui laif-

_____

(1) Solon exempta de cette prohibition ceux qui mou-
roient fans enfans. Voyez Plutarque, *Vie de Solon*, &
Potter, *Archæologiæ græcæ*, *lib. 4*, *cap.* 15. Il per-
mit auffi au père de fubftituer des héritiers à fes enfans,
dans le cas où ceux-ci viendroient à mourir avant leur
vingtième année. *Hæredes à patre teftamento fubftituti liberis, fi liberi ante annum ætatis fuæ vicefimum decef-
ferint, hæredes funto.* Demofthenes, *in Stephanum teftam.
Orat. B.*

(2) *Omnes legitimi filii hæreditatem paternam ex æquo
inter fe hercifcunto.* Ifæcus, *de hæredit. Philoctemonis.*

(3) *Philolaiis* de Corinthe établit à Athènes, que le
nombre des hérédités feroit toujours égal à celui des portions de terre. *Ariftote*, Polit. liv. 11, chap. 12. *Montefquieu*, Efprit des Lois, liv. 5, chap. 5.

foient la liberté d'époufer fa fœur confanguine, & non pas fa fœur utérine (1); qui
obligeoient le plus proche parent, du
côté du père, d'époufer l'héritière (2).

Lycurgue fit plus encore : il défendit
les dots; il voulut que tous les enfans
euffent une portion égale dans la fucceffion de leurs pères, & que les biens de
celui qui mouroit fans enfans, fe dif-
tribuaffent à ceux qui en avoient plufieurs (3).

Les Germains, au rapport de Tacite,
anéantirent jufqu'à la propriété, pour
multiplier le nombre des poffeffeurs de
fonds. La nation, qui étoit l'unique
propriétaire perpétuel de ces fonds, les

---

(1) *Sororem ex parte patris in matrimonio habere jus
esto. Petit. leg. Att. lib. 6, tit. 1, de connubiis.* En
époufant la fœur confanguine, on ne pouvoit fuccéder
qu'à la portion du père; mais en époufant la fœur utérine,
on pouvoit fuccéder à deux portions en même temps,
à celle du père du mari, & à celle du père de la femme.

(2) *Virgo dotalis extrà cognationem ne enubito ; fed
agnato proximo nubito, & omnia fua bona in dotem adferto.*
Petit, ibid.

(3) Plutarque, Vie de Lycurgue.

diſtribuoit chaque année aux pères de famille. La répartition ſe renouveloit tous les ans, pour la proportionner au nombre des citoyens, qui pouvoit augmenter ou diminuer, & à l'étendue du territoire, qui, chez des peuples guerriers, eſt expoſée à des révolutions journalières (1).

Je vois enfin le même but dans les premières lois des Romains, ſur les ſucceſſions. Les premiers Légiſlateurs de ce peuple ſentirent le beſoin de multiplier, dans une nation, le nombre des propriétaires, & de le conſerver. Pour remplir le premier objet, ils aſſignèrent à chaque citoyen une portion de terre ;

---

(1) Tacite, *de morib. German. Agri, pro numero cultorum ab univerſis per vices occupantur, quos mox inter ſe ſecundùm dignationem partiuntur ; facilitatem partiendi camporum ſpatia præſtant. Arva per annos mutant, & ſupereſt ager : nec enim cum ubertate & amplitudine ſoli labore contendunt, ut pomaria conſerant, & prata ſepiant, & hortos rigent, ſola terræ ſeges imperatur.* Juſqu'au ſiècle dernier, chez les Irlandois, lorſqu'un père de famille mouroit, le chef de la tribu partageoit de nouveau tous les biens entre toutes les familles dont cette tribu étoit compoſée. (Hume, Hiſt. d'Angl.)

pour remplir le fecond, ils réglèrent les fucceffions. Ils voulurent qu'il n'y eût que deux ordres d'héritiers établis par la loi ; les enfans & tous les defcendans qui vivoient fous la puiffance du père, qu'on appela *hæredes fui*, ou héritiers fiens, & à leur défaut, les plus proches parens, par mâles, qu'on appela *agnati* (1), ou agnats. Les cognats, ou les parens par femme, ne pouvoient fuccéder, parce qu'ils auroient tranfporté les biens dans une autre famille.

Par la même raifon, la loi ne permettoit pas aux enfans de fuccéder à leur mère, ni à la mère de fuccéder à fes enfans. Les biens de la mère paffoient aux agnats de la mère, & les biens des enfans aux agnats des enfans (2). Par la même raifon enfin, les petits-enfans, par le fils, fuccédoient aux grands-pères ; & les petits-enfans, par la fille, ne lui fuc-

---

(1) Fragment des lois des douze tables, dans *Ulpien* tit. ultim. de fragment.

(2) Fragment des lois des douze tables, dans *Ulpien* tit. 26, §. 8.

cédoient pas (1). Cela, peut-être, paroîtra finguliet : mais l'utilité publique
étoit l'unique objet de la loi, & l'utilité publique exigeoit que la propriété
reftât dans les familles, & que le nombre
des propriétaires ne diminuât point (2).

---

(1) *Inftitut. lib.* 3, *tit.* 1, §. 15. La fille fuccédoit à
fon pere, mais fes enfans ne lui fuccédoient pas ; car,
après la mort de la fille, la fucceffion du père apparte-
noit aux agnats : « En un mot, les femmes, dit Montefquieu, fuccédoient, lorfque cela s'accordoit avec la loi
de la divifion des terres ; & elles ne fuccédoient point,
lorfque cela pouvoit la choquer ». (Efprit des lois, liv.
27, chapitre unique.)

(2) Mais comment accorder cet efprit des premières
lois des Romains, qui regardoient les fucceffions *ab inteftat*, avec la liberté indéfinie qu'elles donnoient en
même temps au père de famille de tefter, & d'inftituer
héritier tel citoyen qu'il lui plairoit ? N'étoient-ce pas les
mêmes lois des douze tables, qui difoient : *Pater familias
uti legaffit fuper pecuniâ, tutelâve fuæ rei, ità jus efto ?*
Montefquieu, réfléchiffant fur cette contradiction apparente, accufe d'inconféquence les Décemvirs, comme
ayant détruit d'une main ce qu'ils cherchoient à foutenir de
l'autre. Mais qu'on me permette de parler ici pour un inftant en jurifconfulte, & de défendre ces fages Légiflateurs,
d'une imputation qui n'eft pas fondée. Dans un ouvrage de
cette nature on peut pardonner à l'Auteur une digreffion,

Ce fut pour l'augmenter qu'on établit enfuite les lois agraires. Perſonne

---

à laquelle le cours de ſes idées le conduit preſque involon-
tairement.

Les juriſconſultes ont beaucoup agité la queſtion de
ſavoir ſi, avant les tables des Décemvirs, l'uſage des
teſtamens exiſtoit à Rome. Heineccius (*Diſſert. de orig.*
teſtament. §.13); Tomaſius (*Diſſert. de init. ſucceſſ. teſtam.*
§. 1 juſqu'au §. 8); & Trechellius (*de init. ſucceſſ.*
teſtam. chap. 2, §. 4), ſont pour l'affirmative : mais
l'opinion contraire de beaucoup d'autres juriſconſultes, &
pluſieurs raiſons très puiſſantes, dont je ne puis parler ici,
me portent à en douter. Il eſt certain qu'avant la promul-
gation de ces tables, les Romains, ſoit qu'ils y fuſſent
autoriſés par la loi, ſoit que ce fût un effet de la coutume,
croyoient pouvoir faire une aliénation de leur propriété, qui
ne commençât d'avoir lieu qu'après leur mort. Il paroît
démontré, d'après pluſieurs paſſages de Tite Live, de
Denis d'Halicarnaſſe, & de Plutarque, que ces eſpèces
d'aliénations, que ces hiſtoriens appelèrent, par abus,
teſtamens, devoient être très-communes. Ces aliénations,
quoique différentes des teſtamens dans le droit, produiſoient
d'ailleurs le même effet, celui de porter atteinte à la diſtribution des terres. Les Décemvirs n'étant point les ſouve-
rains Légiſlateurs du peuple, mais ſimplement les auteurs
de ces lois, qu'il falloit que le peuple approuvât, n'auroient
pu certainement déterminer les Romains à ſe dépouiller
d'un droit qui eſt ſi cher à l'homme, celui de diſpoſer de
ſa propriété, même au moment où il ſait qu'il ne peut

n'ignore

n'ignore qu'elles régloient la diftribution des terres des vaincus. Une moitié étoit

---

plus la conferver pour lui, & d'influer d'une certaine manière fur la fociété, même après fa mort. Ils ne pouvoient donc faire autre chofe que leur en rendre l'ufage difficile, pour empêcher qu'on n'altérât cette diftribution des terres qu'ils avoient eu fi grand foin de maintenir, en réglant les fucceffions. Ce fut pour parvenir à ce but, que les Décemvirs établirent les teftamens. La liberté indéfinie que leurs lois donnoient au père de famille de difpofer par teftament de fa propriété, fatisfaifoit ce penchant naturel dont on a parlé. Mais les folennités qui devoient accompagner cet acte, pour qu'il fût déclar able, en rendoient l'ufage fi difficile, que rarement e cito en pouvoit fe prévaloir du droit que la loi lui donnoit.

Quand la loi n'auroit requis d'autre folennité que celle de faire le teftament devant l'affemblée du peuple, & en préfence des pontifes qui devoient l'approuver, cette folennité eût été fuffifante pour laiffer les trois quarts des Romains mourir *ab inteftat*. Je ne puis rapporter ici toutes les autorités qui exiftent à l'appui de ces faits; je dirai feulement, pour faire connoître quel fut le but des Décemvirs en l'établiffant, que des deux manières de faire un teftament, qui exiftoient chez les Grecs, l'une devant l'affemblée du peuple, & l'autre devant un magiftrat, ils choifirent la première, comme celle dont l'exercice étoit le plus difficile.

Après cela, je laiffe le lecteur juger de l'accord qu'il y avoit entre ces lois des douze tables, qui régloient les fucceffions légitimes, & celles qui régloient les teftamentaires;

vendue au profit de la République ; &
quant à l'autre, elle devoit être diftri-
buée aux plus pauvres d'entre les citoyens.

Voilà ce qui fut imaginé par les premiers Légiflateurs des hommes, pour
empêcher que le nombre des non propriétaires ne fe multipliât trop dans une
nation. Ces remèdes font utiles pour
prévenir le mal ; mais ils ne fervent de
rien, lorfqu'il a déjà acquis une forte de
puiffance. Par exemple, dans l'état actuel des chofes, la reftitution des fonds,
prefcrite par Moïfe, au lieu de diminuer
le nombre des non propriétaires, ne
feroit que l'accroître. Aujourd'hui que
tous les fonds font dans les mains de peu
de perfonnes, fi on leur ôtoit la liberté
de les aliéner, on porteroit le mal à fon
comble. Les circonftances font différentes ; les remèdes doivent donc être
différens. Rappelons-nous ce qui a été
dit ailleurs. La bonté des lois eft une

---

je le laiffe juger de la prétendue inconféquence dont
l'Auteur de l'Efprit des lois les accufe.

bonté de rapport ; l'objet de ce rapport
eft l'état de la nation. L'état actuel des
nations de l'Europe préfente tous les
biens réunis dans peu de mains. Il faut
faire en forte que tous les biens fe trouvent répartis entre un grand nombre
de perfonnes : tel eft l'objet du remède
que l'on défire ; c'eft ce que j'examinerai
dans le chapitre fuivant. En y confidé-
rant les grands propriétaires comme un
obftacle à la population, je tâcherai de
découvrir toutes les caufes qui concourent à en augmenter le nombre en Europe, & qui, perpétuant les biens dans
leurs mains, conferveront à jamais cette
funefte difproportion entre la claffe des
propriétaires & celle des non propriétaires ; ce qui, comme on l'a démontré,
eft la ruine de la population.

CHAPITRE IV.

Beaucoup de grands propriétaires ; peu de petits propriétaires. Second obstacle à la population.

CE second obstacle est une suite du premier.

Lorsque dans une nation il existe beaucoup de grands propriétaires & peu de petits, il faut qu'il y ait beaucoup de non propriétaires. La grande propriété d'un seul suppose le défaut de propriété dans un grand nombre, de même que, dans les pays où la polygamie a lieu, & où le nombre des femmes n'est pas plus grand que celui des hommes, l'union d'un homme avec dix femmes suppose l'existence de neuf célibataires. Donc les grands propriétaires, en multipliant le nombre des non propriétaires, doivent, suivant les principes qui

viennent d'être établis , être un obstacle
à la population (1).

Mais ce n'est pas seulement par la
diminution des propriétaires , que les
grands propriétaires nuisent au progrès
de la population : ils l'arrêtent sur-tout
par l'abus qu'ils font du terrain qui leur
appartient. Si la population s'accroît à
mesure que les moyens de subsistance se
multiplient ; si un quartier de terre , enlevé à la culture, ôte peut-être une famille à l'Etat, quelle atteinte ne portent
pas à la génération tous ces bois immenses que de grands propriétaires consacrent aux plaisirs de la chasse , & toutes
ces magnifiques & fastueuses maisons de
campagne, dont la vue , destinée à ré-
créer le spectateur oisif, semble interdite
aux regards du peuple , comme si l'on
craignoit de lui montrer un vol fait à sa
subsistance ! Non , non , ce n'est point
entre les mains de cette classe d'hommes
que l'agriculture se perfectionne ; ce n'est

---

(1) *Laudato ingentia rura*, disoit Virgile , *exiguum*
colito.

D 3

point ce petit nombre d'heureux, environné d'une foule de misérables, qui com-
pose le bonheur national ; ce ne font
point les grands propriétaires qui confti-
tuent la richeffe d'une nation. L'aifance
commune de la plus grande partie des
citoyens, le bien être de la plus grande
partie des familles, voilà le vrai thermo-
mètre de la profpérité d'un Etat, &
l'unique véhicule de la fécondité. C'eft
dans ce fublime équilibre, dans cette
médiocrité de fortune, que les Grecs
& les Romains des premiers fiècles
trouvèrent la fource de la génération.
Celui - là eft un mauvais citoyen,
difoit Curius, qui regarde comme petite
une portion de terre fuffifante pour nourrir un homme.

Comment donc multiplier le nombre
des petits propriétaires ? comment démembrer aujourd'hui ces grandes maffes
auxquelles le temps a fait acquérir une
confiftance qui les rend encore plus infupportables aux peuples, obligés de
gémir fous ce poids ? Imitera - t - on
l'exemple de cet Empereur qui abat-

toit dans son jardin toutes les têtes de pavots qui s'élevoient au-dessus des autres? A Dieu ne plaise que je veuille ici proposer un remède pire que le mal! Je perdrois bien mon temps, si j'osois prêcher la tyrannie, & si j'avois la stupide présomption de rendre les hommes plus heureux, avec les maximes d'un despote. On peut remédier à ce mal, sans blesser les droits de personne; on peut même y remédier, en les multipliant, en les rendant plus sacrés par la justice. Abolissez d'abord les droits d'aînesse, abolissez les substitutions. Les primogénitures sacrifient plusieurs cadets à l'aîné d'une maison. Les substitutions immolent plusieurs familles à une seule; les unes & les autres diminuent le nombre des propriétaires dans toutes les nations de l'Europe; les unes & les autres causent aujourd'hui la ruine de la population.

Que de désordres naissent d'un même principe! que de maux découlent d'une seule loi injuste & partiale! Un père, qui ne peut avoir qu'un fils qui soit riche , voudroit n'en avoir qu'un. Il voit dans les autres autant de charges pour fa famille. Le malheur d'une maifon fe mefure par le nombre des enfans. On croit avoir fatisfait au vœu de la nature auffi-tôt qu'il exifte un héritier. Les liens facrés du fang font brifés par l'intérêt. Les freres, privés par un frere de l'aifance dont ils jouiffoient dans la maifon paternelle, ne voient en lui qu'un ufurpateur qui les opprime & qui les dépouille d'un bien auquel ils avoient un droit commun. Ils maudiffent le jour qui les a vu naître, & la loi qui les dégrade.

Tant de cadets fans propriété, & par conféquent privés des moyens de fe marier, obligent autant de filles à refter dans le célibat : réduites à l'impoffibilité d'avoir un époux, ces infortunées font fouvent contraintes, par leurs parens, de s'enfermer dans un cloître, où elles s'enfeveliffent avec leur poftérité.

Nos defcendans feront furpris, en obfervant une fi grande contradiction entre nos principes politiques & nos lois ; entre les maximes par lesquelles nos Gouvernemens se dirigent , & les décisions de leurs codes. Un esprit d'antimonachisme a pénétré dans tous les cabinets de l'Europe. La diminution de ces asiles du célibat & de la stérilité, est devenue un des objets les plus sérieux de l'administration. Le ministère voit avec douleur, dans presque tous les Etats de l'Europe, le vide que laisse dans la génération l'état monastique des deux sexes ; il fait les plus grands efforts pour s'opposer à ses progrès : mais il ne songe pas à en détruire la cause. Les cloîtres renfermeroient-ils tant de moines , tant de religieuses , si, dans une grande partie des familles, l'aîné n'étoit pas le seul destiné au mariage ? Sans les *majorats* , la religion verroit - elle dans son sein tant de victimes du désespoir ; & sans cette barbare institution, les cloîtres, renfermant moins d'hommes & moins d'esclaves , ne renfermeroient - ils pas plus de gens vertueux ?

Tels sont les funestes effets des primogénitures , devenues aujourd'hui d'autant plus meurtrières, qu'elles font plus fréquentes. Il n'y a point ici de citoyen qui, ayant trois ou quatre cents écus de rente, n'institue un *majorat*. Il croit anoblir sa famille, à l'aide d'une injustice autorisée par la loi & par la coutume des grands. Cependant le nombre des non propriétaires augmente de plus en plus; les subsistances se réunissent chaque jour dans un plus petit cercle; & ces mêmes lois, qui soutiennent les primogénitures & les substitutions, croient pouvoir encourager la population par une foible immunité accordée aux pères surchargés d'enfans. Elles forment un volcan, & prétendent ensuite en empêcher les irruptions par une digue si impuissante. Elles oppriment la plus grande partie des citoyens, & prétendent ensuite en multiplier le nombre, en dispensant des charges de la société, un père qui a douze enfans. Déplorable aveuglement des hommes & des Législateurs, tu es plus funeste que la peste elle-même ! ses ravages ne font qu'accélérer la mort des hommes, mais les tiens les empêchent

de naître , & en rendent la perte moins
fenfible !

La première opération que l'on devroit faire pour multiplier le nombre
des propriétaires , & pour démembrer
ces grandes maffes qui élèvent la grandeur d'un petit nombre d'individus fur
la ruine du plus grand nombre , feroit
donc d'abolir les primogénitures & les
fubftitutions , deux ordres de chofes
qu'on diroit établis uniquement pour
diminuer la population en Europe.

Il eft une autre loi qu'on devroit abolir
chez nous ; c'eft celle qui préfère, dans
la fucceffion des fiefs, la fille de l'aîné à
fes frères. Cette loi , qui , dictée par la
paffion d'une Reine voluptueufe , tranf-
porte les biens d'une maifon dans une
autre , & appauvrit un frère pour enrichir un étranger ; cette loi eft celle
qui a occafionné la ruine de la famille
de l'Auteur , & elle en porte le nom.
C'eft la Pragmatique *Filangeria* (1).

---

(1) Voyez Giannone , *Hiftoire civile du Royaume de*

La loi Voconnienne défendoit d'inſti-
tuer une femme héritière (1) ; & nous, qui
avons adopté juſqu'aux erreurs de la juriſ-
prudence romaine , nous nous ſommes

Naples , liv. 25, chap. 8 , & la Collection de nos Pragmatiques, ſous le titre *de Feudis*, pragm. 1. Il faut remar-
quer que cette Pragmatique n'a point lieu pour les fiefs qui
ſont *de jure Langobardorum.*

(1) Le fragment de cette loi qui porte , *ne quis hære-
dem virginem , neve mulierem faciat*, eſt rapporté par
Cicéron. (*Orat.* 2 , *in Verrem.*) D'après ce qu'il en dit ,
& d'après un paſſage de Saint Auguſtin (*de civit. Dei,
lib.* 3), il paroît que toute femme indiſtinctement , même
la fille unique , étoit compriſe dans cette prohibition.
Dans le liv. 2 , tit. 22 des inſtitutions de Juſtinien , il eſt
fait mention d'un Chéf de cette loi , qui reſtreignoit la
faculté de léguer. Sans doute c'étoit un moyen imaginé
par la loi pour empêcher que le teſtateur ne pût donner
à une femme, comme légataire, ce qu'il n'auroit pu lui
donner à titre d'héritière.

L'eſpoir d'éluder ces diſpoſitions de la loi Voconnienne,
introduiſit à Rome l'uſage des fidéicommis. On inſtituoit
héritière une perſonne qui pouvoit l'être par la loi, & elle
étoit en même temps priée par le teſtateur de remettre l'hérédité à une autre perſonne que la loi avoit excluë. Ce
n'étoit pas un ordre, c'étoit une prière qui avoit force de
loi. L'exemple de P. Seſtilius Rufus en eſt une preuve.
Voyez Cicéron, *de finib. bonor. & malor.*

enfuite fi fort éloignés de fes principes
les plus anciens, que nous avons, en certains cas, préféré les femmes aux hommes.
Je me tais fur cet objet, parce que je
craindrois d'abufer du miniſtère facré
que me donne la philofophie, en la rendant l'inſtrument d'une vengeance inutile ou d'une vanité puérile. Je me contenterai de dire que, parmi les caufes qui concourent à empêcher parmi nous l'augmentation du nombre des propriétaires, cette
inſtitution barbare ne doit pas être regardée comme la moins importante.

La prohibition d'aliéner les fonds féodaux, oppofe encore les mêmes obſtacles à la population. Si le fyſtême des
fiefs pouvoit jamais fe combiner avec la
profpérité des peuples, avec la richeffe
des Etats, avec la liberté des hommes,
cette prohibition feule fuffiroit pour le
rendre funeſte. Un prétendu intérêt du
prince fait reſter pour toujours hors du
commerce une grande portion du territoire de l'Etat. Tout ce qui eſt fonds
féodal, ne peut être ni vendu, ni donné
à cens perpétuel, ni aliéné en aucune

manière. Ce font le plus fouvent des
terrains oififs, qui pourroient être d'un
grand produit pour l'Etat, fi la loi, qui
défend l'aliénation des fonds féodaux,
ne les privoit pas d'une culture qui ne
peut être active tant qu'elle n'eft point
unie aux droits précieux de la propriété.
Beaucoup de terrains incultes feroient
cultivés, beaucoup de fimples manouvriers deviendroient propriétaires, fi le
fifc, en aboliffant cette loi pernicieufe,
faifoit à l'utilité publique un léger facrifice, dont il feroit le premier à éprouver
tous les avantages. Si, en brifant les
entraves des fiefs, il perdoit un peu, il
gagneroit infiniment par les progrès de
la population & de l'agriculture, toujours
relatifs aux progrès de la propriété.

Enfin les communes, ces biens
qui ne font à perfonne, précifément
parce qu'ils font à tous, concourent encore à diminuer le nombre des propriétaires, dans les nations où ce refte de l'efprit de pâturage des fiècles barbares fubfifte encore, malgré l'évidence des défordres dont il eft la fource. Nous au-

rons bientôt occafion d'en parler , en
examinant les obftacles qui s'oppofent
aux progrès de l'agriculture. Mais les
fubftitutions & les communes , les majorats , l'inaliénabilité des fonds féodaux,
& la loi qui préfère , dans la fucceffion des fiefs, la fille de l'aîné à fes frères,
loi que je ne crois pas avoir été adoptée par d'autres nations , ne font pas
les feules caufes qui diminuent le nombre des propriétaires ; il en eft une prefque univerfelle en Europe, qui , plus que
toutes les autres , arrête les progrès de la
population. J'en parlerai dans le chapitre
fuivant.

CHAPITRE V.

Richeſſes exorbitantes & inaliénables des eccléſiaſtiques. Troiſième obſtacle à la population.

LES premiers ſacrifices des hommes, dit Porphyre, ne furent que d'herbe. Le père raſſembloit ſa famille au milieu d'un champ, pour offrir ſon hommage à la divinité. L'on ne connoiſſoit alors ni temples, ni autels. Le champ étoit le temple. Quelques mottes de terre amoncelées étoient l'autel, & une gerbe ou quelques fruits étoient l'holocauſte que l'homme offroit à l'Auteur de la nature. Pour un culte auſſi ſimple, chacun pouvoit être pontife dans ſa famille.

Le déſir naturel de plaire à la divinité multiplia enſuite les cérémonies. Alors le laboureur ne put plus être prêtre. On conſacra à la divinité quelques endroits particuliers. Il fallut établir des
miniſtres

miniftres pour en prendre foin ; & l'attention continuelle qu'exigeoit leur miniftère, obligea la plupart des peuples à
faire du facerdoce un corps féparé. Il
étoit néceffaire que ce corps , étranger
à toutes les occupations domeftiques,
fût entretenu aux dépens de la fociété.
Les Egyptiens, les Perfes, les Hébreux,
les Grecs & les Romains affignèrent quelques revenus au facerdoce (1). La dévo-

---

(1) L'Ecriture nous parle en différens endroits , &
particulièrement dans le Lévitique , des rétributions qu'on
payoit aux Lévites.

Hyde (de rel. Pers. cap. 19) nous donne un détail des
richeffes des Mages , & de leurs chefs appelés Balach, qui
étoient les prêtres de la Perfe.

Quant aux Grecs , d'après ce qui nous eft refté de leurs
lois , il eft facile de voir comment on fourniffoit chez eux
aux frais du culte & aux befoins du facerdoce. A Athènes,
la loi , après avoir réglé les oblations des citoyens, éta-
bliffoit qu'il y en auroit une portion deftinée à l'entretien
des miniftres.

Reliqua ex facris victimis facerdotibus cedunto. Petit.
leg. Att. tit. 1 , de Deorum cultu, facris ædibus, feftis
& ludis.

Nous favons qu'à Athènes une portion du froment qu'on
recueilloit des champs appartenant au public , étoit def-

tion fit le premier pas. D'abord on dit
que ceux qui fervoient l'autel, devoient
vivre aux dépens de l'autel ; & cela
étoit jufte. Mais les prêtres, non contens de cette rétribution, commencèrent bientôt à prêcher que la religion qui
vivoit de facrifices, demandoit d'abord
celui des biens & des richeffes (1). Une

---

tinée au même objet. Voyez *Pollux, lib. 6.* Cela l'appeloit ἱερος σιτος, ou *frumentum facrum.* Potter (*Archæolog.
Græc. lib. 2, cap. 4*) dit que l'ufage des dixmes facrées
étoit, en certains cas, généralement reçu chez les
Grecs.

Enfin, quant aux Romains, *Denis d'Halicarnaffe,
liv. 2, p. 82,* dit que Romulus, avant de diftribuer les
terres aux citoyens de fa ville, en avoit réfervé une portion pour être le domaine de l'Etat, & une autre pour l'entretien des temples & de leurs miniftres : & *Tite-Live,
liv. 1, chap. 20,* parle des fonds établis par Numa pour
le même objet.

(1) Qu'on life l'art. 8 du *Sadder,* qui eft l'abrégé
de l'ancien livre du *Zend-Avefta,* & l'on trouvera dans la
bouche de Zoroaftre les mêmes préceptes que prêchoient
nos prêtres dans les temps d'ignorance. *Il ne fuffit pas,*
dit le Prophète des Perfans, *que vos bonnes œuvres fur-
paffent les feuilles des arbres, les gouttes de la pluie, les
fables de la mer, les étoiles du firmament : afin qu'elles
foient agréables, il faut que le* Deftur (le Prê) *daigne*

pareille maxime , débitée au milieu des ténèbres de l'ignorance , & dans un temps où tous les germes de la raison étoient étouffés, & la plupart des principes moraux corrompus , fit la plus grande impreſſion. Les nobles, qui avoient concentré dans leurs mains toutes les propriétés , commencèrent à en diſpoſer en faveur des prêtres & des moines. Les Rois eux-mêmes donnèrent au clergé ce qu'ils avoient uſurpé ſur les peuples. Exempts de toutes les charges de la ſociété, diſpenſés de toute eſpèce d'impôt, enrichis à l'envi par des donations & des offrandes ; les gens d'égliſe devinrent, pour ainſi dire, les ſeuls propriétaires de l'Europe.

les approuver. Vous ne pouvez obtenir une telle faveur, qu'en payant fidèlement à ce guide du ſalut la dixme de vos blans ; de vos terres , de votre argent , en un mot, de tout ce que vous poſſédez. Si le Deſtur eſt ſatisfait, votre ame échappera aux tourmens de l'enfer Vous ſerez dans ce monde comblés de louanges , & vous jouirez dans l'autre d'un bonheur éternel. Les Deſturs ſont les oracles du ciel : rien ne leur eſt caché, & ce ſont eux qui ſauvent tous les hommes.

E 2

Après qu'on eut enfin diffipé les ténèbres de l'ignorance , les hommes s'a-
perçurent que parmi les dogmes de notre
religion il n'y eut jamais celui d'enrichir
fes miniftres.

Si les fubftitutions & les primogénitures font contraires à la population,
parce qu'elles reftreignent le nombre des
propriétaires ; quel obftacle ne doit pas
réfulter de ce fatal défordre qui rend une
partie des provinces le patrimoine d'une
feule famille ? Si les progrès de la population font relatifs aux progrès de l'agriculture, comment celle-ci pourra-t-elle jamais profpérer dans les mains d'un *bénéficier*
qui n'a aucun intérêt de faire valoir un
fonds qu'il ne doit tranfmettre à perfonne ; de femer ou de planter pour une
poftérité qui ne fera pas la fienne ? Comment l'agriculture pourra-t-elle jamais
s'améliorer dans les mains d'un homme
qui, loin d'employer une partie de fes
revenus à augmenter la valeur de la
terre, rifquera plutôt de détériorer fon
bénéfice, afin d'accroître des revenus qui
ne font pour lui que viagers ? Ces fu-

neftes effets de la grandeur exceffive des domaines du clergé ont enfin été démontrés aux Gouvernemens. Par-tout on s'eft élevé contre ces abus. Plufieurs lois ont été rendues relativement à cet objet. On a défendu au clergé toutes les nouvelles acquifitions. Les teftamens ont ceffé d'être les mines du facerdoce.

La méthode que je me fuis prefcrite, me force à laiffer ici en fufpens la curiofité du lecteur fur le choix des moyens propres à exécuter une réforme fur cette matière. Il eft aifé de voir, par le plan que j'ai tracé en commençant, que c'eft dans le cinquième livre de cet ouvrage que je pourrai développer mes idées fur ce fujet : je parlerai, dans ce livre, des lois qui concernent la religion ; & la diftinguant toujours de l'abus qu'on en a fait, je n'oublierai jamais le refpect qu'on doit à l'autel & à fes miniftres.

Après avoir jeté un coup-d'œil fur les richeffes du clergé, que doit-on dire du célibat de fes membres ?

On a trop parlé, dans ces derniers temps, de cette pratique de notre reli-

gion, pour pouvoir la paffer ici fous filence. Des politiques modernes fe font
élevés contre le célibat des prêtres, &
plufieurs ont attribué à cette caufe feule
la dépopulation actuelle de l'Europe.

Pour moi, j'ofe établir une propofition
contraire. Je crois que fi le nombre des
prêtres étoit reftreint autant qu'il devroit l'être, le vide que leur célibat laif-
feroit dans la génération, ne feroit rien,
auprès du défordre que produiroit toute
innovation contraire.

On a vu plufieurs fois la population fleurir dans un Etat au milieu d'un grand nombre de prêtres célibataires. La Phrygie
étoit fans contredit beaucoup plus peuplée
qu'elle ne l'eft aujourd'hui, lorfque les
prêtres de Cibèle fe mutiloient; & la
population de la Syrie ne laiffa pas d'être
confidérable, au moment même que fes
prêtres faifoient les mêmes facrifices, dans
un pays où l'on adoroit le fymbole du
Dieu des jardins. Il y a dans la Chine
un million de Bonzes voués au célibat;
& cependant la population de la Chine
furpaffe celle de toute l'Europe.

Ne cherchons donc point à détourner les miniftres des autels du facrifice qu'ils offrent à l'Etre fuprême ; & ne défirons d'autre réforme que celle qui aura pour objet leur nombre & leurs richeffes.

Nos auguftes Légiflateurs ont connu cette vérité; ils acheveront, je l'efpère, la réforme qu'ils ont commencée. Mais après l'avoir établie dans le facerdoce, ou, pour mieux dire, dans la nature de fes revenus, il leur refte encore beaucoup à faire. Ils doivent fe réformer eux-mêmes, s'ils veulent que la population fleuriffe dans leurs Etats. L'état actuel des richeffes & des domaines du facerdoce en Italie, la font languir, & l'empêchent de profpérer: mais les droits exceffifs, les impôts infupportables, la violence avec laquelle on les exige, l'anéantiffent en détail.

✦

CHAPITRE VI.

Droits exceſſifs ; impôts inſupportables ; ma-
nière violente de les percevoir. Quatrième
obſtacle à la population (1).

COMME la ſociété a des avantages auxquels chacun de ſes membres doit participer ; de même elle a ſes charges, dont
il eſt juſte que chacun ſupporte ſa part.
Cependant cette contribution, que tous
les individus de la ſociété ſont obligés de

---

(1) Peut-être n'oſerois-je écrire ſur ce ſujet, ſi je
n'avois pas le bonheur de vivre dans un pays où le plus
humain des rois & les miniſtres les plus zélés pour le bien
public réuniſſent tous leurs efforts pour délivrer l'Etat des
anciens fléaux qu'une domination étrangère & une ancienne anarchie y avoient introduits. Cette réforme ne peut
s'opérer que lentement. Quelques crépuſcules conſolans
nous annoncent que l'aurore de nos beaux jours n'eſt pas
très-éloignée : déjà le mouvement ſe communique de
toutes parts. Nous ſommes dans un état de criſe, mais ſes
ſymptômes, loin de nous inquiéter, doivent nous donner
l'eſpoir qu'enfin le temps approche où nos maux diſpa-
roîtront. Puiſſe la providence conſerver les jours de celui
qui doit y remédier !

payer, doit être proportionnée aux forces
de chacun d'eux & aux avantages qu'il
en reçoit. Sans cette proportion, l'ordre
social seroit le pire de tous les états.

D'après ces principes, que la philosophie, moins puissante que l'intérêt, a
vainement établis comme les premiers
dogmes de la morale des Gouvernemens,
que dirons-nous de l'état actuel des impôts chez la plus grande partie des nations de l'Europe ? où trouverons-nous
aujourd'hui cette proportion si nécessaire
entre ce qu'on donne & ce qu'on reçoit ;
entre l'impôt qu'on exige & la fortune
de celui qui le paye ? dans quel temps
les hommes donnèrent-ils plus à la société, & en reçurent-ils moins ? Ecoutez
les clameurs des peuples ; voyez la misère de toutes les provinces, dévastées
à la fois, & par la multiplicité des impôts, & par les violences atroces de la
perception. Des taxes, des capitations,
des impôts de toute espèce sur les fonds,
sur les productions, sur les matières,
sur les manufactures ; des droits d'entrée,
des droits de sortie, des droits de transf-

port, des droits de fourrages, des droits de paſſages, &c. Je ne finirois pas, ſi je voulois compter toutes les bouches de cette hydre épouvantable, comue ſous le nom général de *fiſcalité*.

Après avoir eſquiſſé ce tableau de l'état actuel des contributions chez la plupart des nations de l'Europe, je paſſe à l'examen des effets. *Si la meſure de la ſubſiſtance eſt la meſure de la population*, comment celle - ci pourra - t - elle faire des progrès en Europe, tant qu'on verra le citoyen retrancher de ſa propre ſubſiſtance ce que l'Etat exige de lui; tant qu'on verra un malheureux père de famille forcé d'arracher le pain de la bouche de ſes enfans pour ſatisfaire un fermier ou un receveur du fiſc, qui armé par le Gouvernement, va répandant la déſolation dans l'Etat? Combien de fois le propriétaire ne s'eſt - il pas vu dans l'impoſſibilité de ſemer ſa terre, parce que la portion de froment qu'il avoit, avec tant de peine, conſervée pour la reproduction, lui a été enlevée par l'homme du fiſc? Combien de fois la cabane du pauvre cultivateur n'a-t-elle pas vû le porteur de contraintes y venir donner le spectacle de l'avidité, de l'injustice, & de la férocité ? Si l'infortuné qui l'habite n'a pas de quoi payer, en vain il oppose l'exception de la nécessité à la disposition de la loi, en vain il s'efforce de justifier son défaut de moyens par le grand nombre d'enfans dont il est chargé, par l'accroissement des besoins, par la diminution des forces : tout est inutile. Le fisc veut être payé : la seule grace qu'on lui accorde, c'est un court délai. Pendant cet intervalle, il redouble de soins & de peines ; il retranche sur sa nourriture ; il condamne ses enfans aux mêmes privations, & laisse à sa femme le soin de vendre tout ce qu'il y a dans sa triste chaumière : ces vils meubles, que la misère avoit laissés au besoin, le lit où il avoit naguère donné un citoyen à l'Etat, cet habit grossier avec lequel il tâchoit de cacher sa misère le jour destiné à assister à la table du Seigneur, tout est vendu, jusqu'aux instrumens nécessaires à son travail. C'est ainsi qu'une portion confidérable des citoyens de l'Etat satisfait aux charges fifcales : c'eft ainfi qu'on paye, dans les campagnes de l'Europe, les bienfaits de la fociété.

Ce ne font point là des defcriptions poétiques ; ce font des faits que peut-être les princes feuls ignorent, que les miniftres feignent de ne pas favoir, que la politique deftructive de quelques courtifans empêche de parvenir jufqu'aux trônes, afin de ne pas en troubler les délices. Ces faits épouvantent la nation qui les a continuellement fous fes yeux ; ils viennent à chaque inftant effrayer, dans fa retraite, le philofophe fenfible : mais, hélas ! éloigné des palais des rois par un intervalle immenfe, ce n'eft pas lui qui peut y défendre la caufe de l'humanité.

Ne nous faifons pas illufion : tant que les impôts refteront au point où ils font maintenant ; tant que la portion que les citoyens font obligés de donner au Souverain, abforbera le produit des terres & le revenu du travail ; ou tant que celle qui refte après la contribution, ne suffira pas pour assurer la subsistance du cultivateur & de l'artisan ; la population de l'Europe n'avancera pas ; elle reculera plutôt, puisque la population est subordonnée aux moyens de subsistance. Soyons bien persuadés de ces vérités : par-tout où un homme & une femme ont de quoi subsister sans peine, l'espèce se multiplie ; par-tout où cette ressource manque, l'espèce diminue. La nature & l'aisance sont aussi puissantes pour engager les hommes à se reproduire, que la misère & l'oppression, pour faire naître en eux le désir contraire. Celles-là peuplent les marais de la Hollande & les campagnes fertiles de la Pensilvanie ; celles-ci inspirèrent, au rapport de Drake, à quelques peuples de l'Amérique, l'exécrable vœu de n'avoir aucun commerce avec leurs femmes, pour ne pas multiplier les victimes de l'avidité du conquérant. Cette funeste conjuration contre la nature & contre le plus doux de ses plaisirs, l'unique événement de cette espèce que l'Histoire ait transmis au souvenir des hommes, on la lira peut-être un jour

auſſi dans les annales de l'Europe, ſi
la modération des princes qui nous gouvernent aujourd'hui, ne les invite pas
enfin à nous ſoulager d'un poids qui excède nos forces, & qu'on n'a porté
juſqu'à préſent qu'aux dépens de la population.

C'eſt donc une opération bien néceſſaire en Europe que la réforme du ſyſ-
tème actuel des impôts. Il en eſt de
même de la nature des contributions &
de la manière de les percevoir.

Je traiterai cette matière intéreſſante
dans le livre où la théorie des impôts
doit être examinée en particulier. Je me
borne ici à prévenir une objection qu'on
pourroit me faire. Il me ſemble déjà entendre quelqu'un me dire : « C'eſt un
mal néceſſaire ; les beſoins des Etats ſont
ſi grands, que toutes ces contributions
ne ſuffiſent pas même pour y pourvoir.
Les dettes de la plupart des nations en
ſont une preuve : Comment donc les
diminuer » ? Funeſte raiſonnement, tiré
d'une ſuppoſition fauſſe ! Quels ſont, je
le demande, ces beſoins de l'Etat, ſi

grands, si pressans, que, pour y pourvoir,
des contributions insupportables deviennent un mal nécessaire ? Peut-on appeler
besoin de l'Etat, une guerre entreprise
pour la conquête d'une province sur laquelle on réclame quelques droits anciens,
appuyés sur quelques anciennes usurpations ? Peut on appeler besoin de l'Etat tout
ce qu'on dépense pour donner aux trônes
un éclat plus éblouissant, pour alimenter
les vices & la mollesse d'une foule de courtisans avides & fastueux ? Ne seroit-il
pas plus utile pour les nations qu'il y eût
moins d'esclaves & plus de citoyens ;
moins de flatteurs & plus de philosophes ? Répandre les trésors de la société
& le fruit des sueurs du peuple sur quelques hommes qui, bien loin de les servir,
ne sont ordinairement que l'instrument de
la ruine publique ; n'est-ce pas commettre
un vol, une injustice, *un péculat*, avec la
main même qui devroit le punir ? Un
Souverain, en comblant de dons & de
richesses un indigne ministre, un vil
adulateur qui lui cache ses défauts,
un favori qui le trahit, ne force-t-il pas

son peuple d'honorer & de payer les
flatteries, les fraudes, les trahisons, les
mauvais conseils, les vices & les folies
qui réduisent ce peuple à la misère ?
Peut-on enfin appeler besoin de l'Etat,
l'entretien de cent mille combattans qui
nous offrent le spectacle de la guerre
jusques dans le sein de la paix, & qui,
au lieu de défendre la nation, la dépeu-
plent par leur célibat & par leurs vices,
par leur consommation infructueuse, &
par la misère à laquelle les peuples sont
condamnés, afin de pourvoir à leur entretien ? L'Etat est accablé ; la nation se
dépeuple pour alimenter tant de fléaux
de la population ; & l'on nomme cela
les besoins de l'Etat ! Les peuples se-
roient-ils moins en sûreté, les nations
seroient-elles moins tranquilles, si l'on
rétablissoit le système militaire des anciens ? C'est ce que je vais examiner dans
le chapitre suivant, où je démontrerai que
l'état actuel des troupes de l'Europe est
un des plus puissans obstacles à la population.

CHAPITRE

CHAPITRE VII.

Etat actuel des troupes de l'Europe. Cinquième obstacle à la population.

UN million deux cent mille hommes composent l'état ordinaire des troupes de l'Europe , lorsque la paix règne parmi les nations (1). Voilà un million deux cent mille hommes destinés à dépeupler l'Europe par les armes en temps de guerre , & par le célibat en temps de paix. Ils sont pauvres, & ils appauvrissent les Etats ; ils défendent mal les nations au dehors , & les oppriment au dedans. Nous entretenons plus de troupes pendant la paix , que n'en entretenoient les plus fameux conquérans , lorsqu'ils faisoient la guerre à toutes les nations du monde. Les peuples sont-ils pour cela

_____

(1) Outre les troupes de mer. V. *les états militaires de l'Europe.*

plus en sûreté ? les frontières des nations
font-elles mieux défendues ? Non,
fans doute. Chaque prince a augmenté
fes troupes à proportion que fes voifins ont augmenté les leurs. Les forces
ont confervé l'équilibre dans-lequel elles
étoient auparavant. Un Etat à qui dix
mille hommes fuffifoient pour fe défendre, eft obligé maintenant d'en avoir-le
double, parce que la force de l'Etat contre lequel il veut fe garantir, s'eft accrue
de ce nombre. Les avantages de cette
plus grande sûreté, qu'on recherchoit
avec tant de peine, font donc réduits à
rien ; l'excès ne fe retrouve que dans
la dépopulation & dans les dépenfes.

　Ce fyftême militaire n'étoit point celui
des anciens. Ni la Grèce, qui fubjugua
toutes les armées de l'Afie ; ni Rome,
tant qu'elle fut libre (1) ; ni Philippe, ni

_____

(1) La garde prétorienne fut le premier corps de troupes
oifives qu'on connut chez les Romains : cet abus ne s'introduifit que dans la décadence de la République & de la
liberté ; & nous favons combien il en hâta la ruine. Dans
l'origine, leur nombre fut de 9 à 10 mille. Vitellius

Alexandre, qui, marchant à la tête de leurs phalanges, furent par-tout accompagnés de la victoire; ni Attila, ni les Barbares, qui renversèrent l'Empire Romain; ni les Germains, qui triomphèrent de Varus & de ses légions; ni Timur-Beg, ni Gengiskan, qui, sorti du fond de la Corée, subjugua la moitié de la Chine, la moitié de l'Indostan, presque toute la Perse jusqu'à l'Euphrate, les frontières de la Russie, Casan, Astracan, & toute la grande Tartarie; ni Charle-

---

le porta jusqu'à 16, & sous l'Empereur Sévère il alla jusqu'à 50. Voyez Juste Lipse, *de magnitudine romanâ*, liv. 1, chap. 4. Hérodien, liv. 3, p. 131. Auguste ne laissa dans la capitale que trois cohortes de ces gardes; mais Tibère appela près de lui le corps entier: résolution fatale, qui décida du sort de l'univers, & fit disparoître jusqu'à l'ombre de la liberté. Voyez Tacite (*Annal. lib.* 4, *chap.* 2.) Suétone (*vie d'Auguste*, *chap*, 37).

On ne pouvoit donner le nom de troupes oisives aux légions des provinces. On sait qu'elles n'habitoient pas dans les villes, mais qu'elles restoient toujours campées, & qu'elles étoient sans cesse en mouvement, soit pour de nouvelles conquêtes, soit pour se conserver un domaine toujours contesté, & qui entretenoit les vaincus dans une guerre sourde, mais continuelle.

F 2

magne, qui combattit contre toute l'Europe conjurée, pour étendre les limites
de fa monarchie & fonder celle des
Papes ; en un mot, aucun de ces peuples guerriers, aucun de ces illuftres
conquérans n'eut jamais l'idée de conferver, en temps de paix, cette armée
qu'il avoit oppofée à l'ennemi pendant la
guerre. Le citoyen devenoit foldat lorfque le befoin l'exigeoit ; il ceffoit de
l'être lorfque le befoin ceffoit (1). Ce

---

(1) Les nations anciennes étoient plus libres que les
modernes, parce qu'elles étoient armées. Tout citoyen
étoit foldat, le camp étoit fa ville ; il portoit le fer qui
affuroit fa liberté. C'étoit ordinairement à fes propres
dépens qu'il défendoit fon pays. Dans les beaux jours de
Rome, l'ufage des armes étoit réfervé à cette claffe de
citoyens qui devoient néceffairement s'intéreffer au fort
de la patrie, & qui avoient un patrimoine à défendre.
Denis d'Halicarnaffe (liv. 4, chap. premier) nous affure
que le plus pauvre foldat Romain, qui portât les armes à
cette époque, poffédoit plus de 900 liv., fomme très-
confidérable, dans un temps où le numéraire étoit fi rare.

Dans les Républiques de la Grèce, aucun citoyen ne
pouvoit fe difpenfer d'aller à la guerre, à l'exception de
celui que la loi privoit de cet honneur, ou qui en étoit
exempté par un privilége accordé à fon âge, ou par

fyftême militaire, adopté dans tous les fiècles & chez toutes les nations, fut pour la première fois, depuis l'exemple fatal des tyrans de Rome, changé en France fous le regne de Charles VII. Ce prince, profitant du crédit que lui avoient fait acquérir fes victoires fur les Anglois, & fe fervant habilement des impreffions de terreur que ces redoutables ennemis avoient gravées dans l'ame de fes fujets, fit réuffir une entreprife que fes prédéceffeurs n'avoient pas même ofé tenter. Sous le prétexte d'avoir tou-

---

quelque autre prérogative. S'il refufoit d'y aller, on lui ôtoit tous fes droits de citoyen. (Voyez Efchine, *in Crepfiphont.* & Démofthène, *in Timocrat.*) Ainfi que les premiers Romains, ils marchoient toujours à leurs dépens.

Les Cariens furent les premiers d'entre les Grecs qui fervirent pour de l'argent. Cela les rendit fi méprifables dans ces temps d'héroïfme & de liberté, que dans l'ancienne langue des Grecs Καρες & *Mancipia* étoient fynonymes. Ce fut Periclès qui le premier introduifit chez les Athéniens la coutume de payer le foldat pendant la guerre. (Voyez Potter. *Archæologiæ græcæ,* lib. 14, cap. 11.)

F3

jours quelques forces fur pied pour fe
défendre des incurfions imprévues que
les Anglois auroient pu faire dans fes
Etats, en congédiant fes autres troupes,
il fe réferva neuf mille hommes de ca-
valerie & feize mille d'infanterie (1).

Cette innovation, qui porta le premier coup à la liberté civile des François, fut la caufe d'une révolution univerfelle dans le fyftême militaire du refte
de l'Europe. Alors chaque prince crut
être obligé de fe tenir en défenfe contre
une nation toujours armée. Au lieu de
fe réunir tous contre celui qui s'étoit mis
dans un état de guerre perpétuelle ; au
lieu de forcer Charles VII à licencier les
troupes qu'il s'étoit réfervées , chacun
s'empreffa de fuivre fon exemple. Le
fyftême d'entretenir une armée fur
pied fut auffi-tôt adopté dans toutes les
nations de l'Europe. Chaque peuple
s'arma , non pour être en guerre , mais
pour vivre en paix.

_____

(1) Hift. de Ch. V, tom. 1 , introduct.

Ce défordre, né dans la France, s'accrut enfuite dans la France même, puis, par contre-coup, dans le refte de l'Europe. Nous devons à Louis XIV cette exceffive multiplication de troupes, qui, comme on l'a déjà dit, nous offrent le fpectacle de la guerre, au milieu de la paix la plus profonde, & qui ont fait de prefque toute l'Erope un quartier d'hiver, où le foldat fourrage, refte dans l'inertie, & confomme.

Pour entretenir ce corps inutile, l'Europe eft opprimée, & la population languit. On épuife les fubfiftances des peuples, pour alimenter un million deux cent mille célibataires qu'il faut renouveler fans ceffe avec d'autres célibataires qu'on enleve à la multiplication de l'efpèce. N'eft-ce pas là une *antropophagie* monftrueufe, qui dévore dans chaque génération une portion du genre humain ? On ne ceffe de déclamer contre le célibat des prêtres ; cependant, parmi les prêtres, il y en a de vieux & d'inutiles à la population, & l'on voit enfuite avec indifférence le célibat de cette multitude d'hommes qui font

F 4

l'élite de la jeuneffe & l'ame de la reproduction. Mais tant que le fyftême militaire de l'Europe fubfiftera dans l'état où
il eft aujourd'hui, le célibat des troupes
fera un mal néceffaire.

Le temps n'eft plus où les feuls vaffaux,
les feuls propriétaires des terres faifoient à
leurs dépens le fervice militaire. Aujour-
d'hui les troupes ne font compofées que
de mercenaires qui n'ont d'autre fortune
qu'une folde à peine fuffifante pour leur
entretien. Qui eft-ce qui nourriroit leurs
femmes & leurs enfans? Puifque ce n'eft
pas tant encore le célibat des troupes
qui empêche les progrès de la population,
que la mifère occafionnée dans l'Etat
par leur entretien, cet obftacle, au lieu
de diminuer, ne feroit que s'accroître,
fi, pour mettre le foldat en état de fe
marier, on augmentoit fa paye.

Les troupes ne pourront donc ceffer
d'être célibataires, tant qu'elles feront
mercenaires, & elles feront mercenaires,
tant qu'elles feront continuellement fur
pied. Ne feroit-il pas poffible qu'un
Légiflateur vînt à bout de remédier

à ces maux ? ne pourroit-il pas, dans l'état actuel des choses, rétablir en quelque sorte le systême militaire des anciens, sans faire courir aucun risque à sa nation ? Examinons cet objet.

Projet de réforme dans le systême militaire actuel.

Ce n'est point une digression inutile ou etrangère au sujet qui va m'occuper : je perdrois mon temps, & je ne serois qu'un vain déclamateur, si, parlant des maux qui nous accablent, je laissois à d'autres le soin de chercher les remèdes propres à les détruire. Ce seroit affliger la société, sans lui être utile. Voyons donc quel systême il conviendroit de suivre, pour détruire le double obstacle qu'oppose à la population le systême militaire actuel. Examinons d'abord si ce systême est aujourd'hui nécessaire.

Je ne sais s'il exista jamais un temps où il pût être indispensable, pour la sûreté des peuples, d'entretenir des armées sur pied. L'établissement trop récent de cette perpétuité des troupes, m'en fait douter. Ce qu'il y a de très-certain, c'est que, s'il a jamais existé un temps où cela ait été nécessaire, le nôtre n'est point dans ce cas. Aujourd'hui, que la communication des peuples est universelle, que les Princes marchent environnés de tant d'yeux étrangers, qu'une nation ne peut armer un bâtiment de guerre, sans que dans peu de jours toute l'Europe en soit informée; nous n'avons à craindre ni des incursions subites, ni des guerres imprévues; & il est inutile de chercher à s'en garantir. Cette espèce de terreur panique ne peut donc autoriser aujourd'hui l'usage des armées sur pied.

On le justifiera beaucoup moins par l'avantage qui en résulte pour la tranquillité intérieure de l'Etat. Ce n'est point une soldatesque effrénée, toujours prête à soutenir des rebelles, lorsque l'oppression armera le citoyen contre le Souverain, que l'on doit regarder comme un garant bien sûr de cette tranquillité. La justice & l'humanité des

Princes, voilà le feul bouclier que l'on puiffe oppofer aux fureurs du peuple, voilà le vrai foutien des trônes, & la feule arme dont les Gouvernemens doivent fe fervir. La foldatefque, difoit *Antonin*, eft inutile à un Prince qui fait connoître à fes peuples qu'en lui obéiffant, ils obéiffent à la juftice & aux lois (1).

Que l'on rende les nations heureufes, alors un efprit féditieux ne trouvera point de partifans, & fi par hafard il en trouve, tout le peuple s'armera contre lui, & il deviendra la victime de l'indignation publique. Pourquoi donc élever une digue contre un torrent qui ne peut être dangereux? N'eft-il pas plus utile d'engager les Princes à être juftes & humains pour leur propre intérêt, comme ils le font aujourd'hui par leurs vertus feules ? Sans la garde prétorienne, Tibère auroit-il

---

(1) Voyez Hérodien, Vie d'Antonin.

Non exercitus, neque thefauri regni prafidia funt; verùm amici quos neque armis cogere, neque auro parari queat, officio & fide parantur. Salluft.

proscrit la moitié des Romains ? Caligula
auroit-il réduit ses sujets à regretter
Tibère ? auroit - il fait pâlir le Sénat ?
C'est un abus bien exécrable de la politique
& de l'autorité , que de chercher un
moyen d'assurer les oppressions. Je laisse à
Machiavel le soin d'en discuter les avantages & les dangers. Un tel examen , s'il
n'étoit fait d'une manière équivoque , flé-
triroit à jamais la mémoire de cet Ecrivain.
Mon but est d'assurer la félicité des peuples , & non les oppressions d'un despote.
Un Prince toujours armé peut devenir ,
quand il lui plaît , le maître absolu d'un
peuple désarmé. Mais est-ce bien le véritable intérêt d'un Prince? Une expérience
aussi ancienne que la société même ne
nous a-t-elle pas fait voir que cet empire
absolu , cette autorité sans bornes , à
laquelle tant de Rois sont parvenus, ou
se sont efforcés de parvenir ; cette toute
puissance despotique que l'ambition d'un
Ministre offre au Prince comme le but
de la souveraineté , que l'adulation lui
montre comme un droit incontestable ,
que la superstition sanctifie & place sur

le trône au nom des Dieux, que la ſtu-
pidité des peuples dégradés a quelquefois encenſée & défendue, n'eſt autre
choſe qu'une épée à deux tranchans,
toujours prête à bleſſer la main de celui
qui s'en ſaiſit.

Auguſte, environné de ſes cohortes
prétoriennes, & perſuadé de la fidélité
de ſes légions, trouvoit néanmoins,
dans l'étendue de ſon pouvoir, la ſource
éternelle de ſes frayeurs : il ſavoit que
ſi ſes troupes pouvoient le faire triom-
pher des efforts impuiſſans d'une révolte
ouverte, elles ne pouvoient de même le
garantir du poignard d'un républicain
déterminé. Il ſavoit que les Romains,
encore pénétrés de vénération pour la
mémoire de Brutus, auroient loué le premier citoyen qui eût imité ſon exemple.
Ce ne fut que dans la diminution apparente de ſon pouvoir, qu'il chercha la
ſauve-garde de ſa ſûreté. Son intérêt
ſeul l'avoit rendu d'abord l'ennemi de
la République ; cet intérêt le porta enſuite à s'en déclarer le père.

Non, il n'y a, il ne peut y avoir de

sûreté pour les Princes , que dans la vertu , dans l'amour des peuples , dans la modération du Gouvernement , & dans la fageffe des lois (1). Le tyran eft donc le feul homme qui ait befoin d'une troupe dont les bras puiffent le défendre contre un peuple toujours irrité & toujours opprimé. Mais qui le défendra contre fes propres défenfeurs ? Il faut qu'il en foit ou l'efclave ou la victime : il n'eft maître que du choix. Pour être refpecté de fes fujets , il faut qu'il refpecte lui-même fes gardes. Il dépend de leur caprice de le faire révérer comme un Dieu , ou de le mettre en pieces comme un malfaiteur. L'exemple des maîtres de Rome en eft une preuve. Leurs ftatues étoient adorées. L'adulation & la crainte leur rendoient les honneurs divins. Mais bientôt on brifoit les ftatues ; la divinité difparoiffoit , & l'adoration fe changeoit en mépris , dès que le poignard avoit fait ceffer la

---

(1) *Qui duro fceptra favus imperio regit , timet, timentes ; motus in auctorem redit.* (Senec.)

crainte publique. La même garde prétorienne, qui faifoit adorer le tyran, le faifoit fouler aux pieds toutes les fois qu'il
cessoit de lui plaire. Devenue le feul foutien du trône, elle l'enfanglanta plus fouvent qu'elle ne le défendit. Avec fon fecours, le tyran renverfoit les lois, écrafoit
le Sénat & le peuple; mais à la fin il étoit
immolé par elle-même. Sous fes aufpices,
il faifoit trembler tout le monde, mais
il trembloit lui-même à la vue de pareils défenfeurs. Il étoit en même temps,
au gré des cohortes prétoriennes, l'objet
le plus vil ou le plus refpecté. Les ftatues, les médailles, les apothéofes
appartenoient donc aux cohortes, &
non au fantôme qui les obtenoit.

Vainement, pour foutenir le fyftême
des armées fur pied, allégueroit-on
les avantages que des corps difciplinés
& bien inftruits peuvent avoir dans la
guerre fur une troupe de citoyens qui
n'ont laiffé la houe & la charrue que
peu de jours avant une bataille ; ces
avantages ne font que trop compenfés
par la molleffe que l'oifiveté des garni-

fons infpire au foldat. Deux ou trois mois d'exercice & de manœuvres fuffiront pour former à la guerre un cultivateur robufte & endurci au travail , tandis que trois femaines de fatigue détruiront dans une feule campagne , des légions entières de foldats agiles & difciplinés , qui ne font point accoutumés à la fatigue & à la rigueur des faifons (1).

---

(1) En Suède , où tout foldat eft cultivateur , où il vit des productions de ce champ , appelé *Boftell*, que le Gouvernement lui donne pour fe nourrir , en Suède , dis-je , le foldat n'eft pas moins aguerri qu'ailleurs ; mais il eft plus robufte & plus en état de fupporter les fatigues de la guerre. A l'exception de dix régimens étrangers , le refte des troupes de ce pays , qui monte à quatre-vingt-quatre mille hommes , eft entretenu de cette manière. L'Etat en a retiré un double profit , puifque ce corps , en même temps qu'il rend la nation refpectable , cultive une étendue immenfe de terres qui , jufqu'à l'époque de cette fage inftitution , étoient reftées incultes.

Probus s'eft rendu célèbre à jamais dans les faftes de Rome , pour avoir confervé la difcipline des troupes qui lui furent confiées , en les occupant aux travaux de la campagne. Il les exerça à couvrir de vignes les côteaux fertiles de la Gaule & de la Pannonie. Il défricha des terrains ftériles , deffécha des marais , & les convertit en riches pâturages. Voyez *Aurel. vict. in Prob.*

Mais,

Mais que dirons-nous du courage ? Je crois que ce sentiment, qui naît de la connoiffance de fa propre force, peut animer tous les cœurs; mais je penfe auffi que le foldat mercenaire, affoibli par l'oifiveté, en fera toujours moins fufceptible que le cultivateur robufte. Toute l'Hiftoire offre des preuves de cette vérité. Nous-mêmes, nous en avons un témoignage domeftique, que nous a fourni la dernière guerre contre la maifon d'Autriche, foutenue avec tant de gloire par l'augufte père de notre Souverain, pour la défenfe de ces royaumes. Ceux qui réfiftèrent avec le plus de courage à l'ennemi, ceux qui osèrent les premiers s'expofer & fe facri-

---

Probus ne fut pas le feul d'entre les Romains qui connut les avantages de ce fyftême : les mains victorieufes des foldats de Rome fe confacrèrent fouvent à des travaux publics, dans des pays dont leur valeur les avoit rendus maîtres.

C'eft un refte de l'ancien efprit des peuples barbares, dont nous defcendons, de croire que l'homme de guerre doit ou combattre, ou refter dans l'oifiveté.

Tome II.   G

fier pour la patrie, ce furent les régimens provinciaux, compofés de payfans,
tirés de la charrue peu de femaines avant
l'action. Je ne fais pas fi ces mêmes
régimens, accoutumés maintenant aux
mouvemens ridicules de la tactique moderne, montreroient aujourd'hui le même
courage.

La misère de l'Etat & les obftacles
qu'oppofe à la population l'incontinence
publique, fomentée par le célibat &
l'oifiveté des foldats ; tous ces effets
funeftes de la perpétuité des troupes
l'emportent de beaucoup fur les avantages que cette perpétuité peut produire,
relativement à la fûreté intérieure &
extérieure des nations. Voyons maintenant fi l'on éviteroit ces maux, & fi l'on
fe procureroit ces avantages avec un fyftême militaire tout-à-fait différent.

Une nation, quelque pauvre qu'elle
fût, pourroit avoir trois cent mille
combattans toujours prêts à la défendre, s'ils ne ceffoient point, en temps
de paix, d'être cultivateurs, artifans,
citoyens libres, & pères. Quelques exemp-

tions, quelques prérogatives, par exemple, un droit exclufif de port d'armes, une préférence dans la diftribution de ces charges qui n'exigent que de l'honneur & de la fidélité de la part de ceux qui doivent les exercer, pourroient mettre le Gouvernement en état de choifir parmi ces citoyens les hommes les plus propres à défendre la nation en temps de guerre, & à la faire refpecter en temps de paix. Les citoyens s'empreffeeroient à l'envi de fe faire infcrire dans le regiftre militaire, fi l'obligation du foldat fe bornoit à défendre la patrie en temps de guerre. Tout avantage, quelque petit qu'on le fuppofe, eft un dédommagement fuffifant pour un péril incertain & éloigné. Les troupes ne feroient point alors compofées de mercenaires & de malfaiteurs échappés aux rigueurs de la juftice : alors ce ne feroit plus une honte d'être foldat. Pendant la guerre, les défertions feroient plus rares, parce qu'un citoyen qui poffède quelque propriété, qui a une femme & des enfans, n'abandonne pas auffi volontiers fon pofte, qu'un mercenaire qui trouve toujours du profit à revendre fa perfonne à un autre prince, & qui ne perd rien en perdant fa patrie.

Avec ce fyftême on éviteroit encore un autre défordre. Comme d'après la manière dont la guerre fe fait aujourd'hui, aucune nation ne peut conferver une armée affez nombreufe pour qu'il foit poffible de réfifter à l'ennemi, fans avoir befoin de faire de nouvelles levées; auffi-tôt qu'on eft menacé d'une guerre, on a recours à la violence. Quel trifte fpectacle! quel préfage funefte! Ces citoyens, qui n'ont pu fe cacher, qui n'ont pu fuir, ou fe fouftraire, à l'aide de quelques priviléges ou avec de l'argent, à des levées auffi defpotiques, font garrottés & traînés devant un fubdélégué dont les fonctions font toujours odieufes, & les fentimens de probité toujours fufpects au peuple. Les parens de ces malheureux les accompagnent; ils remettent en tremblant au fubdélégué les noms de leurs enfans, & attendent la décifion du fort. Alors un billet noir fort de l'urne fatale, & marque les victimes que le Prince sacrifie à la guerre. Cette cérémonie, accompagnée des larmes des pères, du désespoir des mères, des sanglots des épouses ; quel courage peut-elle inspirer à ces nouveaux combattans, à qui tout annonce une mort certaine ?

Non, ce n'est point à ce prix qu'on achète les vrais soldats; ce n'étoit pas ainsi que les peuples du Nord, qui ravagèrent l'Europe, étoient appelés pour aller à la guerre. Les Alains, les Huns, les Gépides, les Turcs, les Goths, les Francs étoient tous les compagnons, non les esclaves, de leurs chefs barbares. Un appareil aussi triste & aussi lugubre ne précédoit point alors les horreurs du combat, & sans doute la guerre ne commenceroit pas aujourd'hui sous d'aussi terribles auspices, si les soldats s'obligeoient volontairement à défendre la patrie, si l'on n'usoit contre eux d'aucune violence, & si le sort ne fixoit point leur destinée.

Enfin ces cultivateurs, ces artisans,

ces propriétaires , ces foldats libres
pourroient auffi être formés aux évolu-
tions militaires : avant d'être enrôlés,
ils recevroient une inftruction convenable. Pendant ce court efpace de temps
ils feroient nourris aux dépens de l'Etat.
On pourroit enfuite faire tous les deux
ou trois ans une revue générale. Les
infpecteurs commis à cet effet par le
Gouvernement, feroient alors une tournée dans les provinces, & parcourroient
chaque pays, pour examiner les foldats
qui s'y trouvent , & leur rappeler les
exercices qu'on leur auroit enfeignés.
La préfence continuelle des officiers,
tous choifis dans le nombre des plus
nobles & des plus riches propriétaires
de chaque pays , offriroit aux foldats
les moyens d'être exercés les jours de
fête , & ces officiers ne manqueroient
pas de prendre ce foin , même en offrant des prix à leur émulation , afin
de prouver leur zèle au Prince, qui ré-
compenferoit leur vigilance avec une
monnoie inappréciable, l'honneur. Alors
ceux-ci, fans diffiper leurs revenus au

milieu des vices & de l'oifiveté des gar-
nifons, ferviroient le Souverain, fans
abandonner leurs terres, qui feroient
améliorées par leur préfence habituelle.

Enfin dans les pays de frontières,
dans les places d'armes, la garnifon
pourroit être fuppléée par une garde
bourgeoife, qu'on changeroit tous les
jours, & deux régimens fuffiroient pour
garder la perfonne facrée du Prince.

C'eft ainfi que, fans furcharger les
peuples & fans arrêter les progrès de
la population, on pourroit pourvoir à
leur fûreté au dehors & à leur tranquillité au dedans.

Je fens que ce projet eft informe;
mais dans l'exécution, les Gouvernemens, beaucoup mieux inftruits que moi
fur les befoins des Etats, fuppléeroient
à ce que j'ai négligé de propofer.

Qui fait fi un jour la modération des
Princes n'exaucera pas les vœux d'un
politique obfcur, en entreprenant une
réforme qui pourroit faire changer de
face à l'Europe ? défir plein de juftice
& d'humanité, qui ne laiffe aucun re-

mords à l'ame qui l'a conçu ! Faudra-t-il ,
j'ofe le dire avec un Ecrivain célèbre ,
faudra-t-il que les foupirs de l'homme
vertueux , pour la profpérité des nations,
foient toujours vains , tandis que ceux de
l'ambitieux & de l'infenfé font fi fouvent
fatisfaits & fecondés par le fort ? Non ,
les trônes ne font plus inacceffibles aux
progrès des connoiffances utiles. La politique , éclairée par la raifon , a commencé , ce femble , à faire connoître
aux Princes que la félicité des peuples
doit feule régler l'exercice de l'autorité.
Ils favent que la force eft l'inftrument de
celui qui veut régner fur une nation d'efclaves, mais que les bonnes lois , la modération , la douceur font les feules
chaînes qui uniffent les vrais citoyens au
Souverain.

Il paroît que l'expérience commence à
les convaincre qu'il eft inutile de tenir
tant de bras toujours levés fur la tête des
peuples , puifque , fi leurs fujets trem-
blent devant leurs troupes , leurs troupes
fuient devant l'ennemi. Malgré les
preftiges de l'opinion & de l'erreur ,

ils font forcés d'avouer que, dans une nation qui ne feroit pas opprimée, tous les citoyens deviendroient foldats lorfque le befoin l'exigeroit; que ces foldats feroient autant de Spartiates, autant d'Athéniens, autant de Romains, intéreffés comme eux à la défenfe de la patrie; qu'alors l'ennemi ne gagneroit rien en gagnant une bataille, parce qu'il trouveroit toujours une réfiftance nouvelle, tant qu'il trouveroit de nouveaux citoyens à combattre (1); qu'alors les guerres feroient rares & juftes, & les victoires honorables; qu'alors les triomphes feroient purs; qu'ils ne feroient point accompagnés des foupirs des malheureux qui ont payé, par la perte de leurs

(1) La conquête des Gaules coûta dix ans de fatigues, de victoires, de négociations à Céfar, & ne coûta, pour ainfi dire, qu'un jour à Clovis, à la tête d'une poignée de Francs. Clovis, âgé de 15 à 16 ans, étoit-il plus grand général que Céfar? les Francs étoient-ils plus vaillans que les Romains? Non. Céfar avoit à combattre contre des peuples qui avoient toujours été libres ou heureux, & Clovis trouva les Gaules opprimées & affervies depuis plus de cinq fiècles : voilà toute la différence.

parens ou par le facrifice de leur fubfiftance, la gloire & les ufurpations de
l'ambitieux qui les a trahis ; qu'alors les
bénédictions du peuple feroient les chants
de victoire qui annonceroient le paffage
du héros qui a fauvé la patrie ; qu'alors
on pourroit, fans offenfer la Divinité,
l'appeler le Dieu bienfaifant, le Dieu
des armées ; qu'alors enfin les Miniftres des autels pourroient, fans frémir,
le fupplier de bénir leurs bannières.

La certitude de ces principes, aujour-
d'hui répandus dans les palais des Rois;
les progrès glorieux que commence à
faire la liberté chez le peuple même qui
le premier introduifit le fyftême des
armées fur pied, & qui le premier
en éprouva les funeftes effets ; le zèle
des Ecrivains qui s'efforcent à l'envi
d'éclairer les Princes & de les prévenir contre les féductions de leurs ambitieux Miniftres, &, plus que tout cela,
l'évidence de la vérité, me font efpérer
qu'un jour on entreprendra la réforme
dont je viens de parler. La nation, qui
fera la première à l'exécuter, fera la

première à en reffentir les avantages.
En réformant fes troupes de terre, elle
fe mettra en état de mieux protéger la
mer, ce territoire commun de toutes
les nations, fur lequel elles ont des droits
égaux, mais dont la fouveraineté, par
l'effet de la force, eft concentrée dans un
petit nombre d'Etats, ce territoire qui
rend tous les peuples voifins, & qui les
expofe à tous les dangers comme à tous
les avantages des pays limitrophes, ce
territoire enfin fur lequel chaque peuple
devroit entretenir quelques forces capables de conferver la liberté générale,
feule & unique loi qu'une nation ait le
droit de donner aux autres.

Il feroit d'abord à propos que la marine militaire remplaçât les grandes armées de terre. Celles-ci, comme nous
l'avons fait voir, caufent la mifère des
peuples fans les défendre, & celle-là les
défend, non feulement fans les appauvrir, mais en les enrichiffant. Ce n'eft
point le temps de parler de tous les
avantages qui réfulteroient, pour une nation, des progrès de la marine militaire:

je pourrois auffi démontrer comment la
population elle - même y gagneroit :
mais je ferois trop long, fi je voulois
offrir en détail le tableau de tous ces
avantages. Je me contente ici d'avoir
rapidement expofé cette vérité.

Il eft donc évident que la réforme des
troupes fur pied, fans compromettre la
fûreté de la nation, enleveroitdeux grands
obftacles à la population, le célibat des
foldats, & le célibat que leur entretien fait
naître dans les autres claffes de citoyens.
En détruifant ces deux fources de maux,
on détruiroit encore un autre vice politique, qui ne nuit pas moins au progrès
de la population, & dont l'activité eft
toujours relative au nombre des célibataires & à la misère nationale. Ce vice
eft l'incontinence publique.

CHAPITRE VIII.

Dernier obstacle à la population : l'incontinence publique.

RÉFLEXION terrible ! les vices & les désordres ont, pour ainsi dire, une filiation réciproque : les uns naissent des autres, & ceux-là donnent une nouvelle énergie à ceux-ci. La misère & le célibat forcé de quelques classes de citoyens, en empêchant les mariages, font naître l'incontinence publique, & l'incontinence publique diminue le nombre des mariages. Où la corruption règne, l'homme ne se soucie pas de s'enchaîner par le mariage, & où il y a beaucoup de pauvres ou de célibataires forcés, là doit régner la corruption. La nature veut être satisfaite ; peu savent la vaincre. Il faut donc avoir une épouse, ou s'abandonner à une femme publique. Les bonnes mœurs nous offrent la première ; la misère & le célibat forcé ne nous laissent que la seconde.

Un citoyen, qui ne peut avoir une femme légitime, trouve dans l'incontinence publique le moyen de se dédommager de cette privation. Les sens sont satisfaits, mais la génération reste oisive. Cette maladie, qui d'abord n'attaque que ceux que la misère, ou le Gouvernement, ou les lois condamnent au célibat, ne tarde pas, lorsque le nombre s'en est accru dans la nation, à devenir contagieuse; elle se communique à toutes les classes de l'Etat.

La corruption devient alors générale, & l'aversion pour le mariage le devient aussi. C'est la, volupté qui fait détester au riche le plus doux des liens, c'est la misère qui le fait détester au pauvre. L'artisan aime mieux partager le fruit de ses sueurs avec une femme qu'il peut quitter quand il lui plaît, qu'avec une épouse dont on est bientôt fatigué, lorsqu'on a perdu le goût des plaisirs de l'innocence. Enfin toutes les autres classes des citoyens regardent le mariage comme le tombeau du bonheur & de la liberté. Les plaisirs ne font rien pour l'homme corrompu : il eft incapable d'apprécier cette paifible & fecrète fatisfaction de deux époux , qui naît de leur union intime , de leur amour réciproque , & des devoirs doux & facrés qu'ils rem- pliffent en formant l'efprit & le cœur de leurs enfans.

Ces jouiffances font trop fimples , trop uniformes , trop délicates pour lui. Les plaifirs groffiers font les feuls que puiffent éprouver des cœurs dépourvus d'honnêteté. Or ce font ces plaifirs , qu'on appelle aujourd'hui *les grands plai- firs de la vie* dans toutes les nations de l'Europe , où , pour notre malheur & pour la ruine de la population , cette claffe de célibataires, qui ne fait d'autre vœu que celui de s'abftenir du mariage , s'eft multipliée à l'infini. C'eft là qu'à la honte de notre efpèce & de notre fiècle , on voit exifter un autre vice qui a déjà fait de grands progrès ; vice fi exécrable, que lorfque j'ai voulu le nom- mer , la pudeur m'a impofé filence ; vice

qui dégrade l'humanité , en donnant à
un fexe toutes les foibleffes de l'autre ,
& fait à la nature le plus cruel outrage.
Quel vide ne doit pas laiffer dans la
population cet excès de l'incontinence
publique ! Eft-il étonnant que , dans la
plupart des nations , fur cent hommes
il fe faffe à peine un mariage par an (1) ?
Mais ce défordre , qui , dans tous les
temps , attaqua la population eft
devenu plus meurtrier que jamais ,
depuis que l'Amérique s'eft vengée en
quelque forte de tous les maux que nous
lui avons faits. Depuis cette époque ,
la proftitution dépeuple doublement les
nations; en même temps qu'elle éloigne
les hommes du mariage, elle frappe ceux
qui fe livrent à ce vice, d'un fléau deftructeur de la fécondité & de la vie, d'un fléau
qui , après avoir été la peine du crime,

---

(1) Qu'on life les calculs de M. Suffmilch : il dit qu'en
Hollande , fur 64 perfonnes l'on compte un mariage, tandis
que dans la Suéde on en compte un fur 126; dans la Marche de Brandebourg , dans la Finlande , 1 fur 103 ; à
Berlin, 1 fur 110; en Angleterre, 1 fur 98, 115, 118.

caufe

caufe encore la mort de l'innocence ; &
qui, n'épargnant pas même la poftérité
de celui dont le fang en a été fouillé ,
fait naître une race dégénérée, abâtardie,
monument de la dépravation & de l'infortune d'un de fes auteurs. Quelle digue
le Légiflateur oppofera-t-il à ce torrent
de l'incontinence publique ? Imitera-t-il
l'exemple de Théodofe, qui, pour bannir
la proftitution de Rome, ordonna que
l'on démolît les maifons de proftitution (1)?

Etablir une pareille loi , ce feroit
faire d'un pays entier une feule maifon
de débauche ; ce feroit mettre en danger
l'honnêteté conjugale , & détruire un
mal par un mal encore plus grand.

Le feul moyen d'arrêter les progrès
de l'incontinence publique, c'eft d'a-
néantir , ou du moins d'affoiblir les
caufes qui la produifent & qui la fo-
mentent. Que le nombre des célibataires
diminue , que les lois & le Gouverne-

_____

(1) Voyéz l'ouvrage de Zepper , qui a pour titre
legum Mofaïcarum forenfium explanatio, lib. 4, cap. 18.

Tome II.   H

ment, faifant naître dans l'Etat l'aifance générale, permettent à chaque citoyen de fe marier; & vous verrez alors l'incontinence & la proftitution diminuer fenfiblement dans la nation, puifque leurs progrès font toujours, comme nous l'avons fait voir, relatifs au nombre des célibataires & à la mifère publique (1).

Nous en avons une preuve de fait dans les anciennes Colonies Anglo-Américaines. Qu'on life ce qu'en difent le Docteur Franklin & l'Abbé Raynal, & l'on verra comment un certain bien-être général, réparti fagement par la première diftribution des terres & par le cours de l'induftrie, y multiplie le nombre des mariages; & comment tout cela confpire à conferver par-tout les mœurs & l'honnêteté. Le libertinage n'a pas encore paru dans cette heureufe région, où chacun eft en état de prendre une compagne. Le libertinage, qui eft tou-

---

(1) Je parlerai, dans le cours de cet ouvrage, des autres moyens qui dépendent de l'éducation, des mœurs, & de la puiffance paternelle.

jours une suite de la misère, n'a pu encore inspirer à ses heureux habitans le goût de ces jouissances recherchées, de ces plaisirs brutaux, dont l'apprêt & les frais usent & fatiguent tous les ressorts de l'ame, & amènent les vapeurs de la mélancolie après les soupirs de la volupté. Les hommes n'y consument point, dans un célibat vicieux, les plus belles années de la vie. Lorsqu'ils se marient, la longue habitude du vice n'a point émoussé leurs organes; la sensibilité de leur cœur n'est point énervée par les plaisirs dont ils ont joui; ils n'apportent point à l'autel sacré de l'amour un cœur indigne de cette adorable divinité. Les femmes sont encore ce qu'elles doivent être, douces, modestes, sensibles, & bienfaisantes : elles ont toutes les vertus qui perpétuent l'empire de leurs charmes. C'est dans les bois de la Floride & de la Virginie, dit l'Abbé Raynal, c'est dans les forêts même du Canada qu'on peut aimer toute sa vie ce qu'on aima pour la première fois, l'innocence & la vertu, qui ne laissent jamais périr la béauté tout entière.

H 2

Tel eſt l'état des mœurs de l'Amérique. Quel trifte parallèle avec celles de
l'Europe !

On vient de voir les principaux obftacles qui s'oppofent aux progrès de la
population de l'Europe, & les moyens
d'y remédier : je crois en avoir affez dit
à cet égard. Il eſt temps de paffer à
l'autre objet des lois politiques & économiques : il faut parler des richeffes.

CHAPITRE IX.

*Second objet des lois politiques & écono-
miques. Les richesses.*

IL fut un temps où les lois n'avoient
d'autre but que de former des héros,
& où la pauvreté étoit le premier degré
de l'héroïsme. On craignoit les richesses,
& c'étoit avec raison, comme nous
l'avons observé. Quand les richesses ne
font que le fruit de la conquête & non
du travail du cultivateur, de l'artisan,
& du marchand, elles doivent nécessairement corrompre les peuples, fomenter
l'oisiveté, & accélérer la ruine des nations. Ainsi Sparte domina dans la Grèce,
tant que les lois de Lycurgue tinrent
l'or & l'argent éloignés de la Laconie,
& Rome offrit le spectacle d'un peuple
grand & vertueux, tant que ses citoyens
ne sacrifièrent qu'à des Dieux faits avec
du bois ou de l'argile.

H 3

Mais l'état des chofes eft bien changé.
Ce ne font plus les tributs des peuples
foumis , le butin, le prix des alliances,
ou ces titres faftueux de Roi, que Céfar,
Pompée, & les Patriciens de Rome ven-
doient au plus offrant (1), qui enrichiffent
aujourd'hui les Etats. Un travail affidu ,
protégé par de bonnes lois & par une
adminiftration fage ; voilà ce qui produit
maintenant l'opulence. Autrefois les peuples qui poffédoient des richeffes , végé-
toient dans l'oifiveté la plus profonde ;
ils étoient par conféquent toujours à la
veille de devenir la proie du defpotifme.
Aujourd'hui les nations les plus riches
font celles où les hommes font les plus
laborieux & les plus libres. Nous n'avons
donc aucun motif de craindre les richeffes , nous devons au contraire les défirer ; & le premier objet des lois eft de
les faire naître , parce qu'elles font la
feule fource du bonheur des peuples ;

---

(1) Sueto. *In Cæfar.* c. 34, 45 , 54. Cic. *Ad Atticc*
lib. 14 , ep. 12.

de la liberté civile au dedans , & de la liberté politique au dehors.

Perfuadés de cette grande vérité, que je n'ai fait que rappeler ici , mais que j'ai démontrée ailleurs (1) , recherchons maintenant quels font les moyens les plus propres à introduire les richeffes dans une nation, & à les y conferver. Nous parlerons enfuite de la manière de les diftribuer avec le moins d'inégalité poffible.

_____

(1) Voyez le livre premier , où j'ai parlé du rapport des lois avec le génie & le caractère des peuples.

H 4

CHAPITRE X.

Des sources des richesses.

L'AGRICULTURE, les arts, le commerce; telles sont les trois sources des richesses. L'agriculture nous donne les productions de la terre : avec les arts on en augmente la valeur, on en étend l'usage, on en fait accroître la consommation : par le commerce, on les échange, on les transporte, & on leur communique ainsi une valeur nouvelle. La première donne la matière; la seconde, la forme; & la troisième, le mouvement. Sans la forme & sans le mouvement, on peut avoir la matière; mais sans la matière, il ne peut exister ni forme ni mouvement : d'où nous devons conclure que la principale source des richesses, & même la seule, c'est l'agriculture. Il n'y a donc que les nations agricoles qui puissent subsister par elles-mêmes : celles qui ne peuvent se livrer qu'au commerce ou aux manufactures, doivent dépendre néceffairement des nations agricoles. Toute propriété qui n'eft pas fondée fur l'agriculture, eft donc précaire : toute richeffe qui ne vient pas de la terre, eft donc incertaine (1) : tout peuple qui renonce aux

---

(1) La fituation de la Hollande eft une preuve de cette vérité. Cette nation, qui peut fans contredit fe regarder comme la plus riche de l'Europe, qui a un territoire très-borné & une population confidérable, qui tire fa grandeur de toute autre fource que de l'agriculture, eft-elle affurée de conferver long-temps fa profpérité ? A quels dangers n'eft-elle pas expofée ? combien de maux ne peut-on pas lui faire ? Son commerce, fruit d'une grande économie & d'une grande induftrie, eft toujours expofé à des atteintes qu'il lui eft impoffible de prévenir, & auxquelles il lui eft auffi impoffible de remédier. L'Angleterre lui a déjà porté un coup mortel par fon acte de navigation, & par fes traités avec la Ruffie & avec le Portugal. Elle auroit pu faire perdre encore à ce peuple fon commerce de Cadix, par la grande facilité qu'elle avoit acquife de donner telle extenfion qu'elle vouloit à fon commerce clandeftin entre la Jamaïque & les Colonies Efpagnoles. Déjà les villes anféatiques font en poffeffion d'une partie de fon commerce de cabotage, ainfi que de celui de fret & de commiffion. Pour la priver des avantages que lui procure fon commerce fur les bords du Rhin, il fuffiroit que le Roi de Pruffe établît une douane

avantages de l'agriculture ; qui , aveuglé par les profits éblouïssans des arts & du commerce , néglige les profits réels des productions de son territoire ; qui préfère, en un mot, la forme à la matière, méconnoît donc ses véritables intérêts. On peut le comparer à cet avare insensé, qui, séduit par l'appât du gain , au lieu

---

à Wesel. Le commerce actuel du Danemarck ne se fait qu'aux dépens de celui des Hollandois. Les profits de leur agriculture, c'est-à-dire, de leur pêche de harengs & de baleines , sont infiniment diminués. Ils ne sont plus le commerce d'assurance, qu'ils faisoient autrefois pour une grande partie de l'Europe , & dont ils tiroient un revenu considérable. Enfin il suffit d'observer le cours actuel des choses en Europe, pour prévoir que chaque peuple aura tôt ou tard un commerce relatif à la nature de son pays & à l'accroissement de son industrie ; & les Provinces - Unies verront tous les jours diminuer leur commerce , à mesure que les autres nations étendront le leur.

Tel est le sort d'un peuple dont la prospérité n'est pas fondée sur l'agriculture. En faisant attention aux efforts de toutes les nations , pour se passer de l'industrie étrangère , j'ose prédire que, dans moins d'un demi siècle, les seules nations riches de l'Europe seront celles qui donneront le plus de soin à l'agriculture , & recueilleront le plus de productions de leur territoire.

de placer fon argent chez un riche propriétaire , aime mieux le remettre entre
les mains d'un fils de famille dérangé ,
qui bientôt lui fera perdre tout à la fois
fon capital & fes revenus. Ces conféquen-
ces me paroiffent auffi fimples que le font
les principes dont elles découlent.

Laiffons au lecteur le foin d'en juger,
& pofons pour principe inconteftable ,
que dans toute nation où l'agriculture
peut être cultivée avec avantage , les
lois , fans négliger les progrès des arts &
du commerce , doivent toujours les fu-
bordonner à ceux de l'agriculture ; que
c'eft elle qu'il faut confidérer d'abord ;
qu'il faut la regarder comme l'objet
principal , comme le grand intérêt auquel tous les autres intérêts viennent fe
réunir , & comme le fondement éternel
fur lequel le Légiflateur doit élever l'é-
difice de la richeffe nationale.

Ce principe établi , paffons à l'examen des obftacles qui, dans la plus grande
partie de l'Europe, s'oppofent aux progrès
de l'agriculture , & que les lois doivent
néceffairement s'efforcer de détruire.

Pour mettre de l'ordre dans ces recherches , je diviſerai tous ces obſtacles en
trois claſſes. Dans la première, ſeront compris ceux qu'y oppoſe le Gouvernement ou
l'adminiſtration ; dans la ſeconde, ceux
qui ſont produits par les lois ; dans la
troiſième , ceux qui naiſſent de la grandeur immenſe des Capitales.

CHAPITRE XI.

Première claſſe des obſtacles qui s'oppoſent
aux progrès de l'agriculture : ceux qui
naiſſent du Gouvernement.

SI l'Ecrivain qui oſe tracer le tableau
des vices des Gouvernemens , commet
un crime dans les pays où règne le deſpotiſme , & où une politique obſcure
& myſtérieuſe crée les ſoupçons & dirige
les vues d'un corps ariſtocratique, ti-
mide , parce qu'il eſt foible ; cet Ecrivain
exerce au contraire un acte de juſtice &
de bienfaiſance dans un pays tel que le

mien, où le Gouvernement, inftruit par l'expérience, commence à fentir la néceffité de détruire toutes les caufes de ces anciens défordres qui attaquent la félicité publique. Le devoir du Philofophe eft de hâter l'inftant des réformes, & d'épargner à une nation beaucoup d'épreuves qu'elle feroit à fes dépens, & que fouvent elle devroit payer bien cher. C'eft une vérité fi fenfible, que je ferois une injure à l'efprit de modération des Princes de l'Europe, fi, en parlant des obftacles qui arrêtent les progrès de l'agriculture dans la plus grande partie des nations, retenu par un vil fentiment de foibleffe & d'adulation, je gardois le filence fur les obftacles les plus puiffans, ceux qui naiffent du Gouvernement.

L'*Adminiftration*, qui devroit être le foutien de la profpérité des peuples & de l'opulence des nations; l'*Adminiftration*, qui ne devroit jamais faire fentir fon influence que pour applanir la route du bonheur; l'*Adminiftration*, qui devroit adopter pour règle générale de fa conduite, ce grand principe de tout Gouvernement : laiffer faire, & fe mêler le moins qu'il eft poffible de tout ce qui fe fait ; l'*Adminiſtration*, dis-je, pour s'être écartée de ce principe falutaire, eft devenue, dans la plus grande partie des nations, la fource féconde des obftacles les plus nuifibles aux progrès des arts, du commerce, & fur-tout de l'agriculture. Le premier des obftacles qui s'oppofent aux fuccès de celle-ci, eft fans contredit le défaut de liberté dans le commerce de fes productions.

Une erreur, née d'une fuppofition fauffe, a fait croire aux Gouvernemens, que le mouvement naturel du commerce pouvoit faire fortir d'un Etat une partie même de ce qui étoit néceffaire à fa confommation intérieure. Pour fe délivrer de cette terreur panique, on a fermé les ports des nations, environné leurs frontières de gardes, établi les peines les plus rigoureufes contre quiconque oferoit exporter clandeftinement quelques denrées néceffaires à la vie ; expédient fatal, qui a détruit la propriété, ruiné l'agriculture, anéanti le commerce, appauvri les campagnes, dépeuplé les Empires , & multiplié les difettes dans la plupart des États de l'Europe. En vain l'on a cherché de nos jours à démontrer l'évidence de cette erreur ; en vain la plume des Ecrivains politiques a peint des couleurs les plus fortes le fléau produit par ce préjugé funefte : l'ancien fyftême , combattu par tant d'Ecrivains , par tant de Philofophes, & même par le vœu public, s'eft confervé fans la plus légère atteinte. Les entraves qui exiftoient auparavant , exiftent encore. Les chaînes qui lioient le commerce des blés & de quelques autres productions, n'ont point été brifées : on a fait plus ; dans plufieurs endroits on les a refferrées : par-tout le commerce languit fous leur poids. Les Philofophes , après avoir inutilement élevé la voix contre ces vexations , attendent avec impatience que les malheurs des peuples foient parvenus à leur dernier période, puifqu'il n'y a que l'excès du mal qui puiffe réveiller les Gouvernemens de leur longue & profonde léthargie.

Ne pourrai - je, dans un ouvrage de cette nature, traiter un objet auffi important, fans ajouter quelques idées aux réflexions de ceux qui m'ont précédé ? Quelque difficile que foit cette entreprife, quelque infructueufe même qu'elle puiffe être, je ne dois rien négliger. Je commencerai par fixer l'état de la queftion.

On a dit que le motif qui porte les Gouvernemens à enchaîner le commerce de plufieurs denrées néceffaires à la vie, c'eft la crainte qu'il ne furvienne une difette : mais dans quel cas la difette exifte-t-elle ? Il y en a de deux fortes : ou la quantité des denrées qui fe trouvent dans l'Etat, eft au deffous de celle que la confommation intérieure exige, ou le prix en eft tel, qu'une portion des citoyens eft hors d'état de s'en procurer. S'il fe trouve donc la quantité de denrées néceffaire à la confommation intérieure, fi le prix de ces denrées eft cher, mais qu'en même temps il foit tel que tous les citoyens foient en état d'en avoir ; on ne

peut

peut pas dire en pareil cas que la difette exifte. En Angleterre, par exemple, le grain coûte ordinairement le double, le triple de ce qu'il coûte dans beaucoup de villes d'Italie. Dira-t-on pour cela qu'en Angleterre il y a toujours une difette de grains ?

Voyons maintenant fi l'une ou l'autre de ces deux efpèces de difettes peut naître de la liberté illimitée du commerce des productions de la terre, ou fi elles ne font pas plutôt toutes les deux l'effet de la privation ou de la limitation de cette liberté. Suppofons que le commerce d'une denrée foit entièrement libre, alors quel fera l'ufage que le propriétaire en fera ? Il la vendra au plus offrant. Si celui-ci eft un négociant étranger, il la fera fortir de l'Etat. Si c'eft un citoyen, il la vendra à un citoyen, avec cette différence cependant qu'en cas d'égalité des deux enchères, le citoyen aura toujours la préférence, à caufe de la fûreté de la convention. Je ne compte ici ni les frais & les rifques du tranfport, ni le payement des droits d'exportation, s'il y en

Tome II.   I

a d'établis, parce que je suppose tout cela à la charge de l'acheteur.

Supposons encore que la quantité des récoltes d'une nation surpasse la quantité nécessaire à la consommation intérieure ; il est certain qu'alors l'intérêt général de l'Etat exigeroit qu'on en fît sortir l'excédant, & que le pays n'en conservât que la quantité proportionnée à ses besoins. Une liberté illimitée permettroit-elle d'arriver précisément à ce but? Examinons cette question. C'est une axiome dans la science économique, que le prix d'une marchandise quelconque est en raison directe des demandes, & en raison inverse de la quantité de cette marchandise & du nombre des vendeurs. Donc, dans notre supposition, les propriétaires de la denrée dont il s'agit seront obligés, pour la vendre avec avantage, de l'envoyer hors du pays, & de la faire passer dans celui où la quantité de cette denrée est inférieure à celle que demande la consommation. A mesure qu'elle sortira de l'Etat, le prix augmentera au dedans, & à mesure qu'il en passera chez l'étranger, le prix dimi-

nuera au dehors. Le profit de l'exportation ira donc toujours diminuant, & par
l'accroiſſement du prix au dedans, & par
la diminution du prix au dehors. Lorſqu'enfin, après pluſieurs tours & retours,
les prix des deux nations ſe trouveront au
niveau, le bénéfice venant à ceſſer, le
mouvement ceſſera, & avec la liberté
la plus grande, il ne ſortira pas de l'Etat
la plus petite portion de cette denrée.

On m'objectera peut-être ici que ce
niveau dans les prix de deux nations pourroit bien n'avoir lieu que lorſque la nation qui aura vendu ſe ſera défait non
ſeulement de ſon excédant, mais encore
d'une partie de ce qui lui eſt néceſſaire
pour ſa conſommation intérieure. Alors,
ajoutera-t-on, la diſette ne ſeroit - elle
pas un effet de cette liberté illimitée,
qu'on déſire tant ? Cette objection ne
peut avoir de force que dans le ſeul cas
où l'on voudra nier l'exiſtence de cet
ordre immuable qui règne dans toutes les
parties de la nature.

Si l'on ne veut pas adopter une pareille
opinion, on verra que la terre offre

chaque année une reproduction égale à la confommation univerfelle : il n'y a qu'un mifanthrope infenfé, dit le judicieux Comte Verri, qui puiffe croire que les hommes font condamnés à faire décider par le fort, lequel d'entre-eux doit mourir de faim (1). Pour nous, confidérons cet objet d'un œil plus tranquille, & nous aurons des idées plus vraies & plus confolantes. Enfans d'une immenfe famille répandue fur la furface du globe, invités à nous aider les uns les autres, il nous eft facile de reconnoître que l'Auteur de la nature nous a pourvus abondamment de tout ce qui eft néceffaire aux befoins de la vie. Le commerce, s'il étoit libre, en fecondant fes deffeins, fuppléeroit, par l'excédant d'un pays, aux befoins d'un autre, & pourroit feul maintenir par-tout, dans un équilibre périodique, le befoin & l'abondance.

Voyons fi l'évidence de cette vérité peut-être affoiblie par une objection

---

(1) Meditazioni fullà economia pubblica. §. 8.

raifonnable. On a dit que le danger dont
eft menacée la nation qui a vendu fa
denrée, eft que le bénéfice de l'exportation ne vienne à ceffer quand on aura
exporté non feulement tout l'excédant,
mais encore une partie du néceffaire.
Or fuppofons que cela arrive (chofe
d'ailleurs très-difficile, par plufieurs raifons que je laiffe au lecteur le foin de
découvrir), fuppofons, dis-je, que cela
arrive ; cette nation éprouvera - t - elle
pour cela une difette de cette denrée,
fi le commerce eft libre ? Quel motif a
engagé les propriétaires à l'envoyer dans
le pays qui en avoit befoin ? L'efpoir
d'un gain confidérable, d'un prix toujours plus fort que celui qu'on leur en
offroit chez eux. Ce même motif enga-
gera donc une autre nation à faire chez
celle - ci des envois de cette denrée
dont elle s'eft privée pour approvifionner
un autre pays. La même liberté, qui fembloit devoir la réduire à manquer du néceffaire, lui ramenera l'abondance : fes
ports, toujours ouverts à l'entrée comme

I 3

à la fortie, recevront d'un côté & donneront de l'autre. Alors les prix fe trouveront toujours à un jufte niveau, & l'on ne verra plus ces révolutions fubites qui effrayent les Gouvernemens, & forcent à faire faillite le négociant, le propriétaire, & le cultivateur.

Il n'eft donc point à craindre que la plus grande liberté dans le commerce de quelque denrée que ce foit, puiffe jamais produire dans un Etat cette première efpèce de difette qui naît du défaut de la quantité néceffaire à la confommation intérieure. Voyons maintenant fi elle peut produire la feconde, c'eft-à-dire, l'augmentation exceffive du prix, en faifant hauffer la denrée à un tel point, qu'une portion des citoyens foit hors d'état de la payer. Cela ne peut jamais arriver, & je le prouve par deux raifons. La première eft fort fimple. Dans quel cas, je le demande, le prix d'une marchandife dont il exifte dans l'Etat une quantité fuffifante pour fes befoins, y eft-il trop cher & y excède-t-il le jufte niveau ? C'eft lorfque la quantité qui s'y trouve eft réunie en peu de mains. Alors plus de concurrence entre les vendeurs; alors le nombre de ceux qui vendent étant très-petit, le prix de la marchandife doit, conformément à nos principes, augmenter énormément ; alors enfin le monopole eft inévitable. Eh bien, ce défordre eft précifément celui qu'on évite par la liberté du commerce. Si chaque propriétaire peut faire tel ufage qu'il veut des productions de fes terres, chaque propriétaire fera le négociant de ces productions : il ne voudra pas, foyons - en perfuadés, renoncer à cet avantage. Les liens artificiels, les prohibitions feront les feules chofes capables de le forcer à livrer fes denrées à un monopoleur, faute de favoir en tirer parti. Voilà la première raifon.

La feconde eft fondée fur la conféquence néceffaire qui réfulte de l'augmentation même du prix, lorfque cette augmentation ne tourne pas au profit de trois ou quatre monopoleurs, mais des propriétaires des terres. Ceux-ci font-ils riches ?

l'Etat eft riche : font - ils pauvres ? l'Etat eft pauvre auffi. Toutes les claffes de la fociété doivent convenir que leur fort eft uni à celui des propriétaires des terres. L'artifan qui fait leurs vêtemens, leurs maifons, leurs meubles, les inftrumens néceffaires à la culture de leurs champs, qui pourvoit, en un mot, à leurs jouiffances & à leur luxe; le mercenaire qui les fert ; l'homme de loi qui les défend; le négociant qui trafique pour eux; le marinier & le voiturier qui transportent leurs denrées, &c.: tous ces individus travailleront davantage, & feront mieux payés par les propriétaires, s'ils vendent leurs denrées plus cher. Si les non propriétaires font obligés d'acheter ces objets à plus haut prix, il faudra que les propriétaires leur donnent un plus haut prix de leurs ouvrages. Le prix des denrées fera donc cher, mais il n'excédera point les moyens de ceux qui doivent le payer.

D'après ces réflexions que j'ai préfentées avec la plus grande brièveté poffible, on peut affurer qu'aucune de ces

deux espèces de disette ne peut être l'effet
d'une liberté illimitée dans le commerce
des productions des terres. Voyons actuellement si l'une & l'autre sont les
suites ordinaires de la privation de cette
liberté.

Quand l'expérience ne nous apprendroit pas combien on éprouve de disettes
dans les pays où règne ce système funeste,
malgré la fertilité du sol & la régularité
des saisons ; la raison suffiroit seule pour
nous démontrer que l'on doit être exposé
à ce fléau. Pour nous en convaincre,
reprenons notre supposition, afin que le
parallèle entre les deux systêmes soit plus
exact.

Supposons que la quantité de la récolte d'une denrée dont le commerce est
gêné, surpasse celle que sa consommation
intérieure exige, quel usage fera-t-on de
ce surabondant ? Ou on le laissera se
gâter à la source de la reproduction, ou,
par le moyen d'une permission d'exporter
accordée par le Gouvernement avec des
restrictions, & précédée d'informations,
de recherches, & de calculs, il sortira

enfin de l'Etat. Or, dans l'un & l'autre cas, je dis que la culture de cette denrée éprouvera tous les contre-coups des obstacles que le Gouvernement oppose à son commerce, & que la nation est exposée au péril imminent d'une disette. Rien de plus certain dans le premier cas. En laissant l'excédant s'altérer & se détruire par les défenses rigoureuses de l'exporter, on doit nécessairement avilir le prix de la denrée, & même à un tel point, si cet excédant est considérable, que le laboureur découragé ne voudra plus en continuer la culture. Dans le second cas, l'effet sera le même quant à la culture; mais le dommage sera encore plus grand pour l'Etat. Cette assertion a l'air d'un paradoxe; je vais en démontrer la vérité.

Dans les pays où le commerce d'une denrée n'est pas libre, avant que le Gouvernement sache si la quantité qu'il y en a dans l'Etat surpasse celle qui est nécessaire à la consommation intérieure, il doit s'écouler un long espace de temps. Les fraudes qu'on peut commettre dans cette recherche, la difficulté de faire un calcul dont toutes les données font incertaines; tout cela exige le plus fcrupuleux examen de la part du Gouvernement. Ainfi, l'on ne permettra l'exportation de cet excédant que plufieurs mois après la récolte, c'eft-à-dire, après que les poffeffeurs de terres, contraints par la néceffité, l'auront déjà vendu, après que toute la denrée aura déjà paffé dans les mains des monopoleurs. Que réfultera-t-il de là? L'exportation faite, auffi-tôt le prix de la denrée augmentera, fans que les propriétaires des terres puiffent en profiter, parce qu'elle a déjà été vendue à vil prix, dans un temps où la concurrence des vendeurs, la quantité de la denrée, & la rareté des demandes fembloient fe combiner entre elles pour en rendre la valeur très-modique. En conféquence, le même motif qui les auroit détournés de la culture de cette denrée dans le premier cas, les en détourne encore dans le fecond, avec cette différence cependant que les frais de culture étant plus confidérables lorfque l'exportation a fait augmenter le prix de la denrée, leur motif fera encore plus puiffant. De plus, comme le profit de cette exportation eft tout entier pour les monopoleurs & non pour les propriétaires, les non propriétaires, dont le fort dépend toujours, comme on l'a remarqué, de celui des poffeffeurs des terres, ne pouvant employer leurs bras & leurs reffources, ou au moins ne trouvant point à les employer avec plus d'avantage qu'auparavant, parce que la mifère des propriétaires ne leur permet point de faire les dépenfes qu'ils feroient, s'ils étoient riches; les non propriétaires, dis-je, verront, après l'exportation, le prix de cette denrée augmenter, fans que la poffibilité de le payer augmente chez eux en proportion.

Il fuit de là, que, dans le premier cas, l'abondance d'une année produira dans la fuivante l'efpèce de difette qui naît du défaut de quantité, tandis que dans le fecond cas elle produira, dans la même année, l'efpèce de difette qui naît de la cherté; & l'année d'après, celle qui naît du défaut de quantité. Lors

donc que le commerce d'une denrée eft
gêné par quelques entraves, une exportation permife accidentellement, loin
d'être utile, eft très-dangereufe, & plus
dangereufe que la prohibition même (1).
Donc, fous quelque afpect que l'on confidère cette interpofition du Gouvernement, un tel défaut de liberté dans le
commerce des productions eft toujours
fatal à la population, parce qu'il diminue
la fubfiftance, & funefte à l'agriculture,

_____

(1) Je n'entreprendrai point de démontrer ici l'abfurdité du fyftême propofé par *Melon*, de régler l'exportation fur le prix de la denrée. Un de mes compatriotes
(*Galliani*) l'a réfuté de la manière la plus fatisfaifante,
dans un Ouvrage qui fait beaucoup d'honneur à notre
patrie. Cet Ouvrage eft écrit en françois. Il a pour titre,
Dialogues fur le commerce des blés. J'aurois pu profiter, dans ce chapitre, des lumières de cet Ecrivain, fi,
avant de le commencer, je n'euffe pas fait vœu de fermer
tous les livres qui traitent de cette matière, & de ne con-
fulter abfolument que ma propre raifon. Je ne prétends
pas cependant refufer à cet Ecrivain le tribut de mon ad-
miration. J'avoue que fes Dialogues m'on étonné. Il eft
impoffible d'écrire fur une matière auffi sèche avec plus
d'élégance & de goût.

aux arts, à l'industrie, parce qu'il décourage & ruine les propriétaires.

Mais ce ne font pas là tous les obftacles que le Gouvernement oppofe aux
progrès de l'agriculture: il y en a d'autres
que je me contente de rapporter, pour
éviter les répétitions, tels que, 1°. la
variation continuelle des impôts fur les
terres; 2°. l'aliénation des revenus publics; 3°. la nature de quelques droits;
4°. la manière de les percevoir; 5°. l'é-
norme quantité d'hommes qu'on enlève à
l'agriculture, non pour fervir & défendre
la nation & le Prince, mais pour les
tromper l'un & l'autre dans la perception
des revenus de l'Etat; 6°. le fyftême
militaire actuel. J'ai déjà parlé de ce
dernier obftacle avec affez de développement. Quant aux autres, j'en parlerai
dans le cours de ce livre, où la fuite de
mes idées & la diftribution de la matière
me permettent d'obferver ces défordres
dans toute leur étendue, & de m'arrêter
auffi fur le choix des moyens propres à y
remédier.

CHAPITRE XII.

Seconde classe des obstacles qui s'opposent aux progrès de l'agriculture : ceux qui naissent des lois.

Les Athéniens sacrifioient aux Dieux inconnus; pour nous, nous devrions sacrifier au Dieu que nous connoissons, afin qu'il nous préservât des erreurs que nous ne connoissons point. Cette prière publique, que la Providence ne dédaigneroit pas d'exaucer, nous feroit peut-être enfin apercevoir dans notre Législation quelques erreurs, qui, si elles ne détruisent pas entièrement l'agriculture, l'entretiennent au moins dans cet état d'engourdissement où nous la voyons; état que le déclamateur attribue aux vices des hommes; le vulgaire, aux fléaux du ciel; le cultivateur, à l'intempérie des saisons; le faiseur de projets, à l'imperfection des machines & des instrumens propres à faciliter la culture ; mais que le Philosophe seul, qui observe & médite, trouve dans les vices des Gouvernemens, & dans les principes de leur Législation.

Il y a chez plusieurs peuples de l'Europe certaines lois qu'on diroit faites uniquement pour détruire l'agriculture. A la tête de ces lois, je vois celle qui défend aux propriétaires des terres d'entourer leurs champs de murs, de les environner de haies ou de fossés. Si l'on n'avoit pas démontré, par la raison & par l'expérience, combien la clôture des terres est avantageuse aux récoltes, combien elle accélère la reproduction, combien elle tempère les rigueurs du froid & rompt l'impétuosité des vents, si destructeurs sur-tout dans la saison du printemps ; si l'expérience de l'Angleterre n'avoit pas fait voir que le produit des terres closes surpasse d'un quart au moins celui des terres qui ne le sont pas, & que cette clôture est sur-tout infiniment utile à celles qui sont en pâturage ; si, dis-je, on n'avoit pas démontré tout cela, afin de ne laisser aucun

doute

doute fur l'injuftice d'une loi qui caufe tant de maux à l'agriculture, il fuffiroit de parcourir les campagnes, pour voir combien cette prohibition décourage le cultivateur. Et comment ne le décourageroit-elle pas, quand il voit la moitié de fa récolte perdue chaque année, parce que fon champ doit refter ouvert aux animaux qui viennent le dévafter, aux voitures qui paffent à travers pour éviter les mauvais chemins, & aux beftiaux, qui, fous la protection même de la loi, viennent y commettre des excès de toute efpèce?

Je demandois un jour à un cultivateur, homme de bon fens, pourquoi il n'y avoit dans fon champ aucune efpèce de plants, & fur-tout point de mûriers blancs, tandis que ces arbres font fi précieux aujourd'hui que la foie eft devenue un des principaux objets de l'induftrie? « Monfieur, me répondit-il après avoir pouffé un profond foupir, j'entends trop bien mes intérêts pour avoir négligé cette culture, fi la loi me l'eût permis. Il eft vrai qu'elle ne me défend pas ex-

Tome II. K

preſſément de planter dans mon champ
tout ce qu'il me plaira, mais il exiſte une
loi très-expreſſe qui me défend de le clorre.
Or ſachez que dix chèvres ſeulement
ſuffiroient pour détruire, quelques heures
après qu'elles y ſeroient entrées, cinq cents
jeunes plants de mûriers blancs, ſi j'oſois
les y mettre. Quand j'aurois le droit
d'empêcher tout animal d'entrer dans
mon champ, droit que la loi ne m'accorde que pendant quelques mois de
l'année (1); quand j'aurois ce droit,
pourrois-je ſubvenir aux dépenſes néceſſaires pour garder comme il faut un champ
ouvert de tous les côtés? N'y auroit-il
pas de la folie à faire de ſi grands ſacrifices pour améliorer un fonds que les lois
condamnent à languir dans l'inaction?
Qu'elles me permettent de le clorre;
qu'elles me permettent d'exercer dans
mon champ le même droit que j'exerce
dans ma maiſon; qu'enfin elles me rendent la liberté de diſposer de ce qui

---

(1) Depuis le temps des ſemailles juſqu'à celui de la
récolte.

m'appartient, & vous verrez au bout de peu de jours toute ma terre garnie de mûriers blancs, d'oliviers, & de toute autre espèce d'arbres & plantes que je pourrois y élever avec succès ».

Cette réponse simple & naïve du bon cultivateur me frappa d'étonnement. J'en conclus d'abord qu'une telle loi devoit nécessairement être fort nuisible aux progrès de l'agriculture. Je songeai ensuite au coup fatal qu'elle porte aux droits sacrés de la propriété. Je ne conçois point comment les Législateurs l'ont si peu respectée. Quand la clôture des terres seroit une chose indifférente pour les progrès de l'agriculture, quand elle seroit utile à quelques citoyens, je ne vois dans la loi qui la défend qu'une injustice manifeste, qu'un attentat contre les droits imprescriptibles de la propriété.

Il ne faut pas confondre des règles bonnes pour conduire un ordre religieux, avec des lois qui sont faites pour diriger une société civile. Dans un cloître tout est à tous; rien n'est individuellement

à perfonne : les biens forment une propriété commune. C'eft, dit un Ecrivain
célèbre (1), un feul être qui a vingt,
trente, quarante, mille, dix mille têtes.
Il n'en eft pas ainfi d'une fociété. Là,
chacun eft un être particulier, qui pofsède une portion de la richeffe générale
dont il eft le maître, & le maître abfolu;
dont il peut ufer, & même abufer felon
fon caprice. Quand même le bien public
exigeroit qu'il en usât d'une certaine manière, le Légiflateur ne doit pas le lui
prefcrire expreffément : il doit recourir
aux voies indirectes ; il doit combiner fes
intérêts de façon que ce propriétaire faffe
de fa propriété l'ufage que la loi défire,
mais qu'il le faffe volontairement & fans
l'ordre exprès de la loi.

Voici la différence qui exifte entre un
Etat bien adminiftré, & celui qui l'eft
mal. Dans le premier, les hommes vont
directement & les lois indirectement.
Dans le fecond, c'eft l'inverfe. Dans

---

(1) L'Auteur de l'Hiftoire Philofophique & Politique
des établiffemens des Européens dans les deux Indes.

le premier, le Législateur, se servant de l'intérêt particulier du citoyen, le fait agir comme il convient, sans l'y contraindre, & même sans lui découvrir son but; dans le second, il l'aigrit, l'irrite, le dispose à devenir réfractaire, en lui montrant l'intention, la volonté, la force publiques, & en lui cachant ses intérêts.

Par exemple, la loi de l'Empereur Pertinax, qui vouloit qu'un champ qu'on auroit laissé inculte appartînt à celui qui le cultiveroit, alloit trop directement à son but. Pour protéger l'agriculture, elle portoit atteinte à la propriété, qui doit être la première divinité du Législateur (1).

Lorsqu'une terre est à moi, je puis

_____

(1) Il ne faut pas confondre la loi de Pertinax avec celle de Valentinien, de Théodose, & d'Arcadius, qui met le premier occupant en possession des terres abandonnées, pourvu que deux années se passent sans réclamation de la part du véritable maître. Celle-ci ne détruit point la propriété, parce que quiconque abandonne ce qui lui appartient, & voit d'un œil indifférent un autre s'en rendre maître, montre un consentement tacite que la loi interprète en faveur du nouveau possesseur.

la dévouer à la stérilité, & le respect du droit de propriété exige que la loi me permette d'être à cet égard un mauvais citoyen. Si au contraire la loi m'ordonne de cultiver cette terre, & de la cultiver comme elle le juge à propos, je n'en suis plus le maître; je ne suis qu'un simple administrateur, dépendant de la volonté d'autrui.

D'après ces réflexions, que dirons-nous de la loi qui défend au propriétaire de clorre son champ? Quand même elle pourroit être utile, sous quelque point de vue, aux progrès de l'agriculture, comme l'étoit la loi de Pertinax, cela suffiroit-il pour la justifier de l'outrage qu'elle fait au droit de propriété? Est-il permis, pour produire un bien, de faire une injustice? Mais si cette loi, (loin d'être favorable à l'agriculture, en est destructive; si, en même temps qu'elle attaque & renverse tous les principes de la propriété, elle décourage le cultivateur, au point qu'il ne veuille plus, comme on l'a vu, ni planter, ni semer, ni cultiver; si, en un mot, elle est tout à la fois injufte & pernicieufe ; ne devra-t-on pas la regarder comme l'opprobre de nos codes & comme la branche la plus informe de cette antique & monftrueufe Légiflation qui gouverne aujourd'hui tous les peuples de l'Europe ?

Un efprit de pâturage a dicté cette loi dans des fiecles de barbarie ; le même efprit fait fubfifter encore les communes dans une grande partie de l'Europe. Ces terres, qui appartiennent à tout le monde, & qui par conféquent n'appartiennent à perfonne ; ces terres qui, dans chaque nation, forment un efpace immenfe dévoué à la ftérilité ; ces terres qui, vendues aux particuliers, feroient augmenter de près d'un tiers la maffe de la reproduction annuelle ; ces terres enfin qui pourroient fournir à un Légiflateur éclairé les moyens de commencer la grande réforme du fyftême univerfel des impofitions ; ces terres, dis-je, font condamnées à languir, pour donner la nourriture à quelques beftiaux que l'indigence y conduit, parce qu'elle ne trouve pas plus d'occupations qu'elle n'a

K 4

de propriété. La crainte de nuire à cette classe infortunée de citoyens, qui cependant seroit la première à profiter de la vente des communes, détourne nos Législateurs d'une entreprise qui seroit peut-être en Europe changer de face à l'agriculture. Malheureuse condition de l'humanité! la barbarie, l'ignorance, les préjugés, tout, jusqu'à la pitié même des Législateurs, conspire à sa misère! Mais ce ne sont pas les seuls obstacles que les lois opposent aux progrès de l'agriculture (1): il y en a d'autres dont

_____

(1) Dans quelques pays de l'Europe, le propriétaire d'un fonds ne peut le vendre sans la permission du Gouvernement, ni en consommer les productions, s'il ne demeure dans le territoire du pays où ce fonds est situé. Voilà encore une de ces lois trop directes, & qui, loin de remplir le but qu'elles se proposent d'être utiles à l'agriculture, sont au contraire un très-puissant obstacle à ses progrès. Il en est résulté, dans ces pays, un tel dégoût pour la possession des terres, qu'il ne s'y trouve personne qui veuille les acheter, & par conséquent les faire valoir. L'agriculture languit dans les entraves d'une loi ridicule & pernicieuse, qui cependant avoit en vue de la protéger. Soyons persuadés que toute atteinte, toute restriction que l'on porte aux droits précieux de la pro-

une partie fe trouve mêlée parmi les débris encore exiftans du fyftême féodal.

Lorfque ce fatal fyftême étoit celui de toute l'Europe , lorfque l'anarchie des fiefs fubfiftoit dans toute fa force, les métaux n'entroient point dans les contributions publiques ou particulières. Les nobles fervoient l'Etat , non pas de leur argent, mais de leurs perfonnes, & les vaffaux payoient leurs redevances en denrées ou en journées de travail. De là vinrent les dixmes fur toutes les productions, & cette preftation de fervices que le Baron exigeoit de fes vaffaux , & que les Barbares appeloient *corvée*. Ces défordres , qui font la ruine de l'agriculture , auroient dû difparoître entièrement à la chûte du fyftême féodal : mais l'évènement ne répondit point aux efpérances des peuples. Chaque Prince, devenu feul maître

priété , eft le plus grand obftacle qu'on puiffe oppofer à l'induftrie des hommes , & que toute extenfion qu'on donne à ces droits eft le plus grand bien que les lois puiffent lui faire.

dans ſes Etats, réforma, comme Magiſtrat, quelques abus nés du prétendu
droit de la guerre, qui détruit tous les
autres droits : mais une infinité d'uſurpa-
tions, conſacrées par le temps, furent
reſpectées, malgré les réclamations de
l'intérêt public & de la liberté. La plus
grande partie des ſervitudes perſonnelles
s'eſt perpétuée dans beaucoup de nations de l'Europe, & les dixmes établies
ſur toutes les productions de la nature,
eſpèce d'impôt qu'on auroit dû abolir ou
changer, ſont, pour le malheur de l'agriculture, encore en uſage dans la plupart
des ſeigneuries modernes.

　Il eſt un autre droit barbare, reſte antique de la féodalité, qui ſubſiſte preſque
univerſellement : c'eſt celui de la chaſſe.
Les peuples du Nord, dont il eſt honteux pour nous que nous ayons conſervé
les lois, étoient chaſſeurs par caractère
& par néceſſité. Lorſqu'ils eurent paſſé
dans les climats du Midi, qu'ils eurent
dépouillé l'Empire chancelant de ſes
plus belles provinces, qu'ils ſe furent
rendus maîtres des pays les plus favoriſés

par la nature, ils ne purent oublier leur
ancien état. Ils ne voulurent point renoncer à la chaffe. Mais comme ce n'é-
toit plus le befoin, mais le plaifir, qui
les y appeloit; cet exercice, après avoir
été pour la mifere un moyen de fubfiftance, devint un objet d'amufement
qui fit les délices de l'opulence & de la
grandeur.

Le Baron difpofa feul en Souverain du
droit de chaffe dans fon fief. Pour en jouir
fans peine, pour multiplier les victimes
de fon oifiveté deftructive, chaque feigneur voulut avoir, aux dépens de fes
vaffaux, une étendue de terre confidérable, réfervée pour lui feul; de manière
que par-tout où le figne de fa puiffance
étoit élevé, on trouvoit une quantité
prodigieufe d'animaux privilégiés, auto-
rifés à ravager les campagnes, & deftinés à ne périr que par fes mains. Ce
droit, qui porte le caractère de toute la
barbarie des temps où il eft né, ce droit,
contraire à la propriété, à l'intérêt public, & qui nuit fi cruellement aux progrès de l'agriculture, non feulement on

ne l'a pas aboli, mais il s'exerce encore ,
dans une partie de l'Europe, de la manière la plus rigoureuse. Si cet usage existe
dans les pays où il ne reste plus que l'ombre de la féodalité, quelles horreurs doit-
on commettre dans ceux où ce monstre
conserve encore toute son ancienne force ?

Que dirons-nous du Danemarck, de
la Pologne, d'une grande partie de l'Allemagne, & de la Russie, où la Philosophie, dont les lumières ont éclairé le
reste de l'Europe & fixé les droits
de l'humanité, n'a pu jusqu'à ce jour
anéantir la servitude de la *glèbe*? Qui le
croiroit ? cette espèce d'esclavage subsiste
encore en entier dans quelques pays qui,
depuis plus de dix siècles, vantent leur
liberté & combattent pour elle. Cette
liberté réside dans quelques milliers de
nobles & de prêtres. Le reste de la nation est composé de serfs attachés au sol
sur lequel ils sont nés, qui ne connoissent
ni la propriété réelle, ni la propriété
personnelle ; qui cultivent un terrain qui
n'est point à eux, & dont toutes les productions appartiennent au tyran qui les

opprime. Incertains fur leur fortune , qui
n'eft point déterminée par le réfultat
de la récolte , ils font privés des douceurs de l'efpérance , ce fentiment fi précieux , l'unique aiguillon du travail. C'eft
la crainte du bâton , toujours levé fur
eux, qui les tient éveillés. Ceffe - t - on
un feul inftant de les menacer ? ils
retombent dans une pareffe léthargique ;
la culture des champs eft interrompue ;
& la nature irritée venge, par la ftérilité,
les outrages que la loi fait au cultivateur.
Eft-il étonnant que l'agriculture offre dans
ces pays le fpectacle le plus trifte? Pourroit-elle profpérer fous la verge de la tyrannie , au milieu des menaces de la
force , & de la rage du défefpoir, au
milieu de l'aviliffement, de la baffeffe, &
de l'ignorance ? Je ne finirois pas , fi je
voulois confidérer féparément tous les obftacles que les lois féodales oppofent aux
progrès de l'agriculture dans les différens Etats de l'Europe. Comme ces lois
ne font point par - tout les mêmes (1);

_____

(1) Chez nous , par exemple , & chez quelques autres

comme dans une même nation elles va-
rient fuivant les privilèges accordés dans
les conceffions des fiefs ; comme enfin
le défaut d'uniformité, ce figne caracté-
riftique d'une Légiflation défectueufe,
eft proprement le vice naturel des codes
féodaux, il me feroit impoffible de faire
connoître tous ces obftacles, fans entrer
dans des détails qui demanderoient un
ouvrage particulier. Il me fuffit d'avoir
expofé les plus grands & les plus communs de tous ces obftacles. Ceux qui
font particuliers à un pays, n'entrent
point dans mon plan (1).

---

nations, la réunion des fiefs au fifc, au défaut des héritiers
collatéraux au quatrième degré ; la prohibition d'aliéner
les biens féodaux ; & l'extinction de tous les cens, lorfque
le fief eft réuni, doivent encore être comptés parmi les
établiffemens dont les fuites font les plus funeftes aux progrès de l'agriculture, & qui naiffent tous du fyftême féodal. Je n'en parle point ici, parce que j'ai jeté quelques
idées fur ce fujet dans le quatrième chapitre de ce livre où
j'ai confidéré les obftacles que les lois qui empêchent la
circulation des fiefs, oppofent à la multiplication des
propriétaires.

(1) Les dixmes des eccléfiaftiques font auffi un des

Je passe enfin à un autre désordre, qui n'est ni particulier à un Etat, ni peu considérable; qui ne naît point de la loi, mais de l'injustice de ses ministres, & qui prouve combien les bonnes lois mêmes sont inutiles, lorsque le système entier de la Législation est défectueux.

---

plus grands obstacles que les lois opposent aux progrès de l'agriculture dans presque toute l'Europe. Rien n'est si facile que d'assigner une autre source à la subsistance du sacerdoce. Nous le ferons voir dans le cinquième livre de cet ouvrage, où nous examinerons la manière dont l'Etat devroit pourvoir à l'entretien du clergé : j'ai déjà fait quelques réflexions à cet égard dans les chapitres précédens.

En Angleterre, on paye encore des dixmes à l'Eglise : mais les prêtres ont accepté volontairement une rétribution fixe, indépendante du résultat de la récolte. Le Docteur Young observe que dans les pays où cette convention n'a pas été faite, dans les pays où la dixme varie suivant les récoltes, l'agriculture a extrêmement souffert. Voyez Young, *Arithmétique politique*, première partie.

CHAPITRE XIII.

Continuation du même sujet.

QU E diroit-on d'un pays où les mauvaises lois sont observées, & où les bonnes restent sans exécution ? Tous les présages ne concourent-ils pas à le menacer d'une ruine prochaine ? Or tel est malheureusement l'état de beaucoup de nations en Europe.

Nous avons dans notre droit commun, ainsi que dans notre droit municipal, quelques lois fort utiles pour protéger les choses nécessaires aux travaux de la culture, & pour veiller à la sûreté, à la tranquillité, au bien-être du cultivateur. Les anciens codes des lois romaines nous ont transmis un grand nombre d'établissemens faits par les Empereurs sur cet objet. Nous savons que Constantin le Grand défendit, sous peine de mort, à ceux qui étoient chargés de la perception des droits du fisc, d'inquiéter le

laboureur

laboureur indigent (1). Il fit encore plus: comme parmi les charges supportées par les provinces, étoit celle de fournir des bœufs pour les voitures publiques, Constantin excepta de cette contribution les bœufs qui servoient au labour (2). Non contens de cela, les Empereurs Honorius & Théodose voulurent encore, par d'autres lois, mettre les laboureurs à l'abri de cette espèce d'ennemis cachés, qui, se couvrant du manteau de la loi, se répandent dans les campagnes, arrachent à la charrue les bœufs qui y sont attachés, & enlèvent au malheureux cultivateur jusqu'aux instrumens du labourage. Ces Princes défendirent au créancier qui saisiroit les meubles de son débiteur, de lui prendre ce qui pouvoit servir à la culture de la terre. Les esclaves, les bœufs, & tous les instrumens de labourage étoient compris dans cette prohibition, & quiconque contrevenoit

_____

(1) Cod. Théod. liv. 12, tit. 30. loi 1.
(2) Cod. Théod. liv. 8, tit. 5, loi 1.

à la loi, devoit fubir la peine de mort (1).

Les Empereurs Valens & Valentinien ne négligèrent pas un objet fi important, & la plupart des codes municipaux de l'Europe ont confirmé ces établiffemens de la politique romaine dans quelques-unes de leurs parties (2). Mais tout le monde fait combien ces lois font peu obfervées chez le plus grand nombre des nations, combien on a trouvé de moyens pour les éluder, combien d'attentats fe commettent contre la plus jufte des immunités, contre celle qui regarde comme facrés les inftrumens deftinés à la repro-duction.

Le bœuf, le cheval, cette portion

---

(1) Voyez la loi 8, cod. *quæ rei pig. oblig. paff.* & les lois du code Théodofien, citées ci-deffus.

(2) Henri III, Charles IX, Henri IV, Louis XIII, & Louis XIV en France, & chez nous, les pragmatiques & les conftitutions du royaume ont confirmé ces fages lois; mais, j'ofe le dire, très-inutilement. On a trouvé le moyen de les éluder, & les réclamations univerfelles de la philofophie n'atteftent que trop l'exiftence de ce défordre.

même de la récolte mife en réferve
pour la femence, tout eft la proie du
créancier avide, tout eft englouti par
les cent bouches toujours ouvertes de
l'hydre fifcale.

Le fyftême d'expliquer l'efprit de la
loi, fyftême deftructeur de la liberté civile, a offert à nos Magiftrats le moyen
le plus étrange que l'on puiffe imaginer
pour en éluder le véritable fens. Lorfqu'un créancier pourfuit un laboureur
infolvable, fi ce laboureur a un bœuf,
le Magiftrat veut qu'il le donne en payement à fon créancier, & croit le vœu
de la loi fatisfait, quand il a défendu à
celui - ci de le vendre à la boucherie.
Qu'importe ; dit-on, que le bœuf ait
pour maître celui-ci plutôt que celui-là ?
ne fuffit-il pas, pour remplir l'intention
du Légiflateur, que la culture ne foit
pas privée de cet inftrument de la reproduction ?

Il faut donc fuppofer que les Empereurs Romains & tous les Légiflateurs
qui ont enfuite confirmé leurs réglemens,
ont cru qu'il n'y avoit dans la nature

L 2

qu'un nombre fixe de bœufs propres à servir au labour, & qu'un homme ne pouvoit s'en procurer qu'aux dépens des autres hommes. Fut-il jamais une idée plus absurde ? peut-on expliquer l'esprit d'une loi d'une manière plus extravagante ? Si Montesquieu n'avoit pas été plus heureux dans cette sorte de travail, son nom, qui fait aujourd'hui la gloire de sa patrie, ne feroit que remplir une ligne de plus dans la liste des misérables glossateurs. Si les Gouvernemens, les lois, les Magistrats, si tout, en un mot, concourt à rendre insupportable l'art le plus ancien & le plus nécessaire ; pouvons-nous espérer que les campagnes deviendont fertiles, qu'elles produiront d'abondantes moissons au milieu des sueurs & des larmes de l'indigence & sous les pas destructeurs de l'oppression ? Lorsque tous les priviléges & toutes les exemptions sont pour les villes, & toutes les charges pour les campagnes ; lorsque le nom de paysan est devenu, pour ainsi dire, une injure ; lorsque la condition même de celui qui va dans les villes vendre fa perfonne au plus offrant, eft devenue plus favorable que celle de l'honnête agriculteur qui nourrit le Souverain & la patrie ; lorfqu'il y a plus de profit a faire le métier de mendiant dans les grandes villes, qu'à travailler dans les campagnes ; lorfqu'enfin les murmures & les fanglots des malheureux cultivateurs font entendus avec indifférence & même avec mépris, tandis que dans les capitales on facrifie tout aux cris infenfés d'une foule d'êtres fans propriété, fans honneur, & dont le feul mérite eft d'être toujours inquiets & toujours turbulens ; lors, dis-je, que tel eft le fyftême politique du fiècle, doit-on s'étonner de voir dans prefque toutes les nations de l'Europe s'élever de plus en plus, aux dépens des campagnes, ces coloffes faftueux des capitales, qui femblent contribuer à la fplendeur des Etats, mais qui, dans le fait, les accablent de leur poids, & ne fervent qu'à perpétuer l'erreur où font les Gouvernemens fur la profpérité de leurs peuples ?

L 3

C'eft de ce défordre funefte, de ce
défordre qui frappe la terre de ftérilité,
que je parlerai dans le chapitre fuivant;
J'y examinerai les principales caufes du
mal, & j'indiquerai les remèdes dont il
eft fufceptible.

CHAPITRE XIV.

*Troifième claffe des obftacles qui s'oppofent
aux progrès de l'agriculture; ceux qui
naiffent de la grandeur exceffive des
capitales.*

LE vulgaire, toujours ébloui par tout
ce qui eft grand, admire les grandes
villes & les capitales immenfes; le Philofophe n'y voit qu'autant de tombeaux
fomptueux qu'une nation expirante élève
& agrandit pour y placer fes cendres au
milieu de l'éclat & du fafte. Je ne dis pas
que dans un Empire bien gouverné il ne
doive point exifter de capitale. L'étymo-

logie du mot annonce qu'elle eſt à un
Etat ce que la tête eſt au corps. Mais
ſi la tête eſt trop groſſe, que tout le ſang
y monte & s'y arrête, le corps devient
apopleĉtique, toute la machine ſe dé-
compoſe & périt. Or la plupart des nations de l'Europe ſont malheureuſement
dans cet état. La capitale, qui devroit
être une portion de l'Empire, eſt maintenant le tout, & l'Empire n'eſt plus rien.
Le numéraire, qui eſt comme le ſang du
corps national, s'y eſt arrêté, & les
veines qui devroient le tranſporter dans
l'intérieur de l'Etat, ſe ſont rompues ou
obſtruées. Les hommes, attirés par l'appât
de l'argent, ont abandonné les campagnes, pour fixer leur ſéjour dans les lieux
où s'accumulent les richeſſes de la nation.
Hommes & richeſſes, tout s'eſt raſſemblé
ſur le même point. Ils ſe ſont entaſſés les
uns ſur les autres, laiſſant derrière eux
des eſpaces immenſes, & chacune de ces
grandes capitales eſt devenue une ſeconde
Rome qui renfermoit tous ſes citoyens
dans ſes murs. Tel eſt l'état aĉtuel d'une
grande partie des nations de l'Europe,

état incompatible avec les progrès de l'agriculture & avec la profpérité des peuples. Soutenir le contraire, ce feroit nier un axiome inconteftable de la fcience de l'économie rurale. Cet axiome eft que la terre, indépendamment de fa fécondité, produit toujours à proportion de ce qu'on lui donne. Or on lui donnera toujours peu, tant que la capitale raffemblera tout ce qu'il y a de citoyens riches dans la nation ; tant que le propriétaire abandonnera le foin de fes biens-fonds à un régiffeur qui fe foucîera fort peu de les améliorer ; tant que l'argent qui fe rend dans la capitale n'y ira que pour s'y engloutir ; tant que des dépenfes outrées ne permettront point au propriétaire qui y demeure, de mettre en réferve une partie de fes revenus pour fervir à l'amélioration de fes terres ; tant que des milliers d'hommes qui pourroient cultiver la terre & multiplier fes productions, pourfuivis par la mifère, fe fauveront dans les capitales pour y mendier un pain qu'ils pourroient procurer aux autres, ou pour vendre leur oifiveté à quelque riche plus oisif qu'eux. Enfin l'on donnera toujours peu à la terre, tant qu'on en livrera la culture aux foibles mains de l'indigence.

Voilà les suites nécessaires de la grandeur excessive des capitales ; voilà les obstacles que ce désordre oppose aux progrès de l'agriculture. Afin de remédier à ce mal, un Prince de notre siècle a fait défense à tous les cultivateurs de son royaume d'établir leur demeure dans les villes. Aucune loi n'a jamais mieux manqué son but : loin de protéger l'agriculture, elle l'a dégradée ; & la population de ces villes, au lieu de diminuer, s'est encore accrue. Tous les remèdes sont inutiles, & les maux continuent d'exister, quand on ne travaille point à en détruire les causes. Or il y a un grand nombre de ces causes qui concourent à élever la grandeur des capitales sur les ruines des campagnes. Je les divise en deux classes. J'appelle les unes *nécessaires*, les autres *abusives*. Il faut opposer aux premières une sorte de contre-poids ; les secondes ont besoin d'une réforme.

Voyons donc, avant tout, quelles font les caufes *néceffaires* & quel contre-poids on pourroit oppofer à leur force toujours active.

La capitale, confidérée comme le fiége du Gouvernement, doit néceffairement attirer dans fon fein beaucoup de richeffes & beaucoup d'hommes. Chaque propriétaire étant obligé de payer à l'Etat un impôt fur fes rentes ou fur fes biens-fonds, & l'induftrie de chaque individu lui devant plus ou moins, felon les lois ou les ufages fifcaux de chaque pays, felon les droits établis fur les confommations, fur les exportations, fur les matières premières, fur les manufactures, &c.; toutes ces fommes immenfes vont néceffairement s'engloutir dans la capitale. Les Miniftres du Souverain & de l'Etat, les Magiftrats des tribunaux fupérieurs, les courtifans, & ceux qui font chargés de ce nombre infini d'emplois qu'exige l'organifation politique du Gouvernement; toutes ces perfonnes confomment dans la capitale, non feulement leurs penfions ou leurs appointemens, mais

encore les revenus de leurs biens-fonds.
L'ambition , l'espoir de faire fortune ,
l'attrait du plaisir , de ce plaisir plus
raffiné & qui prend à chaque instant
des formes nouvelles dans une grande
ville , le faste de la cour & des courtisans , l'horreur naturelle de l'homme
pour la vie obscure , le goût même de la
société , sont autant de torrens qu'on
ne peut arrêter , & qui, entraînant dans
la capitale beaucoup d'hommes & de richesses , l'agrandiront toujours davantage, si les lois , pour réparer, autant
qu'il est possible, le mal que fait à l'Etat
un tel ordre de choses , n'établissent une
sorte d'équilibre entre les richesses des
campagnes & celles de la capitale. Voyons
donc comment on pourroit y parvenir.

Tous les êtres de la nature sont en-
chaînés les uns aux autres : les biens
& les maux ont une filiation réciproque : d'un seul mal naissent beaucoup
de maux ; un seul bien produit une infinité d'autres biens. Que l'on rende le
commerce intérieur plus libre & l'exportation plus facile ; que l'on bannisse des

campagnes la misère, le plus terrible fléau de l'agriculture, & l'on aura trouvé le moyen de diminuer ces grandes maſſes qui concourent à la détruire. Alors le propriétaire, pouvant ajouter aux profits du commerce ceux de l'agriculture, ne quittera point ſes terres, qui, pour lui procurer tant d'avantages, demanderont continuellement ſa préſence. Le payſan, qui pourra toujours retirer de ſon travail un prix raiſonnable, ſi les propriétaires font valoir leurs fonds, aimera mieux demeurer à la campagne, que d'aller dans une capitale faire le métier de mendiant, métier qui répugne à la nature, & auquel l'homme ne ſe détermine que par un beſoin extrême, ou par une habitude contractée dès l'enfance. Enfin les propriétaires & les laboureurs ne ſe foucieront plus de vivre dans la capitale, ils ne ſortiront plus de chez eux, & bientôt on verra diminuer le nombre, ſi prodigieux aujourd'hui dans les grandes villes, de ces êtres qui font un trafic infâme de leur liberté, & dont la condition ne diffère du véritable eſclavage, que par le

droit qu'ils ont encore de pouvoir changer de maître; droit qui, joint à la facilité de pouvoir être congédiés au moindre caprice, les expose à un danger que
ne court point l'esclave lui-même, je
veux dire celui de mourir de chagrin,
ou de passer dans l'indigence les tristes
jours de leur vieillesse.

Tel est le premier contre-poids qu'on
pourroit établir. La multiplication des
propriétaires seroit le second. Dans toute
nation, plus le nombre des propriétaires
augmente, plus celui des grandes propriétés diminue. Nous avons déjà démontré que les grandes propriétés font
la ruine de la population. Elles ne sont
pas moins funestes à l'agriculture, soit
par l'abus que ces propriétaires font de
leur sol, soit parce qu'ils attirent dans
les capitales tous les hommes & toutes
les richesses. Vingt ou trente petits propriétaires qui posséderoient entre eux des
terres que nous voyons réunies dans la
main d'un seul homme, n'agiroient pas
certainement comme lui. Hors d'état de
se livrer aux dépenses qu'exige le luxe de

la capitale & de la cour, ils refteroient
dans les provinces, ils habiteroient les
campagnes, ils feroient valoir leurs domaines; & bien convaincus du befoin de
leur préfence, ils ne fongeroient point
à s'en éloigner. Il n'en eft pas de même
du grand propriétaire : pour lui, rien de
plus infupportable que la vie champêtre.
Il ne peut vivre qu'à la cour, ou près
d'elle. Il eft gêné, éclipfé, humilié :
n'importe ; fa folle ambition le retient
dans la capitale, comme l'unique féjour
du bonheur. Là, pour montrer fon luxe
& fes richeffes, il occupe & profane tous
les genres de manufactures & d'arts ; là,
il entretient une quantité prodigieufe de
gens oififs qui fervent bien plus à fon
fafte qu'à fa commodité ; là enfin, il
diffipe fes revenus & ceux de fes defcendans. C'eft ainfi que les grandes propriétés contribuent à l'agrandiffement des
capitales. Il eft donc certain que le
démembrement de ces grandes maffes
& la multiplicité des petits propriétaires feroient encore un contre-poids
très-utile pour les campagnes, pourvu

que cela fût opéré par des lois fages & bien combinées.

L'établissement de beaucoup de manufactures dans l'intérieur de l'Etat, en facilitant l'écoulement des richesses que tant de fources transportent dans la capitale, ne contribueroit pas moins à en diminuer l'exceffive grandeur. Cet établissement feroit profpérer l'agriculture en ouvrant une route par laquelle une portion des richeffes de la capitale pourroit refluer dans l'intérieur de l'Etat; les manufactures à leur tour en tireroient un très-grand avantage, parce que le prix des denrées étant toujours moins haut dans les provinces que dans la capitale, le manufacturier dépenfant moins, fes ouvrages feroient à meilleur marché, & la confommation générale feroit plus grande. Nous favons qu'une entreprife de cette nature eut le plus grand fuccès fous le miniflère de Colbert. Qu'on ne m'oppofe donc point l'objection ordinaire de l'extrême difficulté, de l'impoffibilité. Le germe falutaire de l'induftrie peut fe développer dans les provinces

comme dans les capitales. Par - tout les
hommes naiſſent avec le déſir d'améliorer
leur ſort & de profiter de tout ce qui les
environne. Le vice ſeul des lois, l'avidité ſeule des Gouvernemens peuvent
les décourager, les réduire à la néceſſité
de renoncer à leurs premières vues, &
inſpirer une ſorte d'inertie à l'homme,
par ſa nature, l'être le plus actif. Sans
offrir des récompenſes, ſans encouragemens, ſans beaucoup de peine, on
verroit naître bientôt les effets les plus
heureux. Il ſuffiroit de détruire les obſtacles. Chez nous, par exemple, pour
rendre la vie aux manufactures dans les
provinces, il ſuffiroit de délivrer les
ſoieries de tous les droits dont elles ſont
accablées, & de *l'eſclavage* auquel ce
genre de commerce eſt ſoumis. Le miniſtère actuel s'eſt déjà occupé de l'un de ces
objets. Si ce premier pas ne peut pas encore procurer tout le bien qu'on déſire, il
eſt au moins pour nous un ſûr garant de la
vigilance du Gouvernement. Cela ſuffit
pour lui donner des droits à notre reconnoiſſance. Puiſque l'expérience ne nous a
que

que trop appris à nous estimer heureux, quand on ne multiplie pas nos maux, combien ne faudra-t-il donc pas chérir une administration qui cherche à les diminuer?

Enfin l'accroissement de la circulation intérieure, un plus grand nombre de chemins publics, de canaux de communication, &c.; tout cela sert à maintenir l'équilibre entre les provinces & la capitale. Mais comme ces objets doivent être plutôt l'ouvrage de l'administration que celui des lois, je laisse à d'autres le soin de les traiter.

Après avoir parlé des causes *nécessaires* qui concourent à l'agrandissement des capitales, & du contre-poids qu'on pourroit opposer à leur force toujours active, voyons quelles sont les causes que nous avons appelées *abusives* : celles-ci demandent, non pas un contre-poids, mais une réforme.

La première & la plus préjudiciable de toutes c'est l'appel aux tribunaux de la capitale, des jugemens rendus par ceux des provinces. Il est aisé de voir combien d'hommes & de richesses ce

Tome II. M

fatal fyftême attire dans les capitales ;
aujourd'hui fur-tout que l'efprit de chi-
cane eft devenu l'ame des nations ; aujour-
d'hui que la multiplicité des lois rend
toute prétention foutenable ; aujour-
d'hui enfin que les procès font difpen-
dieux & éternels.

Mon deffein n'eft point de me déclarer
contre un droit que je regarde comme
précieux à la liberté civile , contre le
droit que la loi donne à chaque citoyen
d'appeler devant un tribunal fupérieur ,
de la fentence d'une jurifdiction fubal-
terne. La confiance publique peut être
trompée, & l'appel eft le plus raifonnable
de tous les moyens propres à arrêter les
défordres de cet abus. Mais ces tribunaux
fupérieurs ne pourroient-ils pas être établis dans les provinces mêmes ? Chaque
province ne pourroit - elle pas avoir le
fien ? Le tréfor du Prince fouffriroit-il d'un
léger facrifice qu'on feroit au bien public ?
Il fuffiroit peut-être de fupprimer trois
ou quatre charges faftueufes & inutiles ,
pour pouvoir procurer cet avantage à
l'Etat , fans faire le moindre tort au fifc ;

l'on ne verroit plus alors dans la capitale une si prodigieuse quantité de gens de robe, qui consomment la cinquième partie des richesses de la nation; tant de malheureux plaideurs qui viennent s'y ruiner, tant d'autres citoyens qui s'accoutument au séjour de la ville, dans l'intervalle de temps que leurs affaires les obligent d'y consacrer, & qui finissent par s'y fixer pour toujours, séduits par les plaisirs qu'elle leur offre.

En Angleterre, un tel désordre n'existe point. Les jurés sont toujours pris dans les endroits où le différend a commencé. Ils doivent avoir un président, ou être convoqués par l'un des douze *grands Juges d'Angleterre*. Ceux-ci se partagent tout le royaume, & chacun d'eux va, dans le cours de l'année, faire sa tournée dans son département, pour faire juger tous les procès. Or comme le temps de son séjour dans chaque pays est fixé, que le moment de son passage d'un endroit dans un autre est déterminé, si les jurés n'ont pas encore pu venir à bout de s'accorder à cette époque, le juge part de

l'endroit, & emmene les jurés avec lui.
Ce font donc les Magiftrats, ce font les
jurés qui voyagent en Angleterre, & non
les malheureux plaideurs.

Le rétabliffement des Préfidiaux en
France fembloit devoir être le premier
pas du Gouvernement vers cette heureufe innovation. Ces tribunaux de province, deftinés à juger par appel en dernier reffort les affaires qui n'excédoient
pas une fomme déterminée par les lois,
avoient, depuis plus d'un fiècle, perdu
leur ancienne vigueur. L'Edit de 1774
les avoit fait fortir de cette léthargie à
laquelle la puiffance légiflative les avoit
condamnés. Les applaudiffemens de la
nation & de l'Europe avoient récompenfé le zèle du Prince qui l'avoit dicté.
Mais, malheureufement pour les peuples,
l'intérêt particulier étouffe fouvent les
réclamations de l'intérêt général. On a
fait modifier l'Edit, & la modification
en a détruit tous les avantages. Cet événement fait naître une réflexion bien affli-
geante pour l'humanité; c'eft qu'il faut
beaucoup d'efforts pour la délivrer des

maux qui l'oppriment , & qu'il en faut
très - peu pour la priver des avantages
qu'on lui avoit procurés.

L'appel aux tribunaux des capitales
est donc la première cause , non pas nécessaire , mais *abusive* , qui , plus que
toute autre , en produit l'agrandissement,
& qu'on pourroit détruire avec facilité.
La seconde cause , c'est l'existence des
priviléges accordés à ceux qui l'habitent.

Je n'examinerai point s'il seroit à propos de retrancher du droit public des
nations l'article des priviléges. Je laisse
à d'autres l'examen de cette question. Je
dirai seulement, que si l'économie civile
exige qu'il y ait dans l'Etat une classe
d'hommes favorisée d'une manière particulière , la faveur doit être pour celle qui
le mérite le plus par son utilité , c'est-à-
dire, pour celle qui nous alimente. Mais
la justice distributive a rarement dirigé les
opérations des Gouvernemens. L'intérêt
& la crainte sont deux passions qui ont trop
d'empire sur notre cœur. Quoique le
Prince ait à sa disposition toutes les forces
de l'Etat , il ne laisse pas de craindre

M 3

ceux qui le craignent ; & comme l'on a
toujours plus de peur de l'objet qui est
près de soi que de celui qui en est éloigné,
quoique peut-être il soit plus redoutable,
les habitans des capitales, se trouvant
plus près du trône que les autres citoyens,
ont toujours inspiré plus de crainte, &
ce sont eux que le Gouvernement a fa-
vorisés le plus & opprimés le moins. Il
fut peut - être un temps où cette funeste
politique étoit pardonnable aux Princes.
Lorsque leur puissance étoit divisée, ou,
pour mieux dire, écrasée par toutes les
contre-forces de la féodalité ; lorsqu'une
partie de leurs sujets étoit esclave de
l'autre ; lorsqu'ils n'étoient Rois que
dans les capitales de leurs royaumes,
ils avoient au moins un motif qui pouvoit les engager à sacrifier les intérêts
de la nation à ceux de la capitale,
à satisfaire aux dépens de l'agriculture
l'avidité des hommes qu'ils voyoient
environner de plus près leurs trônes
chancelans, à s'efforcer même d'en augmenter le nombre. Mais aujourd'hui leur
situation est tout à fait différente : la

plénitude de leur puissance se fait également sentir dans toutes les parties de leurs vastes Etats. L'intérêt particulier des Princes s'unit avec celui de la nation pour adopter un système contraire. Aujourd'hui la richesse des campagnes doit décider de la force du Souverain, de l'opulence publique, & de la sûreté du Gouvernement. En un mot, le même motif n'existe plus : l'ignorance seule & la force invincible que le temps donne aux désordres, peuvent conserver cette partialité funeste, qui blesse toutes les lois de la justice & de la politique, & qui attaque l'intérêt général d'une société, pour être utile en apparence à une partie de ses membres.

Enfin si l'on transféroit dans l'intérieur de l'Etat certaines maisons publiques, par exemple, les hôpitaux des pauvres, ceux des enfans trouvés, ceux des fous, ceux des invalides, &c., on redonneroit aux provinces une sorte de vie, & l'on diminueroit en même temps la grande population des capitales.

L'expérience nous apprend qu'un seul

M 4

régiment qui forme la garnifon d'une ville de province, fuffit pour l'enrichir. Combien d'endroits ces maifons publiques, transférées dans différentes parties de l'Etat, n'enrichiroient-elles donc pas? Les capitales perdroient beaucoup, j'en conviens, de leur magnificence & de leur dignité; ces monumens de bienfaifance, enfouis dans le fond des provinces, refteroient fans doute cachés au yeux du voyageur qui n'eft curieux de voir que la capitale d'un Etat; mais peut-on mettre le bien public en comparaifon avec les applaudiffemens d'un voyageur frivole & ennuyé? C'eft ce bien public qui fait la véritable grandeur des nations; voilà le vrai fafte qui relève l'éclat des trônes & rend la fouveraineté plus augufte. *In multitudine populi dignitas Regis.* Or la population languira toujours tant qu'on laiffera languir l'agriculture, & l'agriculture ne fleurira jamais, tant que la capitale ne tirera fa richeffe & fa population que de la défolation & de la mifère des campagnes; tant qu'elle fera remplie de propriétaires enlevés à leurs terres, de valets arrachés à la charrue, de jeunes filles perdues pour l'innocence & le mariage, & d'hommes confacrés au fafte & à l'oftentation, inftrumens, victimes, objets, miniftres & jouets de la molleffe & de la volupté. Je m'aperçois que je me fuis abandonné, dans ce chapitre, à quelques détails trop minutieux ; mais je prie ceux qui m'accuferont de cette faute, de fe rappeler ce que j'ai dit en traçant le plan de ce livre, qu'il en eft de la fcience du Gouvernement & des lois, comme de la nature, où les fibres les plus fecrètes des plantes, les fibres cachées dans les entrailles de la terre, font celles qui nourriffent les bois les plus majeftueux. Beaucoup de petites caufes réunies peuvent produire les plus grands maux.

CHAPITRE XV.

De l'encouragement qu'on pourroit, après avoir détruit les obstacles, donner à l'agriculture, en la rendant honorable pour ceux qui l'exercent.

AVANT qu'il y eût dans le monde des héros destructeurs des hommes, depuis long-temps le genre humain révéroit les noms d'Osiris, de Cérès, & de Triptolême. On ne connoissoit alors d'autres richesses que celles des champs ; alors une abondante moisson étoit le plus grand bienfait de la nature. Les hommes n'avoient point l'impudente folie d'envoyer, sous la protection d'un Dieu, une flotte ou une armée, à qui l'ambition donnât des aîles pour voler à la destruction d'une partie de leurs semblables ; mais prosternés devant quelques mottes de terre amoncelées, ils immoloient sur ces autels de la nature, des victimes aux Dieux pour obtenir la fertilité de leurs champs. A ces motifs d'intérêt & de befoin, les premiers Légiflateurs des peuples joignirent l'aiguillon de la gloire & des honneurs, pour encourager les hommes à la culture de la terre. Ils virent que cette occupation méritoit, plus que tous les autres genres de travail, la protection des lois. Ils virent combien il importoit que le cultivateur & fon art fuffent diftingués. Dans la Perfe, on établit une fête folennelle deftinée à confacrer cette opinion glorieufe, & à retracer la dépendance réciproque du genre humain. Tous les ans, le huitième jour du mois que les Perfes appellent *Correntruz*, les faftueux Monarques de cet Empire fe dépouilloient de leur vaine & inutile pompe; environnés d'une grandeur plus réelle, on les voyoit fe confondre dans la claffe la plus utile de leurs fujets. L'humanité reprenoit alors fes droits, & la vanité dépofoit fes diftinctions abfurdes. On voyoit affis à la même table, avec un égal honneur, avec les dehors d'une égale dignité, les habitans de la campagne, les Satrapes, & le grand Roi. Toute la splendeur du trône sembloit destinée à donner de l'éclat au cultivateur. Le guerrier & l'artiste étoient exclus de cette pompe à laquelle la loi n'admettoit que ceux qui cultivoient la terre. Mes enfans, leur disoit le Prince, c'est à vos sueurs que nous devons notre subsistance ; ce sont nos soins paternels qui assurent votre tranquillité. Puisque nous ne pouvons donc nous passer les uns des autres, regardons-nous comme égaux, aimons-nous comme frères, & que la concorde règne toujours parmi nous (1).

Depuis un très-grand nombre de siècles, la Chine célèbre une fête semblable. Tous les ans, pendant huit jours consécutifs, le Chef de la nation exerce la profession de laboureur. Il conduit une charrue, trace un sillon, remue la terre avec une bêche, & distribue quelques

---

(1) Voyez Hyde, *de Relig. Perf.* cap. 19.

emplois à ceux qui se font le plus distingués dans l'art du labourage (1).

Enfin nous savons combien chez les Romains, dans les premiers temps de la République, les lois, les mœurs, la politique du Gouvernement, & le culte même concouroient à rendre l'agriculture honorable. Nous savons que la première institution religieuse de Romulus fut celle des prêtres Arvaux, dont les fonctions étoient d'implorer les Dieux pour la fertilité des champs; que la première monnoie eut pour empreinte un bouc ou un bœuf, emblêmes de l'abondance, & que les tribus des campagnes furent préférées à celles des villes, afin de rendre plus favorable la condition de ceux qui cultivoient la terre. Les Consuls, les Dictateurs, les premiers Magistrats de la République étoient laboureurs; souvent ils se faisoient honneur de donner à leurs familles un surnom qui

____

(1) Recueil des Voyages qui ont servi à l'établissement de la Compagnie des Indes.

rappelât à leur poſtérité l'occupation favorite de ſes pères (1).

Telle fut l'idée honorable que l'on eut
à Rome de l'agriculture dans les premiers
ſiècles de la République. Si dans des
temps poſtérieurs les choſes changèrent
de face ; ſi preſque toutes les nations,
arrivées à un certain état de grandeur, ont
toujours abhorré les cauſes qui avoient
le plus contribué à les y faire parvenir ;
ſi Rome, dans l'ivreſſe de ſes conquêtes,
abandonna la culture des terres ; ſi Sparte
en chargea les Ilotes ; ſi les Barbares qui
renversèrent l'Empire, laiſsèrent aux eſclaves la charrue & le hoyau, pour ſe
ſaiſir du bouclier & de l'épée ; ſi, depuis
la découverte du Nouveau Monde, les
nations européenes, éblouies par l'éclat de
l'or, ont préféré les mines de l'Amérique
aux champs les plus fertiles de l'Europe ;
ſi l'Eſpagne abandonna la culture auſſi-tôt

(1) Les ſurnoms de Piſon, de Lentulus, de Cicéron
& beaucoup d'autres, ſont célèbres dans l'Hiſtoire de
Rome.

qu'elle vit dans ſes mains les métaux d'un
nouvel hémiſphère ; ſi la France négligea,
ſous le miniſtère de Colbert, les avantages réels que l'agriculture produit, pour
hâter les progrès de ſes manufactures ; ſi
enfin l'art le plus néceſſaire, le plus honoré dans d'autres temps, a été, pendant
un ſi grand nombre de ſiècles, négligé,
dégradé, & avili ; nous ne devons point
en être ſurpris, en faiſant attention à la
marche ordinaire de l'eſprit humain, qui,
avant de retourner au point d'où il eſt
parti, doit parcourir tous les eſpaces qui
l'environnent. Mais ſommes-nous encore
éloignés de ce point ? pouvons-nous eſ-
pérer de revoir l'agriculture dans ſon ancien éclat ? Malgré l'influence puiſſante
des anciennes erreurs & de l'ignorance
des ſiècles paſſés ; malgré la révolution
funeſte qu'a produite dans notre manière
de penſer la longue durée de la Légiſlation des Barbares, de leurs uſages, de
leurs maximes, & des lois extravagantes
de la chevalerie & de l'honneur ; malgré,
dis-je, les efforts combinés d'une partie
encore exiſtante de tous ſes maux, dont

le poids a si long-temps accablé l'Europe; pouvons-nous espérer de voir le cultivateur honoré, distingué par les lois, par les Gouvernemens, & par l'opinion publique elle-même? Les progrès rapides des connoissances humaines, les Académies d'agriculture établies dans plusieurs Etats de l'Europe, les récompenses accordées à quelques découvertes utiles, ce grand nombre de cultivateurs philosophes qui ont paru dans ces derniers temps; tout cela suffit-il pour justifier nos espérances? Oui : mais dans un seul cas, lorsque les Gouvernemens commenceront par s'occuper du bien-être du cultivateur.

Soyons convaincus de cette vérité : l'honneur est un ressort qui peut agir dans tous les cœurs, lorsqu'on sait le faire mouvoir. A cet égard, les hommes sont par-tout à peu près les mêmes ; partout ils seront toujours réveillés par les distinctions & les récompenses. Mais avant que le paysan sache ce que c'est que l'honneur, il faut qu'il sache ce que c'est que l'aisance & la commodité. Un cœur oppressé par l'indigence n'a d'autre
sentiment

fentiment que celui de fa mifère. Or
cette mifère fe perpétuera dans la claffe
la plus néceffaire, dans la claffe qui rend
les fervices les plus importans à la fociété, tant qu'on laiffera fubfifter les
caufes qui la produifent : elle fe perpétuera tant que les lois permettront que
toutes les propriétés de l'Etat foient réunies dans les mains d'un petit nombre de
citoyens ; tant que les fubftitutions conferveront, durant une fuite de fiècles non
interrompue, des pays entiers dans les
mêmes familles ; tant que le Clergé fé-
culier & régulier engloutira une grande
partie des biens-fonds de la nation ; tant
qu'on ne réformera point les lois féodales & tous les abus qui en naiffent ; tant
que dans les campagnes de l'Europe le
colon *ferf de la glèbe*, ou mercenaire
libre, cultivera fans ceffe un terrain dont
ni le fol, ni les fruits ne lui appartiennent ; tant que les taxes exorbitantes,
injuftes, ou au moins mal affifes, force-
ront le cultivateur à gémir fous le poids
du travail le plus opiniâtre, poids infupportable toutes les fois qu'il n'eft point

Tome II.   N

allégé par l'espérance d'améliorer son
fort : cette misère enfin se perpétuera
tant que ces caufes, jointes à celles dont
on a parlé dans les chapitres précédens,
ne feront point détruites. Que l'on en-
treprenne donc cette réforme falutaire ;
que l'on procure une certaine aifance aux
cultivateurs ; que par-tout on accompliffe
les vœux du bienfaifant Henri IV qui
défiroit que le payfan pût avoir chaque
jour de fête une poule fur fa table ; qu'a-
lors, afin d'achever ce grand ouvrage,
on ajoute à tant d'ordres faftueux qui dé-
corent le noble oifif, & qui font partie
de l'ornement des Cours, un nouvel ordre, fymbole de la paix & du travail ;
que cet ordre foit la récompenfe du laboureur qui aura le mieux cultivé fon
champ, & du propriétaire qui aura fu,
par fon induftrie & par fa vigilance,
donner un nouveau prix au fonds de terre
qu'il pofsède ; que le Souverain illuftre
cet ordre en le portant ; qu'il ne l'accorde qu'avec la plus grande réferve, &
qu'après avoir examiné avec la plus fcru-
puleufe exactitude le mérite de ceux qui

le recherchent ; que dans chaque province de l'Etat il y ait une société de cultivateurs philosophes, chargés de répandre dans les campagnes les germes salu-
taires de cette science , & de balancer
les droits de ceux qui se seront rendus dignes de la récompense fixée par la loi ;
que ceux enfin qui l'auront méritée &
obtenue , participent aux mêmes droits
& jouissent des mêmes priviléges que les
lois ont accordés à une noblesse acquise
jusqu'à présent , ou par la destruction des
hommes , ou par l'exercice d'une charge
de judicature dont on a quelquefois abusé :
alors l'agriculture , illustrée , cesseroit
d'être l'occupation des hommes les plus
vils de l'Etat. L'homme riche s'y livre-
roit pour charmer ses ennuis ; elle rem-
pliroit les momens de loisir du Magis-
trat; elle seroit une source de délices
pour le Philosophe & l'homme de Lettres,
comme elle le fut jadis pour l'Orateur
Romain (1). L'homme dissipé ou plongé

_____

(1) *Omnium rerum* , dit Cicéron, *ex quibus aliquid ex-*
quiritur , nihil est agriculturâ melius , nihil uberius , nihil
dulcius , nihil homine libero dignius.

dans la molleſſe ſe familiariſeroit avec les occupations & avec le genre de vie du laboureur; il ſe guériroit de ſes préjugés; il apprendroit à connoître le prix du travail, ſur-tout celui de l'agriculture, & il ouvriroit ſon cœur à des ſentimens de bienveillance & d'eſtime pour ceux qui l'exercent. De ſon côté, le cultivateur, animé par cette conſidération & par l'eſpoir de jouir un jour d'un honneur que ſes bras lui offrent & qu'il eſt aſſuré d'obtenir en le méritant, ſentiroit renaître ſon courage. Il acquerroit une nouvelle force; tout ſe perfectionneroit par ſes ſoins; la claſſe la plus néceſſaire ſe multiplieroit; les campagnes deviendroient plus peuplées: alors la terre que nous habitons & que nous voyons aujourd'hui languir avec nous, lorſque la nature l'appelle à la fécondité, les plaines qui n'offrent à nos yeux que des déſerts, & qui font la honte de nos lois & de nos mœurs, commenceroient à ſe transformer en autant de champs fertiles: alors nos Etats fleuriroient, enrichis par l'agriculture & par l'induſtrie, qui fuient aujourd'hui loin de nous.

CHAPITRE XVI.

Des Arts & des Métiers.

SI l'agriculture mérite d'être confidérée comme la première fource & comme la bafe de la richeffe des peuples, on ne doit pas pour cela négliger les arts. Dans le fyftême de l'économie politique, le premier rang appartient à la culture des terres ; mais les arts ont au moins droit au fecond.

Lorfque l'agriculture eft portée au plus haut degré de perfection ; lorfque fous fes aufpices la population s'eft confidérablement accrue & qu'elle eft fupérieure à celle que demandent les travaux de la campagne ; lorfque l'abondance même des chofes néceffaires à la vie invite l'homme à rechercher celles qui peuvent la lui rendre plus agréable ; lorfqu'enfin une infinité de bras doivent refter oififs, s'ils ne font employés à donner une certaine forme aux productions du

N 3

fol , il faut néceffairement qu'une partie des habitans de ce pays fe porte vers les arts. Alors, pourvu que ce peuple ne foit point dévoué à l'oppreffion ou entraîné par le fanatifme des conquêtes , il jouit en même-temps des avantages de l'agriculture & de ceux de l'induftrie. Ce que fes foins ont fait naître, fon habileté le perfectionne. Tel fut le fort des Indes & de la Chine, de la Perfe & de l'Egypte. Ils poffédèrent avec tous les tréfors de la nature les plus brillantes inventions de l'art. Tel eût encore été le fort de l'Italie , fi elle eût pu ceffer un inftant d'être efclave ou de combattre.

La nature même des chofes amène donc un peuple à l'exercice des arts & au travail des manufactures, & le Légiflateur doit guider fes premiers pas dans cette nouvelle carrière. Je parlerai dans ce chapitre de la marche que je crois la plus utile à fuivre. C'eft une des opérations les plus difficiles de la Légiflation économique. Le caractère de l'homme, toujours près de fe jeter dans les extrêmes, eft la première caufe de cette difficulté. Les deux plus grands Miniſtres que la France ait eus (1) tombèrent tous les deux dans cette erreur, l'un en négligeant les arts, l'autre en les protégeant trop. Il faut ſe tenir dans un juſte milieu, protéger les arts, ſans nuire à l'agriculture.

Le premier objet de la Légiſlation économique eſt donc de combiner les progrès des arts & des métiers avec ceux de l'agriculture. Pour y parvenir, le Légiſlateur doit encourager les arts qui emploient le plus de matières premières, c'eſt-à-dire, de productions du ſol. Cette vérité, malheureuſement trop ignorée, mérite d'être approfondie.

Suppoſons deux ouvriers dont chacun gagne annuellement, par ſon induſtrie, une ſomme égale à 1000, mais avec cette différence que l'un d'eux emploie dans ſa manufacture une quantité de productions du ſol égale à 10, & que l'autre en emploie dans la ſienne une quantité égale à 1000 : or, je le demande, laquelle, de l'induſtrie du premier ou de

_____

(1) Sully & Colbert.

N 4

celle du fecond , procurera le plus d'a-
vantages à l'Etat ? J'ofe dire que ce fera
l'induftrie du fecond , & cela pour deux
raifons : l'une , parce que , dans le cas où
les ouvrages de ces deux manufactures
feront vendus à l'étranger , le premier
ne fera rentrer dans l'Etat qu'une quantité de numéraire égale à 1010, tandis
que le fecond y fera rentrer une quantité
égale à 2000. L'autre raifon eft l'intérêt
de l'agriculture. Si fes progrès dépendent
de la confommation , celúi qui doit employer une quantité de productions du
fol égale à 1000, confommant 99 fois
plus que celui qui n'en doit employer
que 10 , le furpaffera en utilité dans cette
proportion.

Tels font les avantages des manufactures qui emploient beaucoup de productions du fol, fur celles qui en emploient peu. Telle eft la raifon pour
laquelle le Légiflateur doit protéger les
premières beaucoup plus que les fecondes:
mais cette règle générale a fes exceptions. Dans la Science des Lois tout eft
relatif. Tous les pays ne font pas propres

à la culture. Il y en a que la nature a condamnés à la ftérilité; il en eft d'autres dont le territoire eft fort petit, & dont les productions font infiniment au-deffous de ce qu'exige la confommation intérieure. Or dans ces pays, comme ce font les arts & le commerce, & non l'agriculture, qui peuvent être les fources de la richeffe, & que dans ce cas le Légiflateur doit chercher plutôt à diminuer la confommation qu'à l'accroître, parce qu'elle doit être tirée tout entière, ou au moins pour la plus grande partie, de chez l'étranger, les manufactures qui emploient le moins de matières premières, doivent y être préférées à celles qui en emploient davantage (1).

Il faut donc que les lois qui dirigent les arts & les manufactures dans les pays agricoles, foient tout à fait différentes de celles qui les dirigent dans les pays ftériles.

_____

(1) Ce que je dis ici de la diminution de confommation, n'a point de rapport avec la diminution de population, dont on ne fauroit trop défirer les progrès dans les pays ftériles, comme dans les pays fertiles.

Or la différence de climat & de situation n'a pas moins d'influence dans cette partie de la Légiſlation économique qui concerne les arts. Je crois avoir ſuffiſamment démontré cette vérité dans le premier livre de cet Ouvrage, où j'ai parlé du rapport des lois avec le climat & la ſituation du pays. Il me ſemble donc inutile de répéter ce que j'ai déjà dit : je me contenterai ſeulement d'y ajouter quelques réflexions indiſpenſables dans un traité qui embraſſe tous les peuples, & qui les conſidère dans toutes les circonſtances poſſibles où ils peuvent ſe trouver.

Suppoſons, par exemple, qu'une nation ſoit abſolument au milieu des terres, que ſon ſol ſoit fertile, mais que celui de ſes voiſins le ſoit également, ou du moins aſſez pour ne pas avoir beſoin d'elle à cet égard ; ſuppoſons qu'éloignée de tout fleuve navigable, & environnée de montagnes, elle ſe trouve hors d'état de pouvoir tranſporter au loin ſes productions en nature, ou les ouvrages de ſes manufactures qui, employant une quantité

considérable de matières premières, four-
niffent des objets très-difficiles à exporter :
dans cette nation, comme le Légiflateur ne peut hâter les progrès de l'agriculture que par la confommation intérieure, ni fe procurer, à l'egard du commerce extérieur, une balance avantageufe que par le moyen des arts dont les
ouvrages font d'un tranfport facile, le
nombre des artifans & des ouvriers dans
tous les genres n'y fera jamais trop confidérable. Chez ce peuple, on pourroit
adopter fans rifque le fyftême de Colbert;
chez lui enfin la facilité de la fubfiftance,
occafionnée par l'abondance des productions du fol, ouvriroit à fes manufactures
le débouché de leurs marchandifes au
dehors, par l'avantage qu'elles pourroient
avoir dans la concurrence avec celles
des autres nations ; & la multiplication
des manufacturiers pourroit foutenir &
animer les progrès de l'agriculture.

Je conviens cependant que la profpérité de cette nation ne feroit que précaire ; dépendante des feuls produits de
l'induftrie, elle dureroit tant que les

autres nations trouveroient leur intérêt
à les acheter. Or aussi-tôt que la balance
avantageuse de son commerce commenceroit à multiplier ses richesses; aussi-tôt
que l'accroissement de son numéraire
feroit hausser le prix de la main-d'œuvre;
aussi-tôt que les marchandises de ses manufactures, venant à renchérir, commenceroient à perdre dans le commerce cet
avantage qui en facilitoit le débit, elle
retomberoit nécessairement dans l'état
auquel sa position la condamne, dans
l'état de pauvreté. Je ne connois qu'un
seul remède à ce mal. Il faudroit que
cette nation craignît autant une balance
avantageuse du commerce, qu'une balance désavantageuse. Il faudroit qu'elle
tâchât de vendre beaucoup aux étrangers, pour multiplier, par le débit de
ses marchandises, la consommation intérieure. Mais elle devroit aussi acheter
beaucoup d'eux, afin que l'avantage &
désavantage, dans cet échange, fussent
toujours réduits à rien; alors les ouvrages de ses manufactures, restant toujours au même prix, elles pourroient

avoir un avantage conftant dans la concurrence ; alors l'agriculture , liée dans
cet Etat aux progrès des arts , pourroit
profpérer ; alors enfin cette nation pourroit jouir , dans la médiocrité de fes richeffes, de cette profpérité qu'elle ne con-
noîtroit point dans la misère , & qu'elle
perdroit bientôt , fi elle fe trouvoit dans
une opulence exceffive. Il y a plus d'un
Empire en Europe à qui ces principes
ne peuvent être étrangers. Je laiffe au
lecteur le foin d'en faire l'application.

Après avoir examiné fuccinctement
les principes particuliers qui devroient
diriger la Légiflation économique de
l'Etat que nous avons fuppofé, reprenons
les principes généraux de cette théorie.

La Providence , voulant que les nations foient unies , comme les hommes ,
par les liens des befoins réciproques , a
donné à chacune d'elles quelque chofe
qui lui eft propre & qui la rend , pour
ainfi dire , néceffaire aux autres. C'eft le
devoir du Légiflateur de tirer de ce bienfait le plus grand avantage poffible. Si le
territoire renferme quelque production

particulière, il doit en encourager la culture. Si quelque efpèce de manufacture, par le concours de plufieurs circonftances favorables, comme du climat, de la fituation, de la nature des eaux, &c., y exifte exclufivement, ou peut s'y perfectionner mieux que par-tout ailleurs, il doit la protéger avec plus 'de foin; mais il ne doit pas chercher à fortir de la dépendance où il eft, à cet égard, d'une autre nation, en faifant violence ou à la nature de fon fol, ou à l'induftrie du citoyen, par l'introduction de ces plantes exotiques dont le fort feroit de refter toujours étrangères, toujours imparfaites dans fon pays.

Les arts & les métiers ont donc befoin de la direction fecrète des lois. Ils ont encore un plus grand befoin de leur protection. Mais en quoi cette protection doit-elle confifter? Je le répéterai fans ceffe : il faut d'abord commencer par lever les obftacles. Or les plus grands obftacles qui s'oppofent aux progrès des arts, ce font tous ces établiffemens, toutes ces lois qui tendent à diminuer la concur-

rence des ouvriers. Les meilleurs réglemens, les meilleures lois, les meilleurs
établiſſemens poſſibles ne ſeront jamais
ſuffiſans pour rendre les ouvrages plus
parfaits, ſans l'émulation, ſans la concurrence. A meſure que la concurrence
augmente, l'artiſan cherche à perfectionner ſa manufacture, pour ſurpaſſer celle
des autres. Il ſait que c'eſt un moyen ſûr
d'attirer les marchands & d'en obtenir la
préférence. Il ſait que plus il a de concurrens, plus il doit faire d'efforts pour
les ſurpaſſer. Or ce raiſonnement, que
chaque artiſan fait en lui-même, & qu'on
peut regarder comme l'unique inſtrument
de la perfection des arts, ce raiſonnement ne peut être que le réſultat d'une
grande concurrence. Concluons donc que
les lois qui détruiſent cette concurrence
ſi néceſſaire, ou qui la reſtreignent, ſont
le fléau des arts & des métiers. Tels ſont
ſur-tout les droits de *maîtriſe* ou les *corpo-*
rations.

L'idée de faire un corps particulier de
chaque art & de chaque métier, de don-

ner à ce corps des ftatuts, de régler l'ap-
prentiffage qu'il faut faire, l'examen qu'il
faut fubir, les qualités dont il faut être
doué; la crainte de voir les manufactures
du pays tomber en difcrédit chez les
étrangers, par l'ignorance, par la négligence, & par la mauvaife foi des artifans; la vanité & l'ambition des Légiflateurs qui veulent fe mêler de tout & tout
diriger ; leur inexpérience, qui les a toujours fait recourir aux remèdes directs,
fans fonger que ces remèdes, comme
nous l'avons remarqué, ne rempliffent
jamais leur but & ne fervent qu'à détruire la liberté du citoyen : toutes ces
idées & tous ces motifs ont fait naître,
ont perpétué, dans les différens Etats
de l'Europe, le fyftême pernicieux des
corps de métiers & des droits de maîtrife.

Un homme ne peut exercer un art
mécanique fans le confentement du corps
entier des gens de cet art. Ce confentement ne s'obtient qu'en payant une certaine fomme, qui varie fuivant les corps.
Qu'un

Qu'un citoyen n'ait pas de quoi la payer, en vain il cherche à montrer ses talens, son habileté, les progrès qu'il a faits dans cet art : le corps dont il veut devenir membre ne demande rien autre chose que ce qui lui manque , de l'argent. Tous ses autres avantages sont plutôt un obstacle à son admission. Ses talens, au lieu de lui procurer l'indulgence du corps , effrayent ses rivaux : animés d'un esprit de ligue & de monopole, ils craignent la concurrence qui naît du nombre des individus & de leur mérite.

Le citoyen n'est donc pas toujours libre de choisir l'art ou le métier qui lui convient. Avant de consulter ses dispositions naturelles, il doit examiner ses ressources pécuniaires. Si le prix du droit de maîtrise dans la profession où il croit pouvoir le mieux réussir, excède ses facultés, il faut qu'il y renonce, pour en prendre une qui coûte moins, mais aussi pour laquelle il a moins de dispositions. Que résulte-t-il de ce désordre ? Que toutes les professions sont remplies de mauvais ouvriers. Celles qui demandent le plus

Tome II.   O

de talent (1) font exercées par les mains qui ont le plus d'argent ; les plus viles & les moins chères tombent fouvent à des gens nés pour exceller dans un art diftingué. Les uns & les autres, dans un métier dont ils n'ont pas le goût, négligent l'ouvrage & perdent l'art. Les premiers, parce qu'ils font au-deffous ; les feconds, parce qu'ils fe fentent au deffus.

De ce premier défordre naiffent beaucoup d'autres maux, tels que les procès, les cabales, les fraudes, les injuftices, qu'on voit régner fans ceffe, & entre les différens corps, & entre les individus d'un même corp. Ajoutez-y encore des pertes confidérables de temps pour d'inutiles & myftérieufes formalités, des monopoles inévitables, des vexations & des perfécutions continuelles que les Magiftrats intéreffés de ces ridicules Républiques font éprouver aux ouvriers qui cherchent à fe diftinguer dans leur métier, telles font les triftes fuites d'une

_____

(1) Hiftoire Philofophique & Politique des établiffemens & du commerce des Européens dans les deux Indes.

inſtitution qui arrête les progrès des arts, & porte atteinte à la *propriété perſonnelle* du citoyen. Pour le malheur de l'humanité, la plus juſte, la plus ſacrée de toutes les propriétés, celle que l'homme acquiert en naiſſant, a été dans tous les temps la moins reſpectée par les Légiſlateurs. Chez les Athéniens, la loi défendoit d'exercer deux arts à la fois (1). Il falloit donc qu'un homme verſé dans deux arts différens ſe contentât d'un ſeul, & fît le ſacrifice des avantages que l'autre eût pu lui procurer. Nos Légiſlateurs n'ont point ſenti l'injuſtice & la barbarie de cette loi; ils ont pris d'ordinaire chez les anciens ce que ceux-ci avoient de plus abſurde.

Qu'un homme cultive un ou pluſieurs arts, qu'il les exerce bien ou mal, le Légiſlateur ne doit point ſe mêler de cela. Il peut s'en repoſer ſu l'acheteur, qui, ſur ce point, eſt le juge le plus impartial. L'acheteur ſaura bien diſtinguer l'ouvrier ignorant & négligent, de l'ouvrier

---

(1) *Duas artes ne exerceto.* Démoſt. *in Timocratem*

actif & inftruit ; il faura bien punir l'un
& récompenfer l'autre. L'artifan le plus
habile & le plus honnête, environné d'a-
cheteurs, mettra fes concurrens dans la
néceffité de fuivre fon exemple, ou de
mourir de faim, fans qu'il foit befoin
de l'interpofition de la loi.

Ce qu'on a dit des corporations & des
droits de maîtrife, on doit le dire auffi
des priviléges exclufifs par lefquels le
Gouvernement accorde à un feul homme
le droit d'exercer un art qu'il interdit au
refte des citoyens. Si les droits de maîtrife diminuent la concurrence & l'émulation, les priviléges les détruifent entièrement : voilà toute la différence.

Il fuit de là, que le premier objet de
la protection que les lois doivent aux
arts, eft d'exciter la concurrence & l'émulation, par la fupreffion des caufes qui les
diminuent ou qui les détruifent. L'autre
confifte à les délivrer de toute taxe ou
contribution. Chaque efpèce d'induftrie devroit en être exempte. Nous dé-
montrerons cette vérité quand nous parlerons des impôts.

Enfin, après avoir levé tous les obſtacles, il faudroit s'occuper des encouragemens. Quelques diſtinctions honorables (1), quelques récompenſes pécuniaires pourroient procurer au Légiſlateur le moyen d'encourager les arts &
de favoriſer les uns plus que les autres,
ſuivant que les intérêts de l'Etat l'exigeroient. Une foible récompenſe, accordée d'une manière éclatante, flatteroit
la vanité de l'artiſte, ſans être à charge à
l'Etat. L'autorité peut tout quand elle
veut. Si elle fait éclore le génie, ſi elle
crée les Philoſophes & forme des légions
de Céſars, de Scipions, de Regulus,
avec le ſeul reſſort de l'honneur, combien ne lui ſera-t-il pas facile de faire
fleurir des arts qui ne demandent ni les
talens des uns, ni la valeur des autres!
L'augmentation des commodités de la

---

(1) Les lois d'Athènes accordoient une diſtinction honorable à l'ouvrier qui avoit ſurpaſſé les autres dans ſon
art. *Peritior in ſuâ arte publicè in Prytaneo epulator, pri-
mumque ſedem occupato.* Voyez Petit, *de legib. att.
lib. 5, tit. 6, de artibus.*

O 3

vie, des plaisirs de la société, des richesses de l'Etat, seroit le premier fruit de ce bienfait : le progrès des sciences en seroit le second.

« Le flambeau de l'industrie éclaire à la fois un vaste horison. Aucun art n'est isolé. La plupart ont des formes, des modes, des instrumens, des élémens qui leur sont communs. La mécanique seule a dû prodigieusement étendre l'étude des mathématiques. Toutes les branches de l'arbre généalogique des sciences se sont développées avec les progrès des arts & des métiers. Les mines, les moulins, les draperies, les teintures ont agrandi la sphère de la physique & de l'histoire naturelle (1) ». L'architecture a perfectionné l'art de la géométrie : elle a souvent trouvé la proportion avant la règle, & l'expérience l'a conduite à la théorie. Avant que les mathématiciens eussent démontré que l'édifice le plus

_____

(1) Histoire Philosophique & Politique des établissemens & du commerce des Européens dans les deux Indes, _liv._ 19, _chap._ 113.

solide eft celui où la perpendiculaire,
tirée du fommet, va rencontrer le point
du milieu de la bafe, déjà les Egyptiens
avoient élevé leurs pyramides, & avoient
vu que c'eft la forme la plus ftable
qu'on puiffe donner à un édifice. Les
progrès des arts & des métiers font donc
inféparables de ceux des fciences. On
pourroit alléguer mille preuves à l'appui
de cette vérité ; mais elles feroient dé-
placées en cet endroit : je me contente
de l'avoir établie, pour exciter le zèle des
Légiflateurs.

Après la culture des terres, c'eft donc
la culture des arts qui convient le plus
à l'homme. L'une & l'autre font aujourd'-
hui la force des Etats ; mais l'une &
l'autre ont befoin d'un efprit qui les
anime ; & cet efprit, c'eft le commerce.

CHAPITRE XVII.

Du Commerce.

Après avoir parlé de l'agriculture & des arts, après avoir analysé ces deux sources de la richesse des peuples, mes recherches seroient imparfaites, si je ne parlois pas du commerce.

Le commerce a éprouvé sur la surface de la terre une infinité de vicissitudes. Dans l'antiquité la plus reculée, il fleurissoit en Asie (1); il acquit une nouvelle

---

(1) Eratosthène & Aristobule, suivant Strabon (liv. 11), rapportoient l'autorité de Patrocle, qui assuroit que les marchandises des Indes passoient dans la mer Noire; & M. Varron, comme on peut le voir dans Pline, liv 6, chap. 17, dit que du temps de Pompée, pendant la guerre contre Mithridate, les Romains apprirent qu'on alloit en sept jours des Indes dans la Bactriane, & jusqu'au fleuve Icare qui se jette dans l'Oxus; que de là les marchandises traversoient la mer Caspienne, & entroient dans l'embouchure du Cyrus, & qu'enfin il ne falloit que cinq jours de route pour atteindre le Phase qui conduisoit au

activité dans les mains des Phéniciens ; nombre de colonies lui durent leur exif- tence (1) ; il tranfporta à Tyr, à Sydon (1), & à Carthage toutes les richeffes de l'ancien hémifphère : après avoir long- temps régné dans les murs d'Athènes, de Corinthe de Rhodes, & de plufieurs autres Républiques de la Grèce, il dif- parut devant les légions victorieufes des Romains. Il fe feroit enfuite totalement éteint en Europe, lorfque les Barbares

___

Pont Euxin. On ne peut douter que toutes les nations qui habitoient cet efpace ne fuffent commerçantes. Qu'on life auffi ce que dit Strabon, liv. 11, au fujet du paffage des marchandifes allant du Phafe au Cyrus.

(1) Perfonne n'ignore que les Phéniciens fondèrent quantité de colonies pour le commerce. Ils en eurent dans la mer Rouge & dans le golfe Perfique. Ils en eurent dans beaucoup d'îles de la Grèce, fur les côtes de l'Affrique & de l'Efpagne. Ils pénétrèrent dans l'Océan, & allèrent jufqu'aux îles Caffitérides, c'eft à dire, la Grande-Bre- tagne, & jufqu'à Tufe, qu'on croit être l'Irlande. Il ne leur manquoit que la bouffole pour être les Hollandois de l'antiquité.

(2) Homère, fuivant l'obfervation de Strabon, liv. 16, ne parle que de Sydon, & fait voir clairement que, dans l'origine, le plus grand commerce étoit entre les mains de- fes habitans.

l'inondèrent, si Venise, Gênes, Pise, Florence, & quelques petites Républiques d'Italie, à l'ombre de leur foiblesse même, ne l'eussent conservé. Durant l'anarchie des fiefs, il fut borné, dans presque toute l'Europe, au simple trafic d'un village avec un autre village, d'un bourg avec un autre bourg, & rarement il passa les limites d'une province : enfin, après tant de révolutions, il est devenu aujourd'hui le soutien, la force, & l'ame des nations. Il ne m'appartient pas d'examiner quelles sont les causes dont le concours a produit cet effet. Ce qui est certain, c'est que cet accord universel des nations, qui, dans d'autres temps, obligeoit chaque peuple à devenir guerrier, nous oblige actuellement à devenir commerçans. Le commerce étant ainsi devenu comme essentiel à l'organisation & à l'existence des corps politiques, ne doit pas être négligé dans le système d'une bonne Législation : c'est au Législateur de le protéger & de le diriger ; c'est à lui de voir quelle espèce de commerce convient à sa nation, & est la

plus propre à la nature de fon Gouvernement. Il doit le garantir des obftacles
que les contributions & les impôts,
lorfqu'ils font mal placés, peuvent oppofer à fes progrès; des priviléges exclufifs & des prohibitions qui les gênent;
des réglemens minutieux & qui retar-
dent fa marche. Il doit combiner l'intérêt de fon Etat avec celui des autres
nations; opération difficile, mais néceffaire, que l'Europe n'a pas encore
fu exécuter, & dont les avantages lui
font abfolument inconnus, mais fans laquelle la profpérité d'un peuple fera toujours incertaine & précaire.

C'eft au Légiflateur de chercher les
moyens de donner à la circulation intérieure la plus grande célérité, & au commerce extérieur la plus grande extenfion poffible. Il doit, dans un petit nombre de réglemens, embraffer de grandes
chofes, puifqu'un des plus puiffans obftacles aux progrès du commerce eft la
multiplicité des lois qui le concernent.
Ces lois doivent enfin, par la rigueur
des peines & par d'autres moyens que

j'indiquerai , établir la confiance publique & particulière , qui doit être la base de la morale & de la politique des nations commerçantes.

Je traiterai tous ces objets féparément dans les chapitres fuivans. Je vais commencer par examiner quel eft le commerce qui convient aux différens pays & aux différens Gouvernemens.

CHAPITRE XVIII.

Du commerce qui convient aux différens pays & aux différens Gouvernemens.

IL eft aifé defentir comment telle efpèce de commerce qui convient à un pays, ne convient point à un autre. Certainement un pays ftérile ne peut prétendre au commerce d'un pays fertile ; & un pays fertile ne doit point, quoiqu'il le puiffe, imiter à cet égard celui qui ne l'eft pas.

Par exemple, le commerce d'économie eft le feul qui convienne aux peuples

qui habitent un pays ftérile (1). Ne pouvant tirer aucunes productions de leur
fol, ils font obligés de fubfifter aux dépens des étrangers : il faut qu'ils aillent
chercher chez une nation les productions
qui y font furabondantes, afin de les porter à la nation qui en eft privée : il faut
qu'ils échangent l'excédant de l'une avec
l'excédant des autres ; & c'eft de cet
échange , toujours avantageux , qu'ils
doivent tirer leur fubfiftance & leurs richeffes. Voilà pourquoi de tout temps la
vexation & la violence ont fait naître le
commerce d'économie, lorfque les hommes ont été contraints de fe réfugier dans
des marais , dans des îles , fur les fables
de la mer , & fur des écueils même. C'eft
ainfi que Tyr, Venife, & les villes de
la Hollande furent fondées. Des hommes
fugitifs y trouvèrent leur sûreté. Les
élémens combattoient pour eux , & ar-

---

(1) Il eft queftion ici des pays ftériles qui font fur les
bords de la mer. On parlera dans la fuite de ceux qui
font fitués au milieu des terres.

rêtoient les armes victorieuses des ennemis. Mais cette même cause, qui les met-
toit à l'abri des persécutions, les forçoit
ou de mourir de faim, ou de recourir au
commerce d'économie.

Or dans les pays fertiles les hommes
ne sont point réduits à cette espèce de
trafic, pour subvenir à leurs besoins.
Comme la fécondité du sol, jointe aux
avantages de la culture, leur procure une
surabondance dans quelques genres, tout
ce qu'ils ont à faire, est d'échanger cet
excédant avec les objets qui leur manquent. Le grand objet de la Législation
économique dans ces pays, consiste à
multiplier ce surabondant & à diminuer ce
défaut : il consiste à procurer aux denrées
que l'on exporte un débouché facile, &
à faire en sorte que dans l'échange la quantité de ce qu'on donne surpasse toujours
la quantité de ce qu'on reçoit, afin que
ce qui reste soit payé avec les richesses
de convention, dont l'introduction continuelle fera toujours, tant qu'elle sera
modérée, pencher de leur côté la balance
de la richesse relative des nations.

Mais outre la fertilité & la stérilité du sol, la situation du pays & son étendue doivent encore servir à déterminer l'espèce de commerce qui lui convient le plus. Un pays, par exemple, dont le territoire est peu considérable, qui a beaucoup de ports, qui a des fleuves & des canaux navigables, est plus propre au commerce d'économie. Au contraire, un pays fort étendu, qui a peu de ports, qui n'est baigné par la mer que d'un seul côté, doit toujours préférer le commerce de propriété (1). Si enfin aux

_____

(1) Si, par exemple, la Russie s'avisoit de préférer au commerce de ses denrées un trafic semblable à celui des Hollandois, de tous les peuples qui habitent cet immense pays, il n'y auroit que ceux qui sont les plus voisins du célèbre port de Cronstadt qui connoîtroient l'or & l'argent; tous les autres seroient condamnés à vivre d'échanges, comme faisoient leurs pères il n'y a pas encore long-temps. Ce trafic convient à la Hollande, parce que les veines, si j'ose m'exprimer ainsi, qui transportent l'argent dans l'intérieur des Provinces-Unies, sont si courtes, que la circulation s'y fait avec la plus grande promptitude. Mais que le territoire de la Hollande devienne aussi étendu que celui de la France & de l'Espagne, & vous

inconvéniens de la fituation fe trouvent
encore réunis les inconvéniens du fol,
fi le territoire eft petit & fitué au milieu
des terres : alors le Légiflateur doit tourner tous fes foins vers les arts & les métiers; il doit en faire les fondemens de fon
commerce (1). Par-là, Genève, fans être
d'aucun côté baignée par la mer, fans
avoir, pour ainfi dire, de territoire, eft
devenue une des plus riches villes de l'Europe; par-là, elle s'eft acquis la gloire
de fecourir Henri IV pendant les guerres
de la Ligue, & de réfifter aux troupes
de Charles-Emmanuel Duc de Savoie;
par-là, elle a triomphé des tréfors & de
l'ambition féroce de Philippe II; par-là

---

verrez bientôt cette circulation retardée. Peu de temps
après vous la verrez interrompue, & cette interruption
fatale finira par occafionner une convulfion qui entraînera
néceffairement la ruine de ce corps politique.

(1) Je n'entreprendrai point de démontrer ces vérités,
parce que ceux qui ont lu cet Ouvrage de fuite, verront
qu'elles font comme autant de réfultats des principes que
j'ai développés précédemment.

enfin

enfin beaucoup de pays de l'Allemagne fleuriroient bientôt, malgré la foiblesse de leurs Princes & l'indigence actuelle de leurs habitans.

Après avoir observé comment la qualité du sol , la situation & l'étendue du pays doivent influer sur le choix du commerce le plus convenable & le plus avantageux , voyons quelle influence la nature du Gouvernement doit y avoir.

Si nous voulons raisonner d'après les faits , si nous voulons nous en rapporter à l'expérience de tous les siècles , nous trouverons que le commerce d'économie est le plus analogue au Gouvernement de plusieurs , comme le commerce de propriété & de luxe l'est au Gouvernement d'un seul. En commençant par l'antiquité la plus reculée , & parcourant les annales de l'industrie jusqu'à nos jours , nous verrons le commerce d'économie fleurir chez les Phéniciens , à Tyr , à Carthage, à Athènes , à Marseille , à Florence , à Venise, & dans la Hollande : nous verrons au contraire le commerce de propriété & de luxe établi dans les Empires de

Tome II. P.

l'Afie, chez les Perfes, chez les Mèdes,
chez les Affyriens, & dans les Monarchies modernes de l'Europe.

La raifon en eft fort fimple. Dans le
Gouvernement de plufieurs, la frugalité
eft une vertu civile : le fafte & le luxe en
font bannis. Or cette efpèce de commerce qui fe réduit à un fimple trafic,
exige, de la part de ceux qui l'exercent,
une extrême frugalité, parce que, pour
gagner continuellement, ils doivent fe
contenter d'un gain modique, & gagner
moins que tout autre, pour avoir l'avantage de la concurrence. Il réfulte de là,
qu'il eft impoffible que ce commerce foit
exercé par un peuple chez lequel le luxe
eft, pour ainfi dire, une chofe inhérente
à la conftitution du Gouvernement. Par
conféquent la même caufe qui rend le
commerce d'économie analogue à la nature du Gouvernement de plufieurs, produit un effet contraire dans le Gouvernement d'un feul. Mais toute règle a fes
exceptions. Il peut exifter une République qui foit propre au commerce de propriété & de luxe, & une Monarchie à

laquelle le commerce d'économie convienne. Quelques circonstances particulières , que je passe sous silence pour ne point entrer dans des détails trop minutieux, & pour ne point répéter ce que j'ai déjà dit dans cet Ouvrage, quelques circonstances particulières , dis-je, peuvent forcer le Législateur à s'écarter de cette règle. La Science de la Législation a bien, il est vrai, ses principes généraux , que le Législateur ne peut pas ignorer ; mais il doit en faire l'usage que fait l'Orateur des préceptes de la Rhétorique. L'Orateur fait servir les préceptes au discours , & non le discours aux préceptes.

Je passe à la protection que l'on doit au commerce. Cet objet , sur lequel presque tous les Ecrivains du siècle ont exercé leur plume , est bien négligé par les Gouvernemens. Les obstacles qui presque par-tout en arrêtent les progrès, les attentats que l'on commet sans cesse contre lui, les vexations qu'on fait éprouver au nom des lois à ceux qui l'exercent , le spectacle que nous offrent tou-

tes les frontières, tous les ports couverts
de satellites, dont le ministère ne sert à
rien autre chose qu'à garantir l'Etat de
l'industrie de ses propres citoyens ; tout
cela doit être regardé comme autant de
preuves que les Gouvernemens sont fort
loin d'avoir fait en faveur du commerce
tout ce qu'ils doivent faire. Ils ont commencé par où il falloit finir : ils ont offert
quelques foibles secours, mais ils ont
laissé subsister les obstacles.

Instruit par l'expérience & par les
fautes des Gouvernemens, je suivrai la
méthode contraire. Je parlerai d'abord
des obstacles que l'on devroit détruire,
& ensuite de l'impulsion qu'on devroit
donner.

CHAPITRE XIX.

Des obstacles qui s'opposent aux progrès
du commerce dans presque toute l'Europe.

A la tête de ces obstacles, je place le
systême actuel des *douanes*. Nous devons
à la politique d'Augufte & aux malheurs
de l'Empire, l'origine de cet abus, dont
toutes les nations de l'Europe éprouvent
aujourd'hui les funeftes effets. Les dépenfes qu'exigeoient la confervation d'une
autorité ufurpée ; la prodigalité néceffaire à un defpotifme naiffant ; l'entretien des légions ; l'avidité des cohortes
prétoriennes ; l'organifation du Gouvernement d'un Empire qui renfermoit dans
fes limites prefque toute l'Europe , &
une partie confidérable de l'Afie & de
l'Afrique ; enfin la grandeur exceffive
de ces dépenfes , jointe à l'idée commune à tous les tyrans, de cacher au
peuple les fommes immenfes avec lef-

P 3

quelles il paye ſes oppreſſeurs, & la perte de ſa liberté, déterminèrent Auguſte à établir une impoſition générale ſur tous les objets qui pouvoient ſe vendre (1), à mettre un impôt ſur les legs & les hérédités (2), & à introduire le ſyſtême fatal des douanes. Toutes les marchandiſes, qui ſe rendoient par mille canaux différens au centre commun de l'opulence & du luxe, devoient payer un droit qui, plus ou moins fort ſuivant les objets ſur leſquels il tomboit, s'étendoit depuis le

---

(1) L'impoſition ſur les choſes vénales fut établie par Auguſte après les guerres civiles. On vit rarement ce droit excéder un pour cent; mais il ſe percevoit ſur tout ce qu'on achetoit dans les marchés ou dans les ventes publiques, & s'étendoit depuis les acquiſitions les plus conſidérables en terres & en maiſons, juſqu'aux plus petits objets de la conſommation journalière. Tacite nous apprend que Tibère fut contraint, pour appaiſer le peuple qui ſe récrioit contre ce droit, de déclarer dans un édit que l'exiſtence des troupes dépendoit en grande partie de cette contribution. (*Tacit.* annal. lib. 1, cap. 78.)

(2) Cette taxe étoit de cinq pour cent ſur la valeur du legs ou de l'hérédité, pourvu que la choſe valût au moins cinquante ou cent pièces d'or. (*Dion,* liv. 55, ch. 56.

quarantième jusqu'au huitième de leur valeur (1).

Dans un pays où l'opulence venoit de toute autre source que du commerce, & où le commerce, au lieu d'être lui-même une source de richesses, étoit plutôt un moyen de faire écouler celles qui arrivoient de toutes les parties de la terre, l'introduction de ces douanes pouvoit être indifférente ; elle pouvoit même, à certains égards, être utile. Mais quel motif pourroit les justifier, aujourd'hui que les intérêts des nations ne font plus les mêmes ?

Je ne puis m'empêcher de déplorer le malheur de l'humanité, quand je vois, au milieu de tant de lumières, & malgré la force de la vérité dont on s'occupe

(1) Cette contribution se levoit, non seulement sur les marchandises étrangères, mais sur celles des provinces de l'Empire ; non seulement sur les objets de luxe, mais sur les denrées de premier besoin. Il n'y avoit de différence que dans la taxe, qui étoit plus forte pour les objets de luxe & pour tout ce qui venoit de chez l'étranger. (Voyez Pline, Hist. Nat. liv. 6, ch. 23; liv. 22, ch. 18).

fans relâche à étendre l'empire , l'erreur élever encore fa tête triomphante. Condammer l'induftrie à une forte de peine pécuniaire ; obliger le marchand à payer une efpèce d'amende qui augmente à proportion de l'avantage qu'il procure à l'Etat; recevoir fes provifions les armes à la main, environner tous les ports, hériffer toutes les côtes, tous les paffages du commerce intérieur & extérieur , de fatellites & d'efpions , êtres vils , corrompus , foudoyés par l'Etat qu'ils trahiffent , par le négociant qu'ils tourmentent , & par le contrebandier qu'ils protègent ; ouvrir la porte à toutes les fraudes, à toutes les vexations que les exécuteurs mercenaires d'une loi injufte peuvent imaginer ; forcer, en un mot, le négociant à penfer qu'aux feules approches d'une douane on lui prépare un affront , s'il n'aime mieux fe laiffer piller : telle eft la politique actuelle des nations commerçantes. Eft-ce là ce qu'elle devroit être ? font-ce là les principes qui devroient diriger le fyftême économique, dans un fiècle où le commerce eft regardé comme l'objet important qui doit décider du fort des nations & du bien-être des peuples ? eft-ce par de femblables voies que les corps politiques devroient fe procurer aujourd'hui la partie la plus confidérable de leurs revenus ? ne pourroit-on pas, fans en diminuer la maffe, délivrer le commerce d'un tel obftacle ? ne feroit-il pas poffible de combiner les intérêts du fifc avec ceux du commerce, de manière que les Rois confervaffent la même quantité de richeffes, fans que leurs richeffes fuffent au même degré funeftes pour les peuples ? ne fuffiroit-il pas enfin de donner une autre forme au fyftême des impofitions, pour rendre le joug moins pefant, fans que le profit diminuât ?

La poffibilité de cette entreprife a été démontrée jufqu'à l'évidence par les Philofophes de nos jours qui ont écrit fur les matières économiques. Mais leurs efforts ont été infructueux. La vérité qu'ils ont annoncée n'a pu pénétrer jufqu'aux trônes. Leurs écrits lumineux, en développant la théorie obfcure des finances, n'ont fervi qu'à rendre plus douloureux

pour nous le poids des maux qui nous
accablent, lorsque nous y avons vu combien il seroit facile de les détruire, & jusqu'où va la négligence de ceux qui devroient nous en délivrer. Pour le malheur des hommes, il semble que ceux
qui sont à la tête de l'administration,
ferment quelquefois les yeux à la lumière
qu'on leur montre dans tout son éclat.
Une réforme que demandent également
la justice, le bien public, & l'intérêt des
Princes, n'a pas été tentée, n'a pas même
été proposée dans les cabinets des Rois,
dans ces cabinets où l'on ne parle que
de commerce, & où l'on ne cesse de le
tourmenter.

Les choses sont restées dans cet état;
par-tout on a laissé le commerce, tant intérieur qu'extérieur, embarrassé dans les
chaînes des impositions fiscales. Par-tout
son cours se trouve encore interrompu.
Un citoyen industrieux a mille espions
qui l'observent : on diroit que le Gouvernement le craint ; il ne peut passer
d'un village dans un autre ; il ne peut,
pour ainsi dire, faire un pas sans être ar-

rêté, fans être taxé. S'il fe livre à une entreprife au dehors, avant qu'il fache quel fera le fuccès de fa fpéculation, la douane a déjà englouti une partie du bénéfice qu'il pourra faire. S'il cherche à cacher fon entreprife, la crainte d'être furpris l'oblige d'endormir avec de l'argent nombre de fatellites dont l'avidité & la mauvaife foi diminuent le profit de la contrebande, fans diminuer la crainte. Par-tout où il tourne fes regards, il trouve, ou des fraudes à prévenir, ou des efpions à corrompre, ou des droits énormes à payer.

Au milieu de tant d'entraves, eft-il poffible que le commerce profpère? Une plante qui ne peut germer que dans le fein de la liberté, pourroit-elle fleurir au milieu de la fervitude & de l'oppref-fion?

Ainfi, de toutes les réformes que l'on doit faire en faveur du commerce, celle du fyftême actuel des douanes eft le premier dont il faut s'occuper. Il faudroit détruire les obftacles que les douanes oppofent au commerce intérieur

& extérieur. Je le répète, pour parvenir
à ce but, fans diminuer les revenus du
fifc, ou pour compenfer la perte qu'il
pourroit éprouver, il faudroit donner
une autre forme au fyftême général des
impôts.

J'examinerai cet objet quand je parlerai de la théorie de l'impôt (1).

---

(1) On croit communément que les droits fur l'exportation des marchandifes nationales font un mal pour l'Etat,
mais que les droits fur l'importation des marchandifes
étrangères font un bien. Je réfuterai cette opinion en
parlant de la théorie de l'impôt. Je me contente de pré-
fenter ici d'avance quelques réflexions fur les effets qu'a
produits ce fyftême erroné dans le commerce de la Grande-
Bretagne.

Le Gouvernement, qui a toujours eu en vue de favorifer
l'exportation des marchandifes nationales, a chargé de
droits exceffifs l'importation des marchandifes étrangères.
Qu'eft-il réfulté de ce fyftême ? 1°. Une quantité prodigieufe de contrebandes, opérations que les châtimens les plus
févères ne peuvent empêcher, toutes les fois qu'elles offrent
un grand bénéfice. 2°. La diminution de fon commerce
d'économie. Quoiqu'il y ait en Angleterre une loi qui
ordonne la reftitution des droits en cas de réexportation,
cet expédient ne compenfe point le tort que les droits
mis fur l'importation font à fon commerce d'économie.
Cela eft évident. Le négociant qui a acheté des marchan-

Je me hâte ici de dénoncer un autre
abus qui est la honte de notre siècle &

---

effets, soit de l'Amérique, soit des Indes Orientales, dans
le dessein de les réexporter, est obligé de débourser deux
capitaux, l'un pour le prix des marchandises, l'autre pour
les droits de douane. Sur le second capital, qui, vu l'énormité des droits d'importation, est le double du premier à
l'égard de beaucoup d'articles ; il perd d'abord une partie
du droit qu'il paye. Ce sont les satellites de la douane qui en
profitent, & elle ne lui est point rendue lors de la réexportation. Il perd aussi l'intérêt de ce capital pendant tout le
temps qu'il emploie à fabriquer ou à préparer son charge_
ment. Cette double perte l'oblige à hausser le prix de ses
marchandises ; ce qui ne manque pas d'en faire diminuer le
débit dans les marchés étrangers. 3°. Un autre effet, également funeste au commerce de la Grande-Bretagne, doit
son origine au même principe. Chez une nation commer-
çante, toute augmentation dans les frais de transport est
une perte réelle pour l'Etat. Or les frais de transport ne
peuvent être indépendans de ceux de construction, & la
construction est chargée en Angleterre de droits excessifs.
4°. Ces mêmes droits empêchoient les Anglois de manufacturer, ou de mettre en poudre leur tabac de Virginie.
Ce tabac, que l'on aimoit mieux, à cause de l'énormité des
droits de douane sur l'importation, vendre directement
aux étrangers, & que ceux-ci payoient deux deniers &
demi sterling la livre, étoit vendu, dans l'intérieur de
l'Etat, huit deniers un tiers. Ainsi, les étrangers, en le ma-
nufacturant, avoient sur les nationaux un avantage de

de notre politique , & dont tous les peuples ressentent les funestes effets , sans qu'aucun ose le premier y apporter re- mède. Je veux parler des jalousies de commerce , de la rivalité des nations. En supposant que cet obstacle ne soit pas plus dangereux que le premier , il est au moins plus difficile à détruire.

---

trente-cinq pour cent. Ce ne sont point là des conjectures; ce sont des faits incontestables , qui devroient bien dessiller les yeux de ceux qui gouvernent , sur ces préjugés vul- gaires , si funestes aux nations.

CHAPITRE XX.

Des jalousies de commerce & de la rivalité des nations.

UN principe aussi injuste que faux, également contraire à la morale & à la politique, a malheureusement séduit ceux qui prétendent régler les intérêts des peuples. On croit communément qu'une nation ne peut gagner sans que les autres perdent, & que le grand objet de la politique est d'élever sa propre grandeur sur la ruine d'autrui. Ce principe erroné, qui fut la base de la politique de Rome & de Carthage (1), & qui perdit ces deux

---

(1) On sait avec quel esprit de jalousie les Carthaginois faisoient leur commerce. L'Histoire nous apprend que Hannon, dans sa négociation avec les Romains, déclara que les Carthaginois n'auroient pas souffert qu'ils se fussent seulement lavé les mains dans les mers de Sicile; il leur défendit de naviguer au delà du promontoire Bello, de même que de commercer en Sicile, dans la

Républiques, a introduit en Europe une jaloufie univerfelle de commerce, qui n'eft autre chofe pour les nations, comme l'a fi bien dit un grand Ecrivain, qu'une confpiration fecrète de fe ruiner toutes, fans qu'aucune s'enrichiffe.

Qui pourroit décrire les maux que cette funefte rivalité caufe au commerce général & particulier des peuples ? Pour s'en former quelque idée, il fuffit d'ob-ferver le fyftême qui règle aujourd'hui le commerce des Etats de l'Europe : nous verrons une nation garder avec la plus grande jaloufie une branche de commerce peu lucrative, qui l'empêche d'en entre-

---

Sardaigne, & en Afrique, au moins dans la partie foumife aux Carthaginois. Voyez *Polybe*, liv. 3, & *Juftin*, liv. 43, ch. 5.

Quant aux Romains, leur politique deftructive & leur patriotifme exclufif font affez connus. Je me contenterai de rappeler une loi des Empereurs Gratien, Valentinien, & Théodofe, qui non feulement défendoit de porter de l'or à ces peuples qu'ils appeloient Barbares, mais qui ordonnoit encore d'ufer de toutes fortes de moyens pour leur ôter adroitement le peu qu'ils en avoient. *Liv.* I, *cod. de commerc. & mercator.*

prendre

prendre une autre beaucoup plus avantageufe, & cela dans la crainte que fa
rivale ne s'en empare. Nous verrons chaque nation oppofer des obftacles aux pai-
fibles entreprifes d'une autre nation, &
jouir de fes pertes: nous les verrons toutes conjurées les unes contre les autres:
nous verrons la terre embrafée par des
guerres de commerce: nous entendrons
leurs foudres retentir de l'un à l'autre
pôle, fur les côtes de l'Afie, de l'Afrique,
& de l'Amérique, fur l'Océan qui nous
fépare du Nouveau Monde, & fur la
vafte étendue de la mer Pacifique: nous
verrons la France & l'Angleterre, toujours ennemies, être toujours attentives
aux moyens de ruiner mutuellement leur
commerce; l'Efpagne obligée de faire ef-
corter fes galions par des flottes formida-
bles fur une mer immenfe teinte de fang
& couverte de cadavres, malheureufes
victimes de fes guerres contre les Anglois;
le Portugal devenir la proie d'une nation
qui lui a fait plus de mal par fon alliance,
par fes traités, & par fon commerce,
qu'elle ne lui en auroit fait par la guerre

Tome II. Q

même; la Hollande , cette République
qui devroit la première refpecter la juftice
& défendre la liberté générale de l'induftrie & du commerce, la Hollande négliger fes véritables intérêts , verfer fes
tréfors, préparer fa ruine dans des guerres
que nul motif, ni de gloire, ni de liberté,
ni de fûreté, ne pouvoit l'engager à foutenir , & qu'elle n'avoit entreprifes que
par une ambition déméfurée , & par
efprit de jaloufie & de rivalité (1) : nous
verrons enfin le commerce, qui, de fa
nature , eft un lien de paix, devenir une
fource éternelle d'injuftice, de guerre &
de difcorde, par cette funefte jaloufie des
nations , dont fe reffentent auffi ces peuples qui voudroient jouir des avantages
de la neutralité.

Dépouillons-nous de toute prévention,
prenons ce caractère d'impartialité qu'exigent les recherches politiques , & nous

---

(1) Je ne parle point ici de la dernière guerre, dans
laquelle la conduite de la Hollande a été dictée par la
force & par la crainte, non par la jaloufie, ni par l'ambition.

reconnoîtrons que l'intérêt particulier de chaque nation est si étroitement uni à l'intérêt universel, qu'une nation ne peut perdre ou gagner, sans que les autres participent à son sort. Qu'on me permette de jeter un coup-d'œil rapide sur les intérêts des nations de l'Europe, pour démontrer cette importante vérité.

Si nous commençons par l'Espagne, nous apercevrons que l'intérêt de cette nation seroit d'améliorer son agriculture, d'augmenter sa population, de rendre son commerce avec les Indes occidentales plus florissant, d'en hâter les progrès, & de donner un écoulement à cette énorme quantité de métaux dont elle est inondée, en achetant les ouvrages de l'industrie étrangère (1). Or cet intérêt particulier de l'Espagne seroit l'intérêt de toute l'Europe. A mesure que l'agriculture s'y perfectionneroit, sa population iroit en augmentant : à mesure que sa population

_____

(1) Nous avons établi cette vérité dans le troisième chapitre du premier livre, & nous la développerons mieux dans le cours de celui-ci.

Q 2

augmenteroit , elle fentiroit davantage
le befoin de l'induftrie étrangère. Elle
feroit d'autant plus en état de payer cette
induftrie , que fon commerce avec l'A-
mérique feroit plus avantageux, que fes
vaiffeaux lui rapporteroient plus d'or.
Alors la France , l'Angleterre, & l'Italie
verroient les ouvrages de leurs manufactures plus recherchés par une nation qui
eft plus en état que toutes les autres de
les acheter. Elles vendroient plus cher
leur induftrie , & acheteroient à meilleur
marché les denrées de l'Amérique , devenues fi néceffaires en Europe.

Si nous paffons de l'Efpagne au Portugal , nous verrons que le grand intérêt
de ce pays, qui , malgré les tréfors que
le Nouveau Monde lui envoie chaque
année, eft extrêmement miférable , parce
que le Gouvernement a négligé ce point
effentiel ; nous verrons, dis-je , que fon
grand intérêt feroit d'admettre la plus
grande concurrence poffible, tant dans la
vente de fes propres marchandifes , que
dans l'importation de toutes les marchandifes étrangères ; & il eft évident

que ce feroit auffi l'intérêt de toutes les autres nations qui font en état de lui en fournir.

On doit dire la même chofe de la Ruf-fie. Si cette nation fe délivroit du mono-póle des Anglois ; comme devroit le faire le Portugal ; fi elle favorifoit la concur-rence des nations du Midi dans le port de Cronftadt, elle vendroit plus cher fes productions, acheteroit à meilleur mar-ché les marchandifes étrangères, & elle procureroit à la fois un grand avantage à toute l'Europe, en ouvrant une nouvelle route à l'induftrie & au commerce de beaucoup de nations (1).

_____

(1) Il eft jufte que je prévienne ici une objection qu'on pourroit me faire. On me dira peut-être : fi le Portugal & la Ruffie fe délivroient du monopole des Anglois, comme il paroît que ces deux nations feront bientôt obligées de le faire, fans doute il en réfulteroit un grand avantage pour elles-mêmes & pour le commerce général de l'Europe; mais dans ce cas l'Angleterre ne perdroit-elle pas beau-coup ? Voilà donc une circonftance où les intérêts de cette nation ne font point unis aux intérêts des autres nations de l'Europe. Cela ne femble-t-il pas une exception à la règle ? Non. J'avoue que l'Angleterre, dès qu'elle ne

Q 3

Si de là nous tournons nos regards vers
la France, nous nous convaincrons encore mieux de cette vérité. La France,
soit par la fertilité de son sol, soit
par le génie de ses habitans, semble
n'avoir rien à désirer : habitée par des
artisans & des ouvriers célèbres qui lui
assurent l'empire du goût en Europe, elle
envoie plus de denrées & d'ouvrages de

---

pourroit plus faire que concurremment avec les autres nations le commerce de la Russie & du Portugal, n'én reti-
reroit plus un profit aussi considérable qu'auparavant.
Mais cette perte seroit sans doute, après quelque temps,
compensée par un plus grand débit de ses marchandises :
car l'opulence universelle, produite par la liberté générale
du commerce, venant à multiplier les besoins en raison des
moyens de les satisfaire, multiplieroit les demandes. Il y
a plus : si l'Angleterre ne s'étoit pas volontairement en-
gagée dans des guerres qui lui ont coûté tant d'hommes &
tant d'argent, la balance trop avantageuse de son commerce auroit porté sa richesse à cet excès qui ramène la
misère, comme je le démontrerai dans la suite. Si ce débouché, ouvert avec tant de violence, n'eût point existé,
la perte de quelque avantage, loin d'être un mal pour
elle, auroit été au contraire un très-grand bien. Ce ne seroit
donc point le véritable, le constant intérêt de la Grande-
Bretagne, qui pourroit lui rendre cette perte sensible ; ce
seroit son ambition démésurée.

manufactures au dehors, qu'elle n'en reçoit des étrangers. Or fi la France étoit
auffi peuplée qu'elle pourroit l'être ; fi
fes lois n'euffent point anéanti fon agriculture ; fi le fyftême de fes finances
étoit plus favorable à fon commerce, fa
profpérité ferviroit au bonheur du refte
de l'Europe, & feroit l'objet de l'admi-
ration univerfelle. Les étrangers auroient
à meilleur marché les productions de
fon fol & de fon induftrie, & elle con-
fommeroit une plus grande quantité des
denrées & des marchandifes étrangères
qui lui manquent. Comme la profpérité
de fes colonies augmenteroit en raifon
de celle de la métropole, & que l'accroiffement de leur population les mettroit en état de perfectionner leur culture,
il en réfulteroit auffi pour les autres nations deux avantages confidérables. Les
productions de fes colonies, devenues
néceffaires en Europe, feroient achetées
moins cher, dès que leurs récoltes deviendroient plus abondantes ; & en même
temps que la France trouveroit en Amérique un plus grand débit des ouvrages

de ses manufactures, ceux des manufactures des autres nations auroient une concurrence bien moins forte à soutenir ou à combattre dans les marchés & dans les ports de l'Europe. Enfin si elle n'eût pas renoncé presque entièrement aux bénéfices de sa pêche & de ses salines ; si elle apprenoit à mieux profiter des dons de la nature & des avantages de sa situation ; si l'Océan qui la baigne d'un côté, & la Méditerranée qui la baigne de l'autre, lui montroient l'inutilité de ses troupes de terre, & la nécessité de celles de mer ; si son Gouvernement, engourdi depuis si long-temps & comme enseveli dans une profonde léthargie, ouvroit enfin les yeux, sa marine, élevée à ce degré de puissance où elle devroit être & où elle semble aujourd'hui vouloir parvenir, enrichiroit le commerce du Nord. L'empire de la mer, disputé entre deux puissances d'assez égale force pour empêcher qu'aucune d'elles ne se l'appropriât, resteroit, au milieu de cette indécision, ouvert à toutes les nations, & la liberté du commerce de l'Europe n'auroit peut-être plus rien à craindre. C'est ainsi que les autres nations participeroient à la prospérité de la France (1).

_____

(1) Je prévois qu'en lisant cet article sur les intérêts de la France, on me fera une autre objection. L'on dira que l'intérêt de cette nation est de protéger & d'entretenir les pirateries qu'exercent les Algériens & autres corsaires de la Méditérannée, puisqu'elle doit à eux seuls le trafic considérable qu'elle fait sur cette mer. Mais ce n'est certainement pas, ajoutera-t-on, l'intérêt des autres nations.

Je réponds à cela, qu'il est certain que l'intérêt des autres nations seroit que leur commerce ne fût point exposé aux périls dont la navigation est menacée sur une mer couverte de pirates. Cette crainte oppose de grands obstacles à leur commerce, & ma patrie en a malheureusement des preuves trop convaincantes. Mais quel est l'avantage que la France retire de cette terreur universelle? D'avoir sur cette mer une sorte de préférence exclusive pour le transport des marchandises. Un pareil commerce de trafic & d'économie convient-il donc à cette nation? D'après les principes que j'ai développés dans les chapitres précédens, ne devroit-elle pas renoncer à un commerce contraire à la nature de son Gouvernement, à la fertilité de son sol, & à l'étendue de son territoire?

Le commerce de propriété, le seul qui convienne à la France, n'a pas besoin, pour prospérer, de ce ressort destructif. Il deviendroit au contraire plus avantageux, à mesure que celui des autres nations deviendroit plus libre. L'évidence de cette vérité me dispense de toute démonstration.

Mais que dirons-nous de l'Angleterre?
Je vois toute l'Europe soulevée contre
cet Empire ; je sens que l'humanité fait
des vœux pour l'indépendance de ses colonies, & qu'enfin deux grandes puissances
conjurent sa ruine. Je ne suis point étonné
de cet esprit de vengeance, de cette
haîne presque universelle contre une nation qui semble l'avoir achetée par ses
injustices ; contre un Etat qui a toujours
mieux aimé s'affliger de la prospérité des
autres, que se réjouir de la sienne ;
contre un peuple qui ne s'est pas con-
tenté de devenir riche, mais qui n'a rien
négligé pour l'être seul. Son patriotisme
exclusif, semblable à celui des Romains,
a dû lui attirer la haîne de toutes les nations commerçantes, comme les vexations qu'elle a fait souffrir à ses colonies
lui ont attiré celle de tous les amis de la
modération & de la liberté, de tous les

La France n'a donc aucun intérêt de soutenir les pirates
qui infestent la Méditerranée ; & cet exemple d'une politique détestable déshonoreroit à jamais cette nation, sans
lui procurer aucun avantage réel.

Philofophes, défenfeurs hardis, mais foibles, des droits facrés de l'humanité.

Voyons cependant fi, malgré les motifs
que l'Angleterre a donnés aux autres nations de fe réjouir de fes pertes, l'Europe,
loin de défirer la ruine de cette nation,
ne doit pas au contraire appréhender un
tel événement. Voyons fi l'intérêt général
s'unit auffi dans cette occafion à l'intérêt particulier, & fi tous les membres
de la grande fociété que forme l'Europe,
ne doivent pas craindre, autant que l'Angleterre, les malheurs qui peuvent réfulter de l'indépendance de fes colons.
Suppofons que l'événement juftifie la
conduite des Américains (1); que ce peuple conferve fa liberté; que cette révolution ait les fuites les plus funeftes pour
l'Angleterre; que la Providence, qui dé-
cide du fort des Empires, ait prononcé
l'arrêt de deftruction contre celui de la
Grande-Bretagne : fuppofons que cette
nation, privée des avantages du com-

_____

(1) Il eft inutile de rappeler au lecteur que les premiers
volumes de cet ouvrage ont été écrits pendant la dernière
guerre.

merce qu'elle faifoit avec fes colons, &
que fes colons faifoient pour elle, affoiblie par une guerre longue & difpen-
dieufe, écrafée fous le poids de la dette
nationale, profcrite dans le Nouveau
Monde & opprimée dans l'ancien, vît fa
grandeur s'éclipfer entièrement; que fa
liberté chancelante, foutenue quelque
temps par fes richeffes, fe changeât en
la plus dure des fervitudes, & qu'elle
devînt, ou la proie d'un conquérant, ou
la victime d'un defpote.

Alors qu'arriveroit-il aux autres nations? La France feroit à la vérité dé-
barraffée d'un ennemi redoutable. Ses
manufacturiers, délivrés de la concurrence
de ceux d'Angleterre, vendroient leurs
marchandifes plus cher. L'Efpagne re-
couvreroit ce que cette nation lui a enlevé, & verroit encore une fois dans
fes mains les prétendues clefs de la Mé-
ditéranée. La Hollande, émule de l'Angleterre, croiroit peut-être, malgré la
perte des fommes immenfes qu'elle lui a
prêtées, avoir tout gagné par la ruine
d'une République induftrieufe & com-

merçante comme elle, mais plus favori-
fée de la nature au dedans, & plus ref-
pectée au dehors. Enfin la Ruſſie, le
Danemarck, & la Suède verroient peut-
être avec plaiſir la chûte d'une Puiſſance
qui a voulu dominer ſur leurs mers. Mais
ces eſpérances ſeroient-elles bien fondées? ces avantages, ſi grands en apparence, auroient-ils quelque choſe de réel?
ne ſeroient-ils pas plutôt les preſtiges
d'une fortune précaire, qui finiroit par la
ruine univerſelle de l'Europe? Si les colonies Angloiſes reſtent indépendantes,
quelle force retiendra celles des Eſpa-
gnols, des Portugais, & des François?
L'indépendance ayant une fois commencé
de paroître dans l'Amérique Angloiſe,
ne cherchera-t-elle pas à s'établir dans le
reſte de ce vaſte continent? l'Amérique
entière ne deviendra-t-elle pas alors indépendante de l'Europe? Or qu'arrivera-
t-il à notre commerce? que pourrons-
nous échanger avec les productions de
l'Amérique? avec quoi pourrons-nous
les payer aux propriétaires du Pérou, aux
maîtres du Bréſil? Avec nos denrées?

Mais la plus grande partie de ces denrées croîtroit également en Amérique, ft l'agriculture les demandoit à fon fol. Avec nos manufactures, avec nos arts ? Mais ces manufactures, ces arts fleuriffent déjà dans la Penfylvanie, au milieu du tumulte des armes & malgré les horreurs de la guerre. Les payerons-nous enfin avec les productions des Indes orientales ? Mais la perte de l'Amérique nous priveroit auffi de ce commerce, qu'elle feule nous met en état de foutenir. Sans les mines du Potofi, nous n'aurions ni les épiceries de l'Afie, ni les fuperbes toiles de Coromandel. Il peut donc arriver que le commerce de l'Europe fubiffe le fort de celui des Anglois ; & cependant l'efprit de rivalité a tellement aveuglé les Gouvernemens, que plufieurs nations de l'Europe n'ont fait aucune difficulté de préparer les matériaux qui ferviront un jour à élever l'édifice de l'indépendance générale, & qu'ils n'ont pas craint d'offrir du fecours à ceux qui vont forger leurs chaînes.

En examinant la queftion du côté des

colonies, il eſt évident que ſi leur dépendance de la Grande-Bretagne étoit telle qu'elle devroit être, celle d'un Gouvernement juſte, & non d'un Gouvernement tyrannique ; ſi la liberté de leur commerce & tous leurs autres droits étoient reſpectés par la métropole , comme le ſont ceux de leurs frères ; ſi la métropole ne faiſoit plus une diſtinction abſurde entre les intérêts de ſes citoyens d'Amérique & les intérêts de ſes citoyens d'Europe; ſi , oubliant que la mer les ſépare , elle ne voyoit dans ſes provinces d'Amérique qu'un prolongement de ſon territoire d'Europe : alors la dépendance des colonies , loin d'arrêter les progrès de leur proſpérité , ne feroit que la rendre plus ſûre , en la garantiſſant des dangers auxquels leur entière indépendance pourroit les expoſer : alors elles n'auroient aucun motif de craindre l'ambition de quelque eſprit hardi & entreprenant, ni les diſcordes inteſtines qui pourroient s'élever dans le calme de la paix, ni les diſſentions qui ſurviendroient entre elles, diſſentions que la Grèce ne put prévenir

entre ſes Républiques , & dont les Provinces-Unies n'ont point encore donné le
ſpectacle , peut-être à cauſe de leur pauvreté locale : alors enfin l'Europe , ſans
être effrayée de leur proſpérité, pourroit
en reſſentir l'heureuſe influence.

Après avoir jeté un coup-d'œil rapide
ſur les intérêts des nations de l'Europe ,
je laiſſe au lecteur le ſoin d'examiner ceux
de l'Italie , de l'Allemagne , du Danemarck, & de la Suède. Les intérêts de ces
quatre pays , dont les deux premiers ti-
rent leurs richeſſes des productions du
ſol & des ouvrages de l'induſtrie , & les
deux autres de leur commerce avec les
Indes orientales , de leurs mines de fer
& de cuivre (1), & de leurs bois de conſtruction , &c. , ſont trop évidemment
liés à ceux de toute l'Europe , pour que
je me croye obligé d'en faire apercevoir
les rapports. Je finirai par une courte
digreſſion ſur la Hollande.

Les trois grandes ſources de la richeſſe

_____

(1) Ces mines forment un des objets les plus intéreſ-
ſans du commerce de la Suède.

de

de cette République confiftent dans fon commerce avec les Indes orientales, dans fes colonies d'Amérique, dans fon commerce de cabotage en Europe. Par fon commerce avec les Indes, elle nous fournit les productions & les marchandifes de l'Orient ; objets qui nous font devenus néceffaires : elle offre en même temps un débouché facile aux denrées & aux manufactures d'Europe, & les rend ainfi précieufes pour nous. Par fes colonies d'Amérique, elle fupplée au défaut de fon territoire en Europe : elle peut réunir les avantages de l'agriculture & ceux du commerce ; elle peut réparer les maux que lui caufent les progrès de l'induftrie univerfelle ; elle peut être confidérée comme une puiffance territoriale ; en un mot, elle n'auroit qu'à délivrer fes colonies du joug des privilèges exclufifs qui les oppriment, on les verroit bientôt inonder l'Europe de leurs productions, & elle en feroit ainfi la bafe éternelle de fa profpérité. Enfin, par fon commerce de cabotage, elle entretient l'abondance, & foutienr la concurrence dans tous les

Tome II.   R

ports & dans tous les marchés de l'Europe ; elle devient l'appui de l'induſtrie
de toutes les nations, leur apporte ce qui
leur manque, achète l'excédant de leur
conſommation ; elle ſe rend, en un mot,
la bienfaitrice du genre humain. Seroit il
donc de l'intérêt de l'Europe qu'une telle
République vînt à s'anéantir ? Ce commerce, ſi utile pour la Hollande, ne
l'eſt - il pas également pour toute l'Europe ? S'il arrivoit, par un fléau du ciel,
que les eaux de l'Océan engloutiſſent tout-
à-coup cette province, dont l'induſtrie
a ſu dompter les élémens eux-mêmes, ne
faudroit-il pas pluſieurs ſiècles à l'Europe
pour réparer cette perte ? une grande
partie de ſon commerce ne ſeroit-il pas
détruit avec elle ? Il eſt vrai qu'à meſure
que le commerce des autres nations augmente, le trafic de la Hollande ſur les
côtes de l'Europe devient moins actif ;
mais la concurrence des Hollandois ſera
toujours avantageuſe à cette partie du
monde.

Après avoir démontré que l'intérêt de
chaque nation & l'intérêt de l'Europe

sont essentiellement unis ; après avoir
développé l'influence funeste de la jalousie de commerce & de la rivalité des nations sur le commerce général & particulier des peuples , il ne nous reste plus
qu'à solliciter chaque Souverain de mettre
sa gloire à donner le premier aux autres
Gouvernemens l'exemple de la plus heureuse révolution , en foulant aux pieds les
anciens préjugés , en ouvrant ses ports
à toutes les nations , & en jetant ainsi
les fondemens de la liberté générale du
commerce. O vous, respectables Législateurs du genre humain , vous qui êtes
assez heureux pour influer sur le bonheur
des peuples ; Rois & Ministres , qui en-
trez dans ces sanctuaires inaccessibles au
reste des mortels , dans ces sanctuaires
d'où émanent les ordres qui ouvrent ou
ferment le temple de la guerre, pénétrez-
vous bien de cette grande vérité , que,
dans l'ordre physique comme dans l'ordre moral , tous les êtres existent dans
une dépendance réciproque. Observez
comment cet ordre inaltérable de la nature a donné naissance aux sociétés , a

introduit le commerce parmi les hommes;
rappelez-vous que l'objet du commerce
eſt de faire de toutes les nations une ſeule
ſociété, dont chaque membre puiſſe participer également aux avantages dont tous
les autres jouiſſent; & que les moyens
d'exercer ce droit ſuppoſent chez tous
les peuples la liberté de faire l'eſpèce
d'échange qui peut convenir à leurs beſoins mutuels. Croyez que ſi les nations
avec leſquelles vous commercez ont beſoin de vous, & ſi vous avez beſoin
d'elles, leur population augmentant à
proportion de leur bonheur, vous trouverez un plus grand nombre d'hommes
qui acheteront vos productions & vos
ouvrages, & qui vous fourniront les denrées & les marchandiſes que vous n'avez
pas.

Renoncez donc à cet eſprit de rivalité
& de jalouſie qui vous tourmente; com-
binez votre intérêt avec celui des autres
nations : c'eſt le ſeul moyen d'établir la
proſpérité de vos Etats ſur une baſe inébranlable. Renverſez ces barrières politiques; rejetez avec horreur ces diſtinctions

abſurdes entre nation & nation, miſéra-
bles reſtes des anciens préjugés de la
barbarie, qui font aujourd'hui le déshon-
neur d'un ſiècle que l'on croit éclairé,
& qui ſans doute devroit l'être. Aboliſſez
ces pactes de confédération, ces ligues
qui ont la défenſe pour prétexte & l'invaſion pour but; qui forcent un peuple
fait pour jouir des douceurs de la paix,
à s'allier avec une autre nation, & ſou-
tenir la même cauſe; à verſer ſon ſang,
à ſacrifier ſes tréſors, à interrompre ſon
commerce, très-ſouvent dans la ſeule
vue de ſatisfaire l'ambition d'une Cour
étrangère, de défendre ſes prétentions
injuſtes, ſes droits ſuppoſés, ſes titres
faux ou incertains, ſes haînes perſonnelles, ſa vanité puérile, ſes jalouſies
mal fondées, & même juſqu'à ſes folies.
Regardez encore comme la ſource des
abus politiques ces traités de commerce
qui deviennent autant de ſemences de
guerre, & ces priviléges excluſifs qu'une
nation obtient d'une autre pour un trafic
de luxe ou pour un commerce de ſubſiſtance. « La liberté générale de l'induſtrie

& du commerce ; voilà, dit un Hiſtorien
célèbre, le ſeul traité qu'une nation com-
merçante & induſtrieuſe devroit établir
chez elle & négocier chez les autres (1) ».
Oui, tout ce qui favoriſe cette liberté
eſt utile au commerce ; tout ce qui la
reſtreint lui eſt nuiſible. La jalouſie des
nations la reſtreint au dehors ; elle eſt
détruite au dedans par les réglemens trop
minutieux & trop compliqués, & par la
manie qu'ont les Gouvernemens de ſe
mêler de tout ce qui regarde le commerce. Ce vice politique eſt un autre
obſtacle à ſes progrès.

---

(1) Hiſt. Phil. & Polit. &c. liv. 19, chap 3.

CHAPITRE XXI.

Autre obstacle qui arrête les progrès du commerce dans la plupart des Etats : manie qu'ont les Gouvernemens de se mêler de tout ce qui le regarde.

IL est pour un Etat deux extrêmes également à craindre, la trop grande négligence du Gouvernement, & sa trop grande vigilance. Prétendre tout savoir, tout voir, tout diriger, est une source de désordres non moins funeste que l'indifférence & l'aveuglement.

C'est dans l'art de connoître les cas où l'on doit ordonner & ceux où l'on doit laisser faire, que consiste toute la science du Gouvernement. Comparons pour un moment la manière de conduire les peuples avec celle de conduire les enfans. Si vous portez trop loin l'attention des détails, si vous voulez régler tous leurs mouvemens, toutes leurs actions, l'art ne

R 4

tardera pas à étouffer la nature : bientôt
vous ne la reconnoîtrez plus dans votre
élève ; si vous le négligez trop, au contraire, tous les vices s'empareront de lui,
& vous le perdrez ainsi par une conduite
oppofée. La même chofe arrive dans le
Gouvernement des peuples. Trop de négligence fait naître & perpétue tous les
défordres : trop de précaution détruit
toute l'activité du citoyen, en détruifant
fa liberté. La première nous conduit aux
fléaux de l'anarchie, la feconde, à ceux
de la fervitude.

Or qui le croiroit ? Le commerce
d'une grande partie des nations de l'Europe éprouve tout à la fois l'influence
funefte de ces deux vices politiques. Il
fouffre, & de l'inattention dont le Gouvernement fe rend coupable en ne fon-
geant pas à le délivrer des obftacles qui
s'oppofent à fes progrès, & d'une fur-
veillance exceffive qui lui fait diriger &
régler tous fes pas, toutes fes entreprifes, tous fes intérêts. Ouvrons les codes
économiques de l'Europe, & nous n'y
trouverons que lois prohibitives, que

réglemens minutieux, que ſtatuts particuliers ſur tout ce qui concerne le commerce. Le Légiſlateur a voulu jouer le
rôle du négociant; & il faut avouer que
d'ordinaire il s'en eſt fort mal acquitté.
L'on avoit, il eſt vrai, le deſſein de favoriſer le commerce : mais comment favoriſer le commerce, lorſqu'on en reſtreint
la liberté ?

La France s'imagina faire une opération très-avantageuſe à une des principales branches de ſon induſtrie, lorſqu'elle
défendit l'exportation de toute eſpèce
de ſoïe qui ne ſeroit pas travaillée. La
ſoie crue, ou ſeulement teinte, qui
étoit un des grands objets du commerce
de cette nation, ne put plus ſortir du
Royaume. Le Gouvernement eſpéra ſans
doute que par cette loi prohibitive il
mettroit un obſtacle aux progrès des
manufactures étrangères de ce genre, en
leur interdiſant l'apprêt & la teinture que
les François ont l'art de donner à leurs
ſoies, & en les forçant de ſe ſoumettre à
une plus grande concurrence dans les
marchés de l'Europe, puiſque les manu-

facturiers françois devoient vendre leurs étoffes moins cher, dès que la prohibition d'exporter la soie crue les auroit mis en état d'acheter la matière première à meilleur marché : mais, malheureusement pour la France, cette espérance a été frustrée. Les étrangers sont allés chercher ailleurs les soies que la France leur fournissoit auparavant. La nécessité leur a fait apprendre l'art de les préparer & de les teindre de la même manière qu'on les prépare & qu'on les teint à Lyon. La soie s'est vendue à vil prix dans ce royaume; & un pareil revers a suffi pour faire négliger dans plusieurs cantons la culture des mûriers blancs, qui s'y sont détériorés. La défense d'exporter la soie qui ne seroit pas travaillée, lui a fait perdre aussi le commerce des soies étrangères qu'elle vendoit après les avoir teintes & préparées. Enfin l'industrie nationale a souffert doublement, & par ce qu'elle a perdu, & par ce qu'elle a fait gagner à ses voisins. Or tels sont d'ordinaire les effets des spéculations des Gouvernemens en matière de commerce.

La même caufe a produit les mêmes
effets dans la Grande-Bretagne. Lorfque
le Gouvernement anglois défendit avec
tant de rigueur l'exportation de fes laines ;
lorfqu'oubliant tout fentiment de modération & de juftice, ainfi que la proportion qui doit exifter entre les peines &
les délits, il condamna, fous le règne
d'Elifabeth, par le ftatut 8, ch. 3, ceux
qui feroient convaincus de ce crime prétendu, pour la première fois, à la con-
fifcation des biens, à un an de prifon,
& à perdre la main gauche ; & pour la
feconde fois, à être déclarés coupables
de crime de félonie, & punis comme
tels ; lorfque la férocité de cette loi fut
adoucie par le Parlement fous le règne
de Charles II & de Guillaume III, mais
fans en détruire l'objet ; lorfque les amen-
des les plus fortes furent fubftituées aux
anciennes peines, non pas tant pour ôter
le fcandale de la barbarie, que pour prévenir l'impunité occafionnée par la rigueur exceffive de la loi ; lors, dis-je,
que le Gouvernement anglois prit toutes
ces mefures pour empêcher l'exportation

de fes laines, il fe promit les mêmes avantages que la France fe promettoit en défendant d'exporter fes foies crues & teintes. Il s'imagina que fes draps auroient un plus grand débit dès que les Fabricans pourroient avoir la matière première à meilleur marché. Il crut nuire aux étrangers, & fur-tout aux François, en les privant de fes laines, dont la fineffe & la beauté donnoient à leurs draps prefque tonte la perfection qui les diftinguoit. L'événement a montré l'erreur de cette fpéculation. Les laines n'ayant plus le débit qu'elles avoient auparavant, & le prix en ayant été fixé par la loi, la quantité en eft diminuée, & elles ont perdu leur première qualité. La France au contraire a perfectionné les fiennes. L'argent que faifoit entrer en Angleterre l'exportation de fes laines, n'y entre plus. Ses draps ont peut-être perdu auffi la perfection qu'ils avoient; au moins ils ne font point délivrés de la concurrence de ceux des François. Enfin l'Angleterre a, fur cet objet & fur une infinité d'autres éprouvé, de même que les autres nations, les funestes effets de la manie qu'ont les Gouvernemens de se mêler de tout ce qui a rapport au commerce.

La France a encore un reproche de cette nature à se faire relativement au commerce des Indes orientales. Les malheurs que la Compagnie des Indes a essuyés dans ce siècle sont assez connus, & le célèbre Auteur de l'Histoire Philosophique & Politique des établissemens des Européens dans les deux Indes, nous en a donné des détails très-circonstanciés (1). Cet Ecrivain, qui, en observant les désordres politiques, en a toujours su démêler les véritables causes, ne fait aucune difficulté d'attribuer l'origine de ces revers à la dépendance dans laquelle le Gouvernement tenoit ce grand corps, en se mêlant trop de ses affaires. Dès que la Cour voulut nommer les Directeurs de la Compagnie, dès qu'un Commissaire du Roi s'introduisit dans l'administration (2), la Compagnie commença de

_____

(1) Tome 2, liv. 4.
(2) En 1730.

pencher vers fa ruine. Tout fe dirigea
par l'influence & fuivant les vues de
l'homme de la Cour.

Le myftère, ce voile dangereux d'une
adminiftration arbitraire, couvroit toutes
les opérations du commerce : les intéreffés ignoroient l'état de leurs affaires,
& la perte de la liberté fut fuivie des
préfages funeftes de la ruine entière de
la Compagnie. Le Gouvernement, inftruit de ces défordres, crut pouvoir y
remédier, en multipliant le nombre de
ces Commiffaires : d'abord il en établit
deux, enfuite il en ajouta un troifième.
Mais le mal, loin de diminuer, ne fit
que prendre une nouvelle force. Le defpotifme avoit régné lorfqu'il n'y en avoit
qu'un, la divifion commença lorfqu'il
y en eut deux : mais dès l'inftant qu'il y
en eut trois, tout tomba dans l'anarchie.

Dans cette conjonêture, on vit paroître un projet de réforme, dont l'objet
étoit de délivrer la Compagnie de la fervitude à laquelle le Gouvernement l'avoit
dévorée. Le projet fut exécuté. Le Gouvernement renonça à une conduite qui

étoit la cause de tous les désordres ; & pendant les cinq années que dura la nouvelle administration, la Compagnie prospéra au point que les ventes s'élevèrent annuellement à dix - huit millions : elles n'avoient pas été si considérables dans les temps qu'on avoit regardés comme les plus brillans.

Je ne finirois pas, si je voulois rapporter tous les exemples de la ruine du commerce, occasionnée par la surveillance excessive des Gouvernemens. Toute l'Europe me fourniroit des preuves de fait pour démontrer cette vérité. La France & l'Angleterre m'en offriroient sur-tout un très-grand nombre. Je m'abstiens d'en citer davantage, pour ne point m'étendre trop sur un objet que je n'ai voulu observer qu'en passant.

Maxime générale : lorsque vous voyez dans une nation le Gouvernement se mêler trop des affaires du commerce ; lorsque vous voyez toutes ses opérations réglées par quelque loi particulière ; lorsque la multiplicité de ces lois oblige le négociant à faire ses spéculations le tarif de

la fifcalité à la main , ne cherchez plus
d'autres renfeignemens ; vous pouvez
dire , fans craindre de vous tromper ,
que le commerce de cette nation eft
dans l'état le plus déplorable.

CHAPITRE XXII.

Obftacles qu'oppofent au commerce en général,
les lois qui dirigent celui des nations de
l'Europe avec leurs colonies.

AUJOURD'HUI que tous les intérêts de
l'Europe font fi fortement unis à ceux de
l'Amérique ; aujourd'hui que ce nouvel
hémifphère eft devenu le comptoir des
Européens, comptoir tant de fois ren-
verfé & fouillé du fang de fes nouveaux
propriétaires ; aujourd'hui enfin que la
partie la plus importante de notre commerce eft celle que nous exécutons avec
les colonies de l'Amérique, toutes les
caufes qui peuvent détruire ce commerce , ou du moins en arrêter les
progrès ,

progrès, ne doivent point être négligées dans un ouvrage qui traite de la Science de la Législation. Je déduis toutes ces caufes d'un feul principe.

De fauffes idées fur la fource de la richeffe publique ont fait croire aux nations de l'Europe qui ont fait des établif-femens dans le Nouveau Monde, que pour retirer les plus grands avantages de leurs colonies, il falloit les foumettre à un commerce exclufif avec la métropole. Les lois prohibitives par lefquelles on s'eft efforcé de donner l'exiftence à ce fyftême abfurde, n'ont eu d'autre but que de détruire cette liberté, qui feule peut donner au commerce le mouvement & la vie (1). Quelques réflexions fuffi-ront pour démontrer que cette prohibi-tion eft également contraire aux intérêts de la métropole & à ceux des colonies; puifqu'elle anéantit tout à la fois, & le commerce de l'une, & le commerce des autres.

----

(1) Je ne cite pas ici ces lois prohibitives, parce qu'elles ne font que trop connues.

Tome II.   S

Deux motifs ont pu déterminer les Gouvernemens de l'Europe à ordonner cette fatale exclusion ; c'est, ou le défir d'augmenter à volonté les impositions des colonies, par des droits établis fur les différens objets qu'elles nous envoyent & fur ceux qu'elles reçoivent de nous ; ou le deffein de faire rejaillir fur la métropole, par le moyen d'un monopole conftant, tous les avantages de ce commerce.

Si c'eft le premier de ces motifs qui les a déterminés, leur attente a été bien trompée. En effet, ils ont cru que ces impôts indirects feroient payés par les colonies, tandis que c'eft réellement la métropole qui les paye. On faifira toute l'évidence de cette vérité, lorfque je parlerai des impôts indirects, & que je démontrerai qu'ils retombent toujours fur le premier vendeur.

Il n'y avoit qu'un moyen de faire fupporter aux colonies une partie des charges néceffaires au maintien de la fociété dont elles font membres ; il n'y avoit qu'un moyen de concilier à cet égard ce que la juftice prefcrit aux unes, & ce que l'intérêt public exige de l'autre ; c'étoit de placer l'impôt fur les terres , & non fur les marchandifes que nous leur envoyons , & fur celles qu'elles reçoivent de nous. Alors la liberté de leur commerce rendant chez elles la culture plus avantageufe, les Gouvernemens de l'Europe auroient pu obtenir de leurs colonies , fans les tourmenter, fans les outrager , fans les appauvrir, ce qu'elles ne peuvent aujourd'hui obtenir d'elles , par une exclufion qui n'a d'autre objet que de les accabler du poids de l'oppreffion la plus humiliante , & de leur infpirer le défir & l'efpoir de trancher d'un feul coup , au premier moment favorable , cette main ennemie qui les tient enchaînées.

Si le motif de cette prohibition a été de procurer aux métropoles de l'Europe des bénéfices énormes, par le moyen du monopole , il faut convenir que les Adminiftrateurs de ces Empires fe font bien abufés. En effet , ou la métropole vend fes productions & achète celles des colonies au prix courant du marché général ;

& alors la prohibition eſt inutile ; où
elle vend très-cher ſes marchandiſes &
achète a bas prix celles des colonies ; &
alors, en ruinant celles-ci, elle détruit
d'un même coup ſon commerce. A meſure qu'elles s'appauvriront par un commerce ſi déſavantageux, elles conſom-
meront une moindre quantité des productions de la métropole, & leur en-
verront en même temps une moindre
quantité de leurs propres productions.
Elles n'auront plus de reſſource que dans
le commerce interlope ; elles exerceront
donc une contrebande habituelle : l'avidité des métropoles aura beau prononcer
des peines févères, ſoudoyer chèrement
l'eſpionnage, & diſtribuer par-tout des
gardes & des barrières ; animées par l'eſpoir d'un bénéfice conſidérable, les colonies rendront vaines toutes les meſures
de leurs oppreſſeurs. Alors l'exclufion,
devenue inutile pour les négocians des
métropoles, ne continuera pas moins de
ruiner les colonies, parce que ce genre
de commerce ne peut convenir qu'à quelques armateurs avides & audacieux, qui

dépouilleront à leur tour, par le moyen du monopole, & leur patrie & les colonies tout à la fois. L'Angleterre & l'Espagne offrent la preuve de ce que j'avance.

L'intérêt des métropoles est donc d'accorder une liberté aussi entière au commerce de ses colonies, qu'à celui des autres membres de l'Etat. La justice l'exige. Malheureusement pour l'espèce humaine, on la prend rarement pour guide dans des spéculations de finances ; mais elle n'en sera pas moins éternellement liée aux vrais intérêts des nations, & elle dictera toujours, à celui qui saura entendre sa voix, les moyens d'établir la félicité des hommes & des Empires, non sur la base chancelante de quelques intérêts particuliers, mais sur les fondemens immortels de l'intérêt commun, c'est-à-dire, du bien public. C'est elle, c'est cette justice éternelle, qui ne peut voir sans horreur un attentat si affreux contre les droits les plus sacrés de la liberté & de la propriété de l'homme, prescrits, soutenus, & même légitimés

S 3

par l'autorité publique. Cette autorité a
le droit, il eſt vrai ; de déterminer tout
ce qui peut être utile ou nuiſible au bien
général de la ſociété ; c'eſt une prérogative inſéparable de la ſouveraineté :
mais la nature même de cette prérogative nous en indique l'uſage , & nous
apprend qu'elle doit être exercée pour
l'avantage de tous les membres de la
confédération ſociale : hors de là , tout
exercice de l'autorité ceſſe d'être légitime : ce n'eſt plus qu'un acte de deſpotiſme & d'oppreſſion. Donc, quand même
l'avantage de la métropole exigeroit cette
prohibition contre laquelle je réclame
ici, le préjudice qu'elle cauſe aux colonies ſuffiroit pour la rendre injuſte. Les
colons ne ſont-ils pas membres de la ſociété comme les habitans des métropoles?
ne ſont-ils pas enfans de la même mère?
n'appartiennent-ils pas à la même famille?
ne ſont-ils pas citoyens de la même patrie , ſujets du même Empire ? ne doivent-ils pas jouir des mêmes droits &
des mêmes prérogatives ? & le plus précieux de tous ces droits n'eſt-il pas celui

de la propriété, & par conféquent de la
liberté ? Ces droits, que l'homme acquiert en naiffant, & qui doivent être
protégés par la fociété & par les lois ;
ces droits inféparables de notre être, &
qui forment l'exiftence politique, comme
l'ame & le corps forment l'exiftence phy-
fique ; ces droits dont on ne peut nous dépouiller, fans rompre le lien qui nous unit
à l'Etat ; ces droits dont il n'eft poffible
tout au plus (fi l'on ne veut fe rendre coupable d'un attentat affreux), que de fuf-
pendre l'ufage dans les cas très-rares où
le befoin preffant & inévitable du corps
entier de la fociété demande, *pour l'intérêt public*, ce violent & épouvantable
facrifice ; ces droits enfin, fi facrés dans la
perfonne d'un fimple citoyen, pourroient-
ils donc être enlevés à une portion confidérable de la fociété ? n'exifteroient-ils
plus pour les colonies de l'Europe ?

Mais, dira-t-on, l'établiffement de
ces colonies a occafionné de grandes dépenfes aux nations qui les ont fondées,
& les a expofées à beaucoup de dangers ;
la protection qu'elles leur accordent en-

S 4

core les oblige à faire des frais confidérables. Tant de bienfaits n'exigent-ils
pas un dédommagement de la part des
colonies ? Sans doute. Mais ce n'est point
dans cette prohibition qu'il faut le chercher, parce que, non seulement elle est
injuste & dangereuse pour les colonies,
mais elle est encore, comme je l'ai observé, infiniment nuisible aux métropoles. Où faut-il donc chercher ce dédommagement ? Peu de mots suffiront à
cet égard. Quel que soit l'état des intérêts de la métropole, elle ne doit voir
dans ses colonies qu'un instrument propre
à diminuer la masse des contributions de
l'Etat. Le grand avantage que le Gouvernement doit retirer de ces provinces
éloignées, ne consiste point dans le profit chimérique d'un commerce exclusif,
mais dans la diminution des impôts &
des charges de la métropole, qui peut
être produite par les grandes contributions d'une colonie bien administrée. Le
revenu net des colonies européenes
établies en Amérique pourroit être très-
considérable, & la portion qu'on en

préleveroit pour l'impôt feroit affez forte
pour foulager les métropoles refpectives
du fardeau de leurs dettes nationales, fi
les lois n'avoient elles-mêmes travaillé à
détruire le commerce des colonies, & à
condamner leurs infortunés habitans à
l'ignorance, à la mifère, & au defpotifme
le plus infupportable. Plus leurs richeffes
fe feroient accrues, plus la maffe de leurs
contributions feroit devenue confidérable, & plus par conféquent celle des
métropoles feroit diminuée.

Les vrais intérêts d'une nation, &
toutes les efpérances qu'elle peut former
à l'égard de fes colonies, n'ont donc
pour bafe que leur profpérité & l'accroiffement de leurs richeffes. C'eft donc vers
ce feul objet que les Légiflateurs de l'Europe doivent diriger toute leur attention
dans ce nouvel hémifphère. Si les colons
avoient la liberté de fe livrer à tous les
genres de culture que leur fol peut permettre, de vendre leurs productions à ceux
qui les payeroient le plus cher, d'acheter celles qui leur manquent de ceux qui
les leur offriroient à meilleur marché, de

satisfaire, en un mot, avec la même facilité, & les besoins de la vie, & les fantaisies de l'opinion ; qui ne voit quelle
seroit alors la prospérité des colonies, &
combien s'accroîtroient leur population,
leur force, & leur commerce ? La liberté,
donnant un nouveau prix au sol du Nouveau Monde, perfectionneroit la culture,
& augmenteroit la quantité & la valeur
des productions : enfin toutes ces provinces éloignées, aujourd'hui le théâtre de la
misère & de l'oppression de ceux qui obéif-
sent, de l'avidité & du despotisme de
ceux qui gouvernent, de la bizarrerie &
de l'injustice des lois qui y règnent, offriroient alors le spectacle consolant de
la richesse & de la félicité publique, pro-
tégées par l'agriculture, les arts, & le
commerce. La seule suppression de ce
système prohibitif suffiroit pour rétablir,
sur les mêmes fondemens, la prospérité
des colonies & celle de la métropole.

Qu'on ne m'objecte pas que ces colonies, devenues une fois riches & puif-
santes, ne voudront plus dépendre de
leur mère. Le poids de la dépendance

n'eſt inſupportable aux hommes que lorſqu'il eſt joint au poids de la miſere & de l'oppreſſion. Les colonies romaines, gouvernées avec cet eſprit de modération que l'intérêt & la politique du Sénat avoient inſpiré, ſe glorifioient d'une dépendance qui les honoroit en aſſurant leur exiſtence. Leur ſort étoit un objet d'envie pour ces villes qui, unies avec Rome, joignoient, ſous le nom de *municipes*, les prérogatives de la cité à l'exercice de leurs uſages particuliers, de leur culte, & de leurs lois. Pluſieurs d'entre elles recherchèrent le titre de colonies, & quoique leurs prérogatives fuſſent plus brillantes que ne l'étoient celles de ces dernières, on en étoit venu au point, ſous l'Empereur Adrien, de ne ſavoir plus laquelle de ces deux conditions on devoit préférer (1). La proſpé

_____

(1) Aulu - Gelle (Nuits attiques, liv. 6, ch. 13) dit que les villes d'Utique en Afrique, & de Cadix en Eſpagne, qui jouiſſoient des priviléges des villes municipales, demandèrent à l'Empereur & obtinrent de lui le titre de colonies. Leur exemple fut bientôt ſuivi par d'autres villes

rité ne leur infpira ni l'efprit de révolte, ni l'ambition de l'indépendance : nous verrions là même chofe dans les colonies modernes. Heureufes fous le gouvernement de leurs métropoles, elles ne tenteroient pas de fecouer un joug léger & falutaire, pour chercher une indépendance qui les priveroit de la protection de leur mère, fans leur donner les moyens de fe garantir, ou de l'ambition d'un conquérant, ou des intrigues d'un citoyen puiffant, ou des dangers de l'anarchie. Ce n'eft point l'excès des richeffes & de la profpérité qui a fait foulever les colonies angloifes; l'excès de l'oppreffion les a feul forcées de tourner contre la mère

_____

municipales. Cet événement paroît bien étrange, lorfqu'on fe rappelle que les prérogatives de la cité, accordées aux habitans des villes municipales, étoient bien plus étendues que celles dont jouiffoient les citoyens des colonies. Ceux-ci n'avoient point, comme les autres, le droit de fuffrage; ils ne pouvoient exercer aucune des dignités de la République, comme l'a montré Sigonius. (de Antiq. jure Ital. lib. 2, cap. 3.) Il faut donc admettre que ces colonies offroient d'ailleurs des avantages bien confidérables, pour donner lieu à un pareil facrifice.

patrie ces armes dont elles s'étoient
servies tant de fois pour la défendre.

Cet exemple ne suffira-t-il pas pour
détromper les autres Gouvernemens de
l'Europe ? Pourquoi, au lieu de ne voir,
dans la révolution de l'Amérique, qu'un
châtiment de l'orgueil de la nation angloise, ne la regardent-ils pas plutôt
comme une leçon terrible donnée à toutes
les Puissances qui partagent entre-elles
les dépouilles de ce vaste continent ?
Attendront-ils qu'une cause commune
rende universelle cette fatale catastrophe qui séparera pour toujours les deux
mondes ? La mine est toute préparée ;
une étincelle a suffi pour la faire éclater
dans l'Amérique angloise (1). Il n'en faudra pas davantage pour produire le même
effet dans le reste de ce continent. Cet
événement n'a point une époque certaine ;
mais il est inévitable : il n'y a qu'un moyen
de le prévenir ; c'est d'abolir ce système
absurde d'exclusion ; d'abolir toutes ces
lois meurtrières, par lesquelles on sape

_____

(1) L'impôt sur le thé.

le commerce des nations de l'Europe
avec leurs colonies. La profpérité des
deux hémifphères eft liée, comme nous
l'avons démontré, à cette jufte & falutaire réforme, & l'infurrection des colonies angloifes apprend à tous les Princes
le danger qui les menace, s'ils continuent
de négliger de fi grands intérêts. Maintenant, fi de l'horreur des combats nous
pouvions efpérer de voir fortir enfin un
nouvel ordre de chofes; fi la même
caufe qui a allumé la guerre entre les Anglois & leurs colonies, pouvoit brifer
les fers qui enchaînent le commerce du
refte de l'Amérique; la philofophie gé-
miroit fur la violence du remède, mais
elle fe confoleroit du moins; en examinant tous les maux qu'il auroit détruits.

CHAPITRE XXIII.

Obstacles qu'opposent au commerce la mau-
vaise foi des négocians & le grand nombre
des faillites.

SI la confiance est l'ame du commerce ;
si le crédit est une espèce de monnoie
sans laquelle la circulation seroit interrompue & le commerce restreint dans les
bornes étroites du numéraire ; si ce crédit
fait circuler dans la banque d'Amsterdam
25 millions de florins par jour, & si,
par la même cause, des négocians font
dans cette place un trafic de 60 millions
par an ; si le crédit, en un mot, est aussi
nécessaire au commerce que les élémens
le sont à l'existence des animaux, on ne
peut douter que tout ce qui contribue à
l'affoiblir ne doive être regardé comme
un obstacle au commerce. Or qui ne voit
que la multiplicité des faillites dans une
nation doit produire cet effet ? Quelle

confiance peut - on avoir dans les négocians d'un pays où la banqueroute entre dans la combinaiſon des moyens propres à agrandir la fortune d'un commerçant, où il ne peut être riche qu'après la troiſième opération de ce genre ? Dans toute l'Europe, à l'exception de quelques États, cette bizarre & funeſte ſpéculation ſemble être regardée, par les négocians, comme une reſſource très-utile. Jamais les banqueroutes n'ont été auſſi fréquentes & auſſi favorables qu'elles le ſont dans ce ſiècle, où toute l'attention du Gouvernement eſt fixée ſur le commerce.

Quelle preuve plus authentique de l'enfance de notre Légiſlation ! Nos lois établiſſent une peine contre les banqueroutes ; mais l'impunité, effet néceſfaire de cette loi, en rend la rigueur inutile. Examinons donc, & tous les efforts que l'on a faits avec ſi peu de ſuccès, & tous ceux que l'on devroit faire pour détruire un obſtacle dont la morale, la politique, l'honnêteté publique, & l'intérêt général éprouvent également les dangereux effets dans preſque toute l'Europe.

CHAPITRE

CHAPITRE XXIV.

De l'impuissance de la Législation actuelle sur cet objet.

Les droits facrés de l'humanité, unis aux vrais intérêts du commerce, nous autorifent à attaquer ici la Légiflation de l'Europe. Les lois qui concernent les banqueroutes ne font fûrement pas la gloire de nos codes & des Légiflateurs qui les ont établies. Elles font tout à la fois trop févères & trop indulgentes. Elles condamnent l'innocence, en même temps qu'elles offrent un moyen d'impunité à ceux qui font effectivement coupables.

Il y a deux fortes de banqueroutes : les unes font volontaires & frauduleufes ; les autres font involontaires & forcées. Dans les premières, l'infolvabilité du débiteur n'eft qu'apparente ; & les effets qu'il cède à fes créanciers ne font qu'une partie de fes biens ; le refte a été detourné ou ca-

Tome II. T

ché ; dans les secondes , au contraire ,
l'insolvabilité est certaine. Un malheur
survenu au négociant, la perte d'un na-
vire , la banqueroute d'un correspondant,
&c. , l'obligent à déclarer à ses créanciers son insolvabilité , sa faillite , & à
leur offrir le reste de sa fortune , pour
éteindre une partie de ses dettes. Dans
le premier cas ; c'est une banqueroute volontaire, un vol fait au public , & un
vol d'autant plus funèste , qu'il est au pouvoir de celui qui le fait d'en déterminer
la valeur. Dans le second cas , c'est un
malheur imprévu , qui ne laisse d'autre
soulagement à celui qui le souffre , que
le témoignage de sa conscience & la
certitude de son innocence , sauve-garde
impuissante contre le mépris public , la
perte de l'honneur , & , ce qui est encore
plus étrange , contre l'injuste rigueur de
la loi. Il est vrai que la même loi qui condamne à la mort le banqueroutier frauduleux , ne condamne le banqueroutier
involontaire qu'à une prison perpétuelle ;
mais , je le demande, quelle loi a le pouvoir de punir un homme innocent? Quoi!

parce que le fort l'a dépouillé de tout ce qu'il poſſédoit, la loi pourra le dépouiller à ſon tour de cette portion de ſa liberté perſonnelle que le fort n'a pu lui enlever? Ces édifices, que la puiſſance légiſlative a fait élever pour aſſurer le repos public contre les attentats de la violence & des délits ; ces édifices, dont l'exiſtence humilie l'humanité, quoiqu'ils ſoient néceſſaires à ſa conſervation, pourront donc quelquefois ſervir à l'outrager ? la priſon pourra devenir la demeure de l'innocence ? & les lois s'armeront ainſi pour aggraver les maux de l'infortune ? Quel motif à pu légitimer cet attentat contre la liberté civile, que l'on commet ſous le prétexte de l'intérêt public ? Eſt-il donc un intérêt plus grand, plus général, que le reſpect de la liberté ? ſans lui, peut-il exiſter ſur la terre quelque ſociété, quelque eſpèce de commerce ? Hélas ! on ne peut que gémir ſur la foibleſſe des hommes, lorſqu'on voit une erreur auſſi frappante adoptée dans toute l'Europe ; lorſqu'on voit la morale même garder le

T 2

silence sur une des abfurdités les plus
étranges de la jurifprudence moderne.

Voyons maintenant comment la loi
offre l'impunité au coupable, comment
elle a dépofé dans les mains des particuliers la vengeance publique d'un délit
public; comment elle donne aux parties
intéreffées un droit que l'autorité fouve-
raine elle-même n'a pas, celui d'abfou-
dre un coupable & de punir un innocent; voyons enfin comment, auffi-tôt
que les créanciers ont fait un contrat
avec leur débiteur, coupable d'une banqueroute frauduleufe, la loi oublie tout
à la fois fa févérité, le délit, & le tort
qu'il caufe à la confiance publique.

A peine une banqueroute eft-elle
déclarée, que la loi permet aux deux
tiers ou aux trois quarts des créanciers
de s'unir & de décider du fort du débiteur. S'ils conviennent de faire un acco-
modement avec lui; s'ils fe contentent
de renoncer à une partie de leur créance,
quoique la banqueroute foit volontaire
& frauduleufe, tout eft bientôt terminé.

La partie de ses fonds qu'il a cachée, ou, pour mieux dire, qu'il a dérobée à ses associés, reste entière pour lui. Il commence un nouveau commerce, aidé d'un capital qu'il leur a enlevé; & si la fortune féconde sa fourberie, il finit par s'enrichir, & recueille ainsi les fruits de sa banqueroute.

Un négociant honnête se trouve-t il au contraire forcé, par des circonstances malheureuses, de manquer à ses engagemens? a-t-il perdu les moyens de conclure un accommodement avec ses créanciers? si quelque intérêt particulier, si un simple caprice leur inspire le dessein de ruiner cet infortuné, ce citoyen honoré de l'estime publique; alors la loi qui a cédé un droit qu'elle n'avoit pas, légitime leur cruauté, & leur permet de précipiter dans une prison & d'y faire languir pour toujours un homme qui n'a commis aucun délit.

Le seul intérêt des créanciers, leur caprice même peut donc enlever à un honnête homme qui a fait une faillite, cette liberté qu'un citoyen, quel qu'il

T 3

foit, ne peut perdre qu'après s'être rendu coupable d'un délit ; & cet intérêt ou ce caprice peut mettre la mauvaife foi & le vol à l'abri de toute recherche & de toute punition.

Qu'importe donc que la loi mette au rang des délits la banqueroute frauduleufe ? qu'importe qu'elle établiffe la peine de mort contre un délit qui attaque la confiance publique , puifque la volonté des créanciers impofe filence à la Juftice ; puifque la loi , au lieu de mettre à couvert de leurs attentats l'honnête homme infolvable qui gémit en filence & baiffe un front humilié devant fes barbares créanciers, ne fait qu'ouvrir une voie fûre à l'impunité de la fraude orgueilleufe & hardie qui la brave ; puifqu'enfin fa modération apparente n'eft utile qu'au banqueroutier frauduleux , qui a caché fa fortune pour tirer un meilleur parti de l'épouvante de fes créanciers.

Il n'y a pas de jour où il ne fe commette plufieurs banqueroutes en Europe. Elles font prefque toutes frauduleufes : & il n'y a pas encore eu d'exemple qu'un négociant ait été puni de mort pour ce délit. Faut-il donc s'étonner que les banqueroutes soient si fréquentes? Mais on n'auroit pas besoin d'une peine aussi terrible pour arrêter ces désordres, si la loi, loin d'assurer elle-même l'impunité au coupable, s'occupoit de les prévenir.

Voyons donc ce que l'on devroit faire à cet égard.

CHAPITRE XXV.

Moyens propres à arrêter ce désordre.

SI l'espérance de l'impunité est le grand mobile des délits, c'est elle qu'il faudroit commencer à détruire dans l'ame des négocians, afin de diminuer le nombre des banqueroutes frauduleuses. Pour parvenir à ce but, il faudroit enlever aux parties intéressées le droit de décider du sort du banqueroutier, & ne leur laisser que le choix des moyens propres à obtenir du débiteur le remboursement de la

plus grande partie poffible de leurs créan-
ces ; le refte devroit être foumis à la décifion des Tribunaux.

Auffi-tôt qu'un négociant déclare fa
faillite , le Gouvernement doit donc
s'affurer de fa perfonne. Les Juges devroient enfuite procéder à la vérification
de fes regiftres , à l'examen de fa conduite , &c. , afin de déterminer la nature
de fa faillite. S'il réfultoit de cette opération que le négociant fût de bonne foi,
il feroit mis en liberté ; & il fuffiroit de
l'obliger à donner à fes créanciers le
refte de fes fonds , en compenfation de
fes dettes ; il faudroit ne lui interdire
aucun efpoir ni aucun moyen de fortune,
& annoncer au public fon innocence &
fa bonne foi.

Si la banqueroute étoit frauduleufe,
le coupable ne pourroit, dans aucun cas,
échapper à la jufte févérité des lois. Une
peine d'infamie feroit, de toutes les peines,
la plus convenable à la nature de ce délit.
Le coupable devroit être marqué fur le
front d'un fer rouge qui en exprimât les
fignes. Privé de la confiance publique,

il feroit exclu de toutes les charges & de toutes les profeffions qui fuppofent l'honneur dans ceux qui les exercent. Devenu infame, chaque acte, chaque obligation foufcrits par lui, feroient regardés comme nuls & illégitimes. Quand même la fortune lui donneroit enfuite les moyens de fatisfaire entièrement fes créanciers, fon infamie ne devroit pas plus être éteinte par ce payement général, que ne l'eft la peine du vol par la reftitution que fait le voleur. Enfin cette peine d'infamie devroit être infligée avec un appareil propre à rendre la juftice plus terrible & le délit plus honteux.

Après avoir dit comment il faudroit punir la banqueroute frauduleufe, examinons de quelle manière la loi pourroit la prévenir.

Le luxe, utile peut-être dans quelques claffes de citoyens, mais infiniment dangereux dans la claffe des négocians, eft la caufe la plus ordinaire des faillites : la manie de s'environner de tout l'appareil d'un fafte infolent & d'une prodigalité ruineufe, pour avoir un extérieur de no-

bleſſe, fait regarder avec mépris cette
honorable ſimplicité & cette économie
intérieure, ſi néceſſaires au commerce.
Les profits conſidérables que procure un
négoce heureux, ne ſont pas deſtinés à en
produire d'autres ou à réparer les pertes
qui peuvent ſurvenir ; ils ſont entièrement conſacrés à établir un train faſtueux,
à l'aide duquel le négociant imbécille va
mendier des titres d'honneur qui excitent
le mépris de ceux mêmes qui les lui accordent : bientôt les revers de ſon correſ-
pondant entraînent la ruine de ſon commerce. Privé des fonds néceſſaires pour
y remédier, il a recours à l'intrigue : il
n'oſe réformer l'état de ſa maiſon, de peur
de faire connoître au public le déſordre
de ſes affaires : il affecte même encore
d'augmenter un peu plus ſa dépenſe, afin
de prévenir un ſoupçon qui hâteroit une
banqueroute, devenue inévitable, mais
qu'il tâche de retarder, autant qu'il peut,
à force de ruſes & de fourberies.

Ce ne ſont point là des ſpéculations
métaphyſiques , ou de vains ſonges de
politique; ce ſont des faits qui ſe paſſent

conftamment fous nos yeux , & qui malheureufement caufent la ruine de cette
foule de familles immolées chaque jour
au luxe défordonné & aux fraudes des
commerçans.

Il eft donc indifpenfable d'établir un
code de lois fomptuaires pour la claffe
des négocians (1).

La peine que l'on établiroit pour en
affurer l'exécution , ne devroit pas avoir
pour objet l'infraction de ces lois , mais
fes effets. Si l'état de maifon d'un négociant outrepaffoit les bornes prefcrites par
la loi , c'eft à dire , déterminées par les
fonds qu'il met dans le commerce, il ne
feroit pas puniffable pour cette feule action ; mais dans le cas où il viendroit à
faillir , quelle que fût la caufe de fa faillite , le juge , après s'être convaincu ,
d'après la lecture des livres & des pièces
qui lui auroient été repréfentés , & l'exa-

----

(1) Quelque éloigné que je fois d'adopter le fyftème des
lois fomptuaires en général, je ne dois pas en diffimuler
les avantages, relativement à cette claffe de citoyens;
c'eft une exception qui ne détruit pas la règle.

men particulier de la conduite du failli ;
qu'il a porté fa dépenfe plus loin que la
loi ne lui avoit permis de le faire ,
pourroit le déclarer coupable d'une banqueroute frauduleufe , & le condamner
à la peine portée contre ce délit. Une
telle loi , en arrêtant le luxe des négocians , procureroit un autre avantage à
la fociété. Comme le failli n'auroit plus
d'intérêt à altérer l'article de fa dépenfe ,
l'art de faire un bilan ne feroit plus l'art
de faire une banqueroute utile. Il ne
trouveroit plus dans la manière de tracer
le tableau détaillé de fa dépenfe , le
moyen infaillible de conferver une grande
portion de la fomme qu'il veut dérober
à fes créanciers.

Un autre fecret de l'art des banqueroutes utiles , c'eft l'augmentation fictive
des dots. Je crois devoir ici dévoiler aux
Légiflateurs tous ces myftères de l'artifice & de la fourberie.

Un négociant , lorfqu'il fe marie ,
affure d'ordinaire , dans le contrat de mariage , avoir reçu de fa femme une dot
plus confidérable qu'il n'a reçue en effet.

Par ce moyen, auffi-tôt que la banqueroute eft déclarée, la femme s'empare des meilleurs effets de fon mari, en compenfation de la fomme énoncée dans le contrat. Pendant ce temps, les créanciers, que la loi facrifie à la femme, voient leur fortune s'engloutir dans la famille du débiteur, fans pouvoir réclamer contre un vol commis fous la protection même de la loi.

Pour prévenir ce défordre, pour tarir cette nouvelle fource de banqueroutes, le Légiflateur devroit ordonner que la dot ne pût être mife dans le commerce fans le confentement de la femme, qui auroit le pouvoir de la faire placer fur des immeubles, comme cela fe pratique dans les autres claffes de l'état; & que, dans le cas où elle fe contenteroit de mettre fa dot dans le commerce, elle fût foumife à tous les rifques qui fuivent le commerce, & par conféquent à perdre le droit de la réclamer, lorfque le mari viendroit à faire banqueroute.

Il y a enfin un autre fecret de cet art

qui a fait tant de progrès en Europe,
c'est l'usage des *billets simulés*. Un négociant qui veut faire banqueroute, a toujours la précaution de s'assurer de quelqu'un qui se déclare son créancier d'une
somme considérable, laquelle, passée sur
ses registres, passe dans le bilan sans la
moindre contradiction. Lorsque la banqueroute est déclarée, cette créance
imaginaire donne au failli, sous le nom
de la personne interposée, le moyen de
faire rentrer dans ses mains une portion de cette somme qui devroit être
entièrement abandonnée à ses créanciers.

Si, par exemple, cette créance imaginaire est de cent mille écus, & que
le failli en donne le tiers à tous ses créanciers, il est assuré d'avoir pour sa part
une somme de trente-trois mille écus.
Quel encouragement pour faire banqueroute ! Les lois ont un moyen très-sûr
d'enlever cette ressource aux négocians de
mauvaise foi ; c'est d'ordonner que toute
personne convaincue d'avoir prêté son

nom à un négociant fur le point de faillir, pour une créance qui n'exifte pas, fera confidérée comme complice de la banqueroute, & par conféquent fera condamnée à la même peine. Mais il faudroit en même temps ordonner aux juges de s'informer, avec beaucoup d'exactitude, de l'état des créanciers, afin de pouvoir reconnoître, entre ceux qui le font véritablement, ceux qui ne font qu'en jouer le rôle.

Tels font les obftacles qu'une bonne Légiflation pourroit oppofer à ce torrent de banqueroutes, qui chaque jour fe répand dans toute l'Europe, & qui laiffe dans tous les lieux où il paffe, des germes de corruption deftructifs du commerce & de l'induftrie, ce feu facré que les Chefs des Empires devroient entretenir avec le refpect le plus religieux, parce qu'il eft l'ame de tous les Etats & la fource de la félicité publique.

CHAPITRE XXVI.

Des encouragemens que l'on pourroit donner au commerce, après avoir détruit tous les obstacles.

Aprés avoir parlé des obstacles qui arrêtent les progrès du commerce, il seroit à propos de parler des encouragemens que l'on peut lui donner. Mais comme la plus grande partie de ces encouragemens doit être l'ouvrage de l'administration beaucoup plus que des lois, je ne ferai que les indiquer, afin de ne point m'écarter de l'objet de mon ouvrage.

Puisque le commerce intérieur est le premier moyen du commerce extérieur, les premiers regards de l'administration doivent être dirigés vers l'intérieur de l'Etat. La construction des routes & des canaux de communication facilite le transport des productions des différentes

différentes provinces, accélère la marche
du trafic intérieur, & rend la communication plus active & plus sûre : voilà
donc le premier & le meilleur moyen
d'encourager le commerce & l'induſtrie.
Rapprochez les hommes, & vous les
rendrez induſtrieux & actifs. Séparez-
les, & vous en ferez autant de ſauvages
incapables d'avoir même l'idée de leur
perfectibilité.

Ma patrie attend maintenant avec impatience le moment où elle doit recueillir
les fruits de ce bienfait dont elle eſt redevable à ſon Roi, & au Miniſtre qui,
par ſes lumières & ſon zèle pour le bien
public, juſtifie ſi bien la confiance qu'il
lui a donnée. La conſtruction des routes
des deux Calabres & de la Sicile, le pays
le plus riche de l'Italie, qui l'eſt elle-
même de l'Europe, en faiſant écouler les
richeſſes des provinces dans les deux
mers qui les baignent, & les tréſors de
ces deux mers dans les plus belles provinces, formera pour cet Etat deux grandes époques d'opulence & de gloire.
Faſſe le ciel qu'une entrepriſe auſſi utile

Tome II. V

ne foit point arrêtée par les opérations dangereufes des intérêts particuliers, & que le bien public triomphe une fois de l'intrigue & de la fraude!

Il eft un autre objet dont l'Adminif-tration doit s'occuper fi elle veut accélé-rer les progrès du commerce : c'eft la valeur de l'argent. Les Gouvernemens de l'Europe ne l'ont pas cru jufqu'à préfent bien digne de leur attention. Mais les Ecrivains politiques de ce fiècle s'en font occupés avec beaucoup de foin, & ont répandu la plus grande lu-mière fur cet objet important.

Le refpect aveugle du pédantifme pour les erreurs même de l'antiquité, a fait croire aux chefs des Empires que la valeur de l'argent pouvoit être fixée par la volonté arbitraire de l'autorité publi-que. Cette maxime abfurde, adoptée par Ariftote (1) & par les Jurifconfultes ro-

---

(1) *Lege confiftere, ac fuam rem retinere, non natura, fi quidem ipfe Princeps, ipfa Refpublica, ipfa lex num-mum conftituit quafi à νομω, à quâ pretium & valorem certum accipit. Ariftot. Ethic. lib. 5, cap. 5.*

mains qui s'étoient formés à l'école des Stoïciens (1), a ruiné plusieurs fois le commerce de la plupart des nations de l'Europe. Peut-être ne produisît-elle point de maux chez les peuples anciens ; mais il n'en a pas été de même chez les peuples modernes. Nos Législateurs n'ont pas fait attention à la différence des temps, & à la différence des circonstances, qui naît de celle des intérêts. Ils ne se sont pas aperçus que Lycurgue, en donnant une valeur légale à sa monnoie de fer, avoit fait une opération conforme aux intérêts de la constitution de Sparte, dont l'esprit étoit d'avoir le commerce

---

(1) *Electa materia est*, dit le Jurisconsulte Paul, *cujus publica ac perpetua æstimatio difficultatibus permutationum æqualitate quantitatis subveniret, eaque materia forma publica percussa, usum dominiumque non tam ex substantiâ præbet, quam ex quantitate*. Leg. 1, dig. de Contrah. empt. Il faut observer que par le mot de quantité, on entendoit la valeur légale, & non la valeur intrinsèque du métal. Voyez *Perizionius de ære gravi*, & *Heineccius*, dans sa Dissertation *de reductione monetæ ad justum pretium*. Cette erreur de la jurisprudence ancienne fut corrigée par la jurisprudence qui la suivit. Leg. 1, cod. de vet. numismat. potest.

V 2

en horreur. Ils n'ont pas vu que les Romains, soit lorsqu'ils donnoient à leur monnoie de cuivre & de fer, couverte d'une légère feuille d'or & d'argent, la valeur de ces deux métaux précieux (1); soit lorsque, sous le tribunal de Livius Drusus, ils mêloient à la monnoie d'argent un huitième de cuivre ; soit lorsque, sous le triumvirat d'Antoine, ils y mêloient la même quantité de fer (2): ils n'ont pas vu, dis-je, que les Romains, dans toutes ces circonstances, n'avoient d'autre objet que de faciliter le commerce intérieur. Comme ce commerce étoit alors le seul qu'ils jugeassent digne d'eux, ils ne pouvoient pas sentir le mal qu'un pareil système devoit causer au commerce extérieur. Rome ne vouloit avoir aucune liaison de ce genre avec les étrangers. Elle ne connoissoit que ses citoyens, ses alliés, & ses sujets. Son objet unique, son seul intérêt, étoient de reculer les bornes de l'Empire, &

___

(1) Xiphil. *in vitâ Caracallæ.*
(2) Voyez Saumaise. *de usur. cap.* 11 & 16.

d'enrichir la patrie & les enfans de la patrie par les moyens violens de la guerre. Ce ne sont pas là nos intérêts actuels. La politique moderne ne peut considérer le commerce extérieur avec la même indifférence.

Le commerce est un des principaux fondemens de la prospérité des peuples, & l'argent, qui en est le moyen, n'est pas seulement l'instrument des échanges qui se font entre les membres d'une même société, unique usage auquel il fut destiné pendant un certain temps à Rome & à Sparte ; il est encore l'instrument des échanges qui se font entre les différentes nations de la terre. Il suit de là, que la valeur des monnoies ne peut être maintenant arbitraire, & qu'elle ne doit être déterminée que par la valeur intrinsèque du métal qu'atteste l'autorité publique, en y mettant son empreinte. Il faut donc faire aujourd'hui ce que, malheureusement, on n'a pas toujours fait ; il faut abandonner toutes les idées des anciens concernant les monnoies, & adopter les idées des modernes. Le grand

V 3

nombre d'écrits lumineux qui ont paru
depuis plufieurs années fur cette matière
importante, & l'impoffibilité où je fuis
de la développer ici, fans m'écarter de
cette précifion avec laquelle j'ai promis
de traiter tous les objets qui ont plus de
rapport à l'Adminiftration qu'à la Légiflation, m'obligent à renvoyer mes lecteurs aux ouvrages des hommes célèbres
qui fe font exercés fur ce fujet. Je n'ai
pas befoin, pour les trouver, de fortir
de l'Italie. Le Comte Carli, le célèbre
Marquis Beccaria, & l'Abbé Galliani,
génie fublime, auquel je dois fur-tout de
la reconnoiffance pour l'honneur que fes
talens & fes écrits ont fait à notre commune patrie; ces trois grands hommes,
& plufieurs autres Italiens illuftres ont
traité cette matière avec tant d'exactitude,
de profondeur & de méthode, qu'il feroit
à défirer, pour l'intérêt univerfel du
commerce, que tous les Gouvernemens
vinffent puifer dans ces fources des principes fur les opérations des monnoies (1).

_____

(1) Le même motif qui me fait parcourir rapidement

Plein de confiance dans le mérite de leurs ouvrages, je vais tourner mes regards fur

---

ees objets, me permet à peine de parler ici des avantages que procureroit au commerce intérieur d'un Etat l'uniformité des poids & des mesures. Les anciens, quoique moins livrés au commerce que nous, n'avoient pas négligé cet objet. La politique de la Grèce & de Rome ne souffrit pas qu'il existât différens poids & différentes mesures entre les citoyens d'un même pays. Ce fut par un semblable motif que Charlemagne introduifit dans son vaste Empire l'usage des poids & des mesures romaines; & nous, qui ne parlons & qui ne nous occupons que de commerce, nous avons dédaigné cette uniformité.

Rien de plus facile cependant que de l'établir parmi nous. Pour rendre cette mesure invariable & susceptible d'une vérification de tous les momens, il suffiroit de la régler sur la longueur d'un pendule simple qui battît des secondes sur un parallèle déterminé du globe. Par ce moyen, la mesure conviendroit à tous les pays de l'univers. La réforme des poids suivroit celle des mesures, dont elle dépend. Un tarif de réduction exact & clair faciliteroit la fixation des prix & des impositions.

A peine le célèbre Huyghens eut-il, en Angleterre, appliqué le pendule aux horloges, que la Société Royale de Londres proposa d'employer cette mesure universelle. Cet objet n'a point échappé à la sagacité de M. Monton, Astronome de Lyon, de M. Bouguer, & de M. de la Condamine. Voyez leurs ouvrages, ainsi que le Mémoire de M. Benjamin Corrard, qui est joint à celui de M. Bertrand, sur les lois agraires, &c.

V 4

les troupes de mer, parce que c'est là un des plus forts appuis que le Gouvernement puisse offrir au commerce extérieur.

La mer, cette route immense par laquelle le négociant fait passer toutes ses marchandises, l'artisan les ouvrages de ses mains, l'agriculteur les productions de sa terre ; ce territoire commun de toutes les nations, auquel elles ont toutes les mêmes droits, mais dont la puissance tyrannique de quelques - unes d'entre elles s'efforce de faire une sorte de patrimoine particulier; ce champ de bataille où tous les peuples accourent les armes à la main, pour s'arracher les profits du commerce & de la navigation : la mer doit être surveillée par une protection toujours subsistante. Toute contrée qui a le bonheur d'être baignée de ses eaux, doit, ou renoncer à tout projet de commerce, ou entretenir sur cet élément des forces capables de conserver & garantir la liberté générale, seule loi qu'une nation ait droit d'imposer au dehors. Que l'on pardonne à un Ecrivain, ami de la paix, d'exciter aujourd'hui les nations à s'envi-

ronner de vaiſſeaux armés. Ce n'eſt point
pour la guerre, ce n'eſt point pour la diſ-
corde qu'il fait ici des vœux ; c'eſt pour
le repos de la terre : il voudroit voir établi
ſur l'empire de la mer cet équilibre qui
aſſure aujourd'hui la ſûreté du continent.

Si la France n'eût pas négligé cet objet ; ſi l'avarice de quelques Miniſtres,
la profuſion de quelques autres, & l'in-
dolence du plus grand nombre d'entre
eux, jointes aux fauſſes vues, aux petits
intérêts, aux intrigues de la Cour, &
à un long enchaînement de vices &
d'erreurs, de cauſes obſcures & mépriſa-
bles ; n'euſſent jadis empêché ſa marine
de prendre de la force & de la ſtabilité ;
ſi, au lieu d'engloutir tant de richeſſes &
tant d'hommes, pour partager avec deux
autres grandes Puiſſances la honte de ne
pouvoir opprimer un Electeur de Brandebourg, le Gouvernement françois eût
dirigé tous ſes efforts vers la mer ; ſi,
pour conſerver à la marine cet éclat que
le règne de Louis XIV avoit un moment
jeté ſur elle, on eût eu le courage de ſacrifier une partie de ces immenſes armées

de terre ; enfin fi l'on eût fait en France
tout ce que l'on devoit faire , le commerce y auroit eu les plus grands fuccès
fous les aufpices d'un pavillon refpectable, & il n'auroit pas été expofé aux coups
mortels que lui a portés tant de fois la
Grande-Bretagne , devenue toute puif-
fante par fes forces de mer : de même,
fi les autres Etats qui font fur les bords
de la Méditerranée euffent bien fenti
toute l'importance de ces forces navales,
l'infolent pavillon des pirates barbaref-
ques ne viendroit pas troubler chaque
jour leur commerce & expofer à tant de
dangers l'induftrie de leurs citoyens (1).

Mais peut-on efpérer de voir les forces navales s'accroître, fi l'on ne commence par
diminuer les forces de terre? La misère
des peuples & l'état actuel de leurs finances ne laiffent aux peuples d'autre parti
à prendre que de choifir entre l'un &

---

(1) Il paroît que ces vérités ne font plus inconnues aux
Gouvernemens, puifqu'ils fe font enfin déterminés à répandre fur la mer des tréfors qu'ils ont fi inutilement pro-
digués jufqu'aujourd'hui fur la terre. Ma patrie ne fera pas
la dernière à profiter de tant d'avantages.

l'autre de ces moyens. Le joug qui les
opprime eſt déja trop terrible, pour qu'on
puiſſe en aggraver le poids. Il eſt donc
inutile de ſonger à accroître les forces
de mer, avant d'avoir réformé le ſyſtême
militaire. Tant que l'on conſacrera des
ſommes immenſes à l'entretien journa-
lier d'une grande armée de terre , on
ne pourra pas établir des forces navales
pour défendre les ports d'une nation &
faire reſpecter ſon nom ſur toutes les
mers. J'ai démontré aſſez au long l'inutilité & les inconvéniens des troupes de
terre: mais qui pourroit détailler tous les
avantages d'une armée de mer ?

Il ſuffit de conſidérer cet objet relativement à la force publique , pour apercevoir auquel de ces deux moyens de
protection on doit donner la préférence.
Peuples, c'eſt ſur cet élément ſeul que
vos forces peuvent être tranſportées au
loin , ſans craindre de ſe détruire elles-
mêmes. Voyez vos troupes de terre :
vont-elles faire une invaſion dans les pays
étrangers ? tout ſemble conſpirer contre
elles. Les montagnes , les rivières , la

difficulté des chemins, le défaut de fubfiftances ou de munitions, l'intempérie
du climat, tout fe réunit pour déconcer-
ter vos projets & multiplier les périls.
Sur la mer, au contraire, le logement,
l'artillerie, les vivres, tout marche avec
vos troupes fans le moindre embarras.
Il y a plus; les matelots font naturellement les meilleurs foldats du monde:
accoutumés à braver à chaque inftant les
dangers de la mort, endurcis au travail,
infenfibles à l'injure des faifons, ils ne
redoutent jamais la préfence de l'ennemi,
& fuccombent rarement aux fatigues de
la guerre. La paix ne les difpenfant pas
de parcourir les mers, ne leur permet
pas de s'amollir dans l'oifiveté des villes.
Leur fubfiftance n'eft point un impôt fur
la nation, parce qu'elle eft prife fur les
bénéfices d'un commerce qu'ils protègent & qu'ils augmentent. Enfin voulez-
vous être refpectés par toutes les nations?
foyez puiffans fur la mer. Ne prétendez-
vous à d'autre gloire qu'à celle d'impo-
fer à vos voifins? entretenez vos troupes
de terre.

La conclusion de ce chapitre est donc
que la construction des chemins & des
canaux de communication, la sagesse des
opérations concernant les monnoies, &
l'établissement de grandes forces navales, font les meilleurs moyens que le
Gouvernement puisse employer pour favoriser le commerce : il n'a pas besoin
d'autres secours. C'est à l'intérêt particulier qu'il appartient de consommer
l'ouvrage. Cet intérêt est une force toujours puissante, lorsque des causes étrangères n'en arrêtent pas l'action. Mais ces
causes existent malheureusement, & le
système des impositions est la plus terrible de toutes. Observons donc de plus
près ce colosse monstrueux, qui, de son
poids énorme, accable en même temps
l'agriculture, les arts, & le commerce ;
& voyons s'il seroit possible d'établir sur
cette matière plus de régularité, de proportion, & de justice. C'est un des objets
les plus intéressans de ce livre.

CHAPITRE XXVII.

De l'impôt en général.

PAR-TOUT où il exifte une fociété, il doit exifter une autorité qui la gouverne au dedans & la défende au dehors. Cette adminiftration & cette protection exigent des dépenfes qui doivent être payées par la fociété à laquelle elles font utiles. Les membres qui la compofent doivent donc facrifier une portion de leur propriété pour la confervation de l'autre. Il eft vrai qu'on fuivoit autrefois, chez certaines nations, un fyftême différent : on affi-gnoit une portion du territoire pour les dépenfes communes du corps politique : mais cette manière de former le revenu public étoit extrêmement vicieufe.

L'Etat, ne pouvant porter fon atten-tion fur toutes fes propriétés, étoit conftamment obligé d'en confier l'admi-niftration aux foins de quelques hommes, ou négligens, ou infidèles. L'agriculture & la population devoient souffrir également de cette réunion d'un grand nombre de propriétés dans les mêmes mains. Les droits sacrés de la propriété elle-même devoient en recevoir des atteintes funestes. Comme les confiscations étoient alors le seul moyen d'augmenter le trésor public, cette peine qui, outrageant la nature & la justice, enveloppe l'innocent avec le coupable, & punit une postérité tout entière des délits commis par un homme, étoit devenue plus commune qu'elle ne l'avoit jamais été sous le règne de Tibère & de tous les scélérats qui opprimèrent Rome.

L'étendue du territoire étoit encore un des abus de cette forme d'administration, comme l'a observé un Ecrivain célèbre. Ou le domaine du Roi, dit-il, étoit trop considérable pendant la paix, ou il étoit insuffisant pour les temps de guerre. Dans le premier cas, la liberté de la République étoit opprimée par le chef de l'Etat ; & dans le second, par

les étrangers (1). Ces défordres obligèrent les Gouvernemens à recourir aux
contributions des citoyens (2). Voilà
l'origine la plus fimple des impofitions.
Voyons maintenaut quel eſt le vrai fyſtême de répartition.

L'agriculteur qui conduit fa charrue ,
& le feigneur féodal qui végète entre

---

(1) Hiſtoire Philoſophique & Politique des établiſſemens
& du commerce des Européens dans les deux Indes,
liv. 19 , *des impôts.*

(2) Diodore (*lib.* 1 , *num.* 73 , *& feq.*) dit que le territoire de l'Egypte étoit diviſé en trois parties. La première
étoit pour le Roi , la feconde pour les prêtres , & la troifième pour le refte du peuple. On croit , d'après un paſ-
fage de Strabon (*lib.* 17) , que du temps de Joſeph cette
diftribution avoit été altérée , & que le Roi n'étoit plus
propriétaire d'une portion du territoire , mais qu'il percevoit un impôt fur les productions de l'agriculture &
les ouvrages de l'induftrie. La même chofe eſt arrivée
chez la plupart des nations. Les Rois ont commencé par
être propriétaires comme leurs fujets ; ils ont enfuite
abandonné leurs poffeffions , & ont eu recours aux impôts. Nous en trouvons la preuve dans l'Hiftoire de Rome,
& dans cette partie de l'Hiftoire des Monarchies modernes,
concernant l'origine , les progrès , & la décadence du fyſtême féodal.

les

les murs de son château, sont intéressés tous les deux à ce que l'ordre & la sûreté règnent dans l'Etat : mais l'un & l'autre n'y ont pas un égal intérêt. Comme les avantages que le premier retire de la société sont beaucoup moindres que ceux dont jouit le second, le prix avec lequel il achète ces avantages doit être moindre à son tour. La fortune de chaque citoyen doit donc déterminer la portion qu'il est obligé de fournir à la société : voilà la règle unique de la répartition. Mais quelle en sera la mesure ?

Il n'est pas difficile de résoudre cette question. Les besoins de l'Etat forment la mesure de la contribution publique. Or quels sont ces besoins ? Peuples, ne vous effrayez pas ; vous avez souvent entendu appeler de ce nom les fantaisies d'une favorite, les désirs ambitieux d'un conquérant, les vues spoliatrices d'un Ministre, la prodigalité d'un Souverain, l'avidité des courtisans, le faste insolent & les vices effrénés qui se sont assis tant de fois sur les marches du trône. Lorsque Titus, Trajan & Marc Aurele régnoient dans Rome,

Tome II. X

on n'appeloit pas cela des befoins de
l'Etat. Si le fyftême abfurde de l'établiffement des armées fur pied , dont
l'unique objet femble être de tenir tant
de milliers de bras élevés fur la tête des
peuples, fous prétexte de les défendre,
étoit aboli maintenant dans toute l'Europe; cette réforme falutaire , unie à
l'efprit de modération qui anime aujour-
d'hui prefque tous les Princes de cette
partie de la terre , diminueroit , d'une
manière très-fenfible, la fomme des befoins de l'Etat. Ces befoins ne doivent
jamais excéder les moyens qu'on a de les
fatisfaire. Si c'eft pour acquérir le bonheur ou pour le conferver, qu'un peuple
eft obligé de contribuer aux charges de
la fociété , il eft évident que le motif de
cette contribution n'exifte plus lorfque
le moyen qu'on employe le rend malheureux : alors le befoin de l'Etat n'eft qu'une
chimère. Il n'y a donc de vrais befoins
de l'Etat , que ceux qui peuvent être
fatisfaits fans nuire à la fociété.

Mais il ne fuffit pas que les contributions foient proportionnées aux befoins de

l'Etat, pour qu'elles ne soient pas à charge à la nation qui doit les payer; elle peut être accablée même par des contributions modérées. L'indigence du corps politique & la misère de l'Etat peuvent marcher ensemble & être l'un & l'autre l'effet des impositions mal assises. Il en est d'elles comme des poids ; tout dépend de la manière de les placer : c'est du développement de ce grand principe d'administration que résulte la vraie théorie des finances. Examinons donc la nature des impôts. Pour marcher avec ordre dans cet immense labyrinthe, il faut les considérer sous deux points de vue , comme impôts *directs*, & comme impôts *indirects*. Presque toute l'Europe est accablée sous le poids de ceux-ci ; les autres ne se trouvent que dans les Livres des Ecrivains économiques. Fasse le ciel que les travaux de ces citoyens bienfaisans reçoivent un jour la seule récompense qu'ils désirent, celle du *bien public*, résultat infaillible de l'application de leurs principes ! Le progrès des connoissances utiles est inséparable du progrès de la

X 2

profpérité publique. Toute action qui tend à accélérer le mouvement de la raifon, eft donc un bienfait que l'on procure à l'humanité. Miniftre de cette divinité, je me fais un devoir d'unir mes efforts à ceux de tant de grands hommes qui ont avant moi traité cette matière. Je parlerai d'abord des impôts *indirects*. Après en avoir montré toute l'irrégularité & toute l'incohérence, je ferai plus en état de défendre le grand fyftême de l'impôt *direct*.

CHAPITRE XXVIII.

des impôts indirects.

CET impôt eft de deux fortes; il eft ou *réel* ou *perfonnel* ; c'eft à dire, qu'il eft établi ou fur les perfonnes ou fur les chofes. L'un & l'autre font également contraires aux principes qui doivent diriger le Légiflateur dans cette matière.

En commençant par les impôts perfonnels, je ne vois dans la *capitation*, pour me fervir de l'expreffion d'un grand Ecrivain, que le fceau de la fervitude, imprimé fur le front des hommes (1): une pareille taxe eft néceffairement arbitraire, puifqu'elle ne peut être déterminée ni par la portion que le citoyen peut donner à l'Etat, ni par celle qu'il peut lui donner dans tous les temps. La raifon en eft évidente. Ou cette taxe eft la même pour tous les citoyens, ou elle eft relative à leur état & à leur fortune. Dans le premier cas, la répartition eft injufte, parce que le pauvre paye à l'Etat une contribution auffi forte que le riche. Une partie de la fociété eft écrafée par l'impôt, tandis que l'autre dérobe à l'Etat la portion dont elle eft redevable.

Dans le fecond cas, la répartition doit être néceffairement arbitraire. Si on prend pour bafe la fortune d'un citoyen, comment parviendra-t-on à la connoître? L'obligera-t-on à en donner la déclara-

_____

(1) Hiftoire Philof. & Polit. &c. liv. 19. *De l'impôt.*

X 3

tion ? Mais pour qu'elle méritât quelque
confiance, il faudroit, comme l'a dit
l'Auteur que je viens de citer, entre le
Monarque & le sujet, une conscience
morale qui les liât l'un à l'autre par un
mutuel amour du bien général. Or Platon
lui même n'eut pas le courage de supposer
cette confiance & cette bonne foi entre
les citoyens & le Gouvernement de sa
République. Rappelons-nous ce qui arriva
à Rome sous le règne de Galère. On
mit à la torture plusieurs sujets de l'Empire, pour arracher de leur bouche la dé-
claration de leur fortune (1). Si le Gouvernement, n'ayant aucune confiance
dans les déclarations des citoyens, char-
geoit ses préposés d'examiner eux-mêmes
l'état de leur fortune ; s'il leur donnoit
le droit de pénétrer dans le sanctuaire des
familles & de mettre au jour ce qu'elles
ne veulent ou ne peuvent révéler, ne
commettroit-il pas alors un attentat contre la tranquillité publique ? ne seroit-ce
pas une violence atroce, une source iné-

(1) Lactance, de mort. persf. c. 26, 31.

puifable de fraudes & d'oppreſſion pour les inquiſiteurs du fiſc? Le riche, en ouvrant ſa bourſe, feroit ſûr de cacher les deux tiers de ſes revenus ; le pauvre artiſan, le malheureux cultivateur feroient les ſeuls opprimés. La liberté civile du citoyen feroit violée dans toute ſon étendue. Le peuple croiroit être dans un danger continuel, parce qu'il verroit la force publique s'exerçant toujours avec violence ſur la tête des innocens. La défiance s'empareroit de toute la nation, & le citoyen feroit condamné à cacher l'état de ſa fortune, avec autant de myſtère que les vices de ſon infidèle compagne.

Mais ſuppoſons, ce que je crois impoſſible, que le Gouvernement pût connoître avec exactitude l'état de la fortune de chaque citoyen, & ſavoir quelle portion de ſes revenus il doit mettre dans la maſſe commune des contributions ; à quoi lui ſerviroit cette connoiſſance ? Les revenus de la plus grande partie des citoyens ne doivent-ils pas varier chaque année, avec les produits incertains & précaires de l'induſtrie ? ne diminuent-ils

pas à mefure que le nombre des enfans
augmente ? ne font-ils pas fubordonnés
aux révolutions inévitables des maladies,
de l'âge, du travail, en un mot, de tout
ce qui dépend de la nature & du fort ?
L'impôt devroit donc être chaque année
examiné & vérifié de nouveau : mais cette
opération n'abforberoit-elle pas la plus
grande partie du produit ? Ces réfléxions
fuffifent, je crois, pour prouver que la
taxe perfonnelle eft, de toutes les impofitions, la plus arbitraire, la plus oppref-
five, & la moins avantageufe à l'Etat, &
qu'une répartition jufte & proportionnée
n'eft qu'une chimère, lorfqu'il s'agit de la
capitation. Nous ne trouverons pas des
inconvéniens moins confidérables dans
les impôts réels.

Ces impôts font placés fur la confommation & fur la circulation intérieures,
fur l'exportation & fur l'importation. Ils
embraffent tout à la fois les objets de première néceffité & les objets de luxe, les
marchandifes nationales & les marchandifes étrangères, les productions de la
terre & les ouvrages de l'art. Cette ma-

chine immenſe, compoſée de rouages
infinis qui s'embarraſſent l'un l'autre,
opere, par ſes mouvemens irréguliers,
la ruine de l'agriculture, de l'induſtrie, &
de la population. Si nous obſervons ces
impôts d'une vue générale, nous ſenti-
rons qu'il eſt impoſſible de leur donner
une baſe conſtante, puiſqu'ils ne peuvent jamais être dans une juſte proportion
avec la valeur des marchandiſes ſur leſquelles on les place. On ne peut nier
que le prix de chaque eſpèce de marchandiſe ne varie continuellement. L'abondance ou la ſtérilité fait diminuer ou augmenter le prix des productions de la terre,
& en diminuant ou en accroiſſant ainſi
le prix de la ſubſiſtance des ouvriers, elle
diminue ou accroît le prix des ouvrages
de manufacture. Il faut donc, ou faire
chaque année un nouveau tarif d'impoſition, ce qu'il ſeroit impoſſible d'exécuter,
ou riſquer de ne mettre aucune proportion entre l'impôt & la valeur de la marchandiſe ſur laquelle on le place. Tantôt
il abſorbera la vingtième partie du prix de
la marchandiſe, tantôt la dixième, &

tantôt la fixième. Quelle irrégularité ! quelle incertitude ! quel danger !

En obfervant ces impôts d'une manière plus particulière, il nous fuffira, pour apercevoir tous les défordres qui les accompagnent, de confidérer les différens objets fur lefquels ils font affis. Si ces impôts font établis fur la confommation intérieure des objets de première néceffité, ils doivent néceffairement être dangereux, mal répartis, & intolérables pour une partie des citoyens. Ils doivent être dangereux, parce qu'en rendant la fubfiftance plus chère, fans que l'agriculture profite de cet accroiffement du prix de fes productions, ils diminuent la population, qui fe met toujours en équilibre, comme on l'a démontré, avec le plus ou le moins de facilité qu'ont les citoyens de pourvoir à leur fubfiftance. Ils doivent être mal répartis, parce que la confommation de ces objets de première néceffité étant commune au pauvre & au riche, il arrivera très-fouvent qu'un malheureux ouvrier qui a dix enfans, payera beaucoup plus à l'Etat qu'un riche citoyen qui

n'en a qu'un seul. Ils sont enfin intolérables pour une partie de la nation, parce
que l'indigent n'étant point exempt de
cette contribution, il est obligé de retrancher de sa propre subsistance la portion qu'on le force de donner. S'il a
besoin chaque jour de trois pains pour
vivre, il en sacrifiera un à l'impôt, &
vivra, s'il peut, avec les deux autres.
Quelle injustice exécrable !

Avant qu'il existât dans le monde un
seul code de lois, l'homme avoit le droit
de subsister : l'a-t-il perdu par l'établissement des lois ? Forcer le peuple à payer
les fruits de la terre plus qu'il ne peut ou
qu'il ne doit les acheter, c'est les lui ravir;
c'est le condamner à l'indigence, à l'oisiveté, au désespoir, au crime; c'est
arracher des bras à l'agriculture & aux
arts; c'est enlever des citoyens à la patrie,
pour la remplir de voleurs, de mendians,
& d'oisifs. Voilà les effets de tous ces impôts sur la consommation des denrées
nécessaires à la vie.

L'impôt sur l'exportation de ces denrées est une source de maux plus considé-

rable encore. Je crois avoir démontré
cette vérité, lorfque j'ai parlé de la liberté du commerce des productions de
la terre, & que j'ai montré combien
tout ce qui gêne cette liberté détruit
l'agriculture. Perfonne ne doute que les
impôts fur l'exportation des denrées ne
produifent cet effet. Ils nuifent donc à
l'agriculture, & par conféquent à la population, au commerce, à l'induftrie;
ils caufent, en un mot, la ruine de l'Etat
entier.

Si, après avoir confidéré les impôts
établis fur la confommation & fur l'exportation des denrées de premier befoin,
nous paffons à ceux qui font placés fur
des denrées moins néceffaires, nous
apercevrons de nouveaux défordres, &
par conféquent de nouvelles raifons pour
détruire le fyftême des impôts indirects.
Ces impôts font de deux fortes : ils font
affis ou fur l'exportation & la circulation
intérieure de ces denrées nationales, ou
fur l'importation des denrées étrangères.
L'atteinte funefte que les uns portent à
l'induftrie eft évidente. Quant aux autres,

perſonne n'ignore que c'eſt le vendeur &
non l'acheteur qui paye l'impôt. Obligé
de prendre pour baſe de ſes ventes le
prix courant du marché général des nations, il ne peut forcer l'étranger à payer
l'impôt. Quand même cet impôt ſeroit
aſſis ſur une marchandiſe ou ſur une denrée que la nation poſſède excluſivement &
dont elle peut fixer le prix comme il lui
plaît, puiſqu'elle n'a point à redouter la
concurrence des autres nations ; il eſt
évident qu'une pareille opération n'en
ſeroit pas moins dangereuſe. Le vendeur
national, en voulant obliger l'étranger
à ſupporter cette augmentation de prix,
verroit bientôt les demandes diminuer
& la conſommation ſe reſtreindre : alors
commenceroit à tarir au ſein de l'Etat
une ſource de richeſſes dont il étoit jadis
l'unique propriétaire. L'Eſpagne nous en
offre une preuve. L'herbe de *Barille* eſt une
production abſolument propre à cet Empire : elle n'a jamais pu croître ailleurs.
Le Gouvernement, plein de confiance
dans cette eſpèce de privilége excluſif
qu'il tient de la nature, en a chargé l'ex-

portation d'un impôt presque égal à la moitié du prix. Voilà un impôt qui certainement est payé par l'étranger. Mais qu'en est-il arrivé ? D'un côté, la consommation en est diminuée à l'infini ; de l'autre, le cultivateur, qui ne profite jamais de cette augmentation de prix dont sa denrée est chargée par des droits d'exportation, n'a pas tardé à en abandonner la culture, découragé par la difficulté du débit. Voilà le moyen infaillible de priver une nation des bienfaits de la nature.

Il ne résulte pas moins de danger des droits établis sur la circulation intérieure des marchandises. Est-il rien de plus injuste & de plus funeste à l'industrie & au commerce, que de rendre une partie des membres de l'Etat étrangère à l'autre partie? L'étoffe & la toile fabriquées dans une ville payent des droits pour passer dans un autre lieu du même Empire. Le voyageur & le négociant sont arrêtés, visités, & taxés à chaque pas qu'ils font. L'avarice, pâle & inquiète, se tient, pour ainsi dire, en sentinelle sur tous les chemins, sur les bords de toutes les rivières, & met à contribution tous ceux qui passent. Tant de bras arrachés à l'agriculture & aux arts, tant de tribunaux élevés contre l'industrie, tant de déclarations, de visites, d'évaluations arbitraires, de vexations & d'outrages de toute espèce; tout cet appareil de la fiscalité n'a-t-il pas pour objet de créer & perpétuer la servitude & la misère ? Le commerce intérieur, sans lequel il n'existe ni agriculture, ni arts, ni commerce extérieur, doit nécessairement languir sous le poids de ces impositions. Cette vérité est trop évidente pour qu'il soit nécessaire de la démontrer. Je vais parler maintenant des impôts sur l'importation des marchandises étrangères, opération politique, consacrée par une longue habitude, & défendue par un préjugé presque universel.

Politiques insensés ! voilà votre cri de ralliement, lorsque vous parlez de la protection que l'on doit aux arts & aux manufactures : voilà, selon vous, le grand, l'unique moyen d'élever l'industrie nationale sur les débris de l'industrie étrangère, d'empêcher que l'argent ne forte de l'Etat, de reftreindre la confommation de toutes les chofes qui ne naiffent point dans le territoire de la nation, ou qui ne font point manufacturées par elle ! Mais n'avez-vous pas encore fenti toute l'illu-fion de vos principes ? ne favez-vous pas que fi l'on vous vend moins, on achetera moins de vous ; que le com-merce ne donne qu'en proportion de ce qu'il reçoit ; qu'il n'eft autre chofe qu'un échange de valeur pour valeur ; enfin qu'une nation qui viendroit à bout de ne rien acheter des autres nations, & de leur vendre toujours, verroit bientôt fon com-merce, fes arts, & fes manufactures tom-ber en décadence, à caufe de la multi-plication exceffive du numéraire, qui, renchériffant les denrées & les falaires, la mettroit hors d'état de foutenir le com-merce des autres nations, & obligeroit fes citoyens de préférer la confommation des denrées & des marchandifes étran-gères qui leur feroient offertes à meilleur marché que les marchandifes nationa-les ? Vouloir enrichir une nation par des

moyens

moyens de cette nature, c'eft vouloir la condamner à une misère habituelle.

On a éprouvé tous les effets de l'augmentation exceffive du numéraire en Portugal & en Efpagne, & on les auroit auffi reffentis en Angleterre, fi fes guerres n'euffent pas fait ceffer cet engorgement, en ouvrant un libre cours aux métaux dont elle étoit furchargée (1). Nous développerons dans peu cette vérité.

Enfin, pour ne rien oublier dans cette analyfe des impôts indirects, je veux dire quelque chofe fur un impôt le plus jufte & le plus régulier de tous en apparence, mais dans le fait le plus vicieux & le plus funefte à la fource de toutes les richeffes, à l'agriculture. Cet impôt eft la dixme établie fur les productions de la terre. J'ai prouvé que les impôts qui ne font pas fufceptibles d'une répartition exacte, font tous injuftes & dangereux: or voilà le vice effentiel de la dixme. Comme elle n'eft pas perçue fur le pro-

_____

(1) On doit en excepter la dernière guerre contre les colonies.

Tome II.   Y

duit net, mais fur le produit total du fol,
il doit néceffairement arriver que le propriétaire d'une terre ftérile, qui, pour
recueillir une valeur de 100, a dépenfé
en avances de culture une valeur de 50,
payera la même fommé que le propriétaire d'une terre fertile, qui, pour recueillir la même valeur, n'a dépenfé
qu'une valeur de 20 (1). Eft-il donc une
répartition plus injufte? eft-il un moyen
plus sûr de détruire l'agriculture? Règle
générale; tout impôt fur la culture & fur
l'induftrie les anéantit l'une & l'autre.

(1) Le Gouvernement de Rome connut l'injuftice de
cette répartition. En effet, lorfqu'il reftituoit aux anciens
propriétaires des nations fubjuguées, moyennant une redevance, leurs fonds confifqués, il régloit cette redevance
d'après le degré de fertilité du fol. Tite-Live, liv. 43, ch.
2, affure qu'une partie de l'Efpagne payoit le dixième des
productions de fon territoire, & une autre partie le vingt-
tième. Selon Higin, cette redevance étoit portée quelquefois au feptième, & quelquefois au cinquième.
Voyez Higin, de Conft. limit. pag. 198, édition de Goës.

CHAPITRE XXIX.

Suite du même sujet.

En parcourant les objets sur lesquels peuvent être établis les impôts indirects, nous avons trouvé par - tout les mêmes inconvéniens & les mêmes désordres. Il est temps de développer un autre principe, qui, nous donnant les moyens de les considérer tous d'une vue générale, c'est-à-dire, de les mettre en opposition avec les règles qui doivent servir de base à l'impôt, nous en fera beaucoup mieux connoître l'irrégularité.

Il est un terme au delà duquel l'impôt opère la ruine de la propriété & de l'État : mais on ne peut l'apercevoir, si l'on ne commence d'abord par distinguer le produit net du produit total. Le produit net est cette portion du revenu qui reste après que l'on a prélevé les dépenses de la culture. Les contributions des citoyens ne peuvent tomber que sur une

Y 2

portion du produit net. Du moment
qu'elles en excèdent les bornes , elles deviennent une source de maux, & n'existent
qu'aux dépens de la reproduction. Le propriétaire d'un fonds dont la culture exige
le tiers du revenu, n'y en consacrera plus
alors que le quart : cette diminution de
dépense pour la culture produira une
diminution de revenu, laquelle, devenant
chaque jour plus considérable pour tous
les propriétaires , finira par causer la
ruine de toute la nation.

Puisqu'il est certain que les contributions ne doivent être perçues que sur
le produit net, & non sur le produit total
du revenu , quel sera donc , dans les impôts indirects , le moyen de connoître
s'ils outrepassent ce terme, ou s'ils n'y
sont pas arrivés ? Certes , le plus habile
financier du monde ne pourra jamais résoudre cette question. Tant que l'impôt
ne sera pas assis sur la terre, mais sur les
productions, sur les arts, sur le commerce, le Gouvernement ne pourra pas
savoir si la somme de cet impôt est supé-
rieure aux moyens du peuple qui le paye:

il ne s'en apercevra que lorfque la deftruction de l'Etat lui fera fentir, avec l'excès
énorme des impofitions, l'impoffibilité
d'y remédier. Quelquefois il craindra
que l'Etat ne foit opprimé, & peut-être
alors même l'Etat payera beaucoup moins
qu'il ne devroit le faire. Or cette feule
incertitude, ce vice propre aux impôts
indirects, ne fuffiroit-il pas pour engager
les Gouvernemens à fubftituer à une opération fi deftructive, le grand fyftême de
l'impôt direct ?

La multiplicité des impôts, inféparable du fyftême des impôts indirects, eft
un autre fléau pour le peuple & pour le
Souverain. Le premier paye de cent
manières différentes une fomme dont le
payement, fait d'une feule manière, lui
épargneroit toutes les vexations qui détruifent fa liberté & caufent fa misère.
Le fecond voit le quart & quelquefois
même le tiers des contributions publiques, facrifié à une claffe d'hommes
chargés de les percevoir.

Il en eft des impôts comme des fai-
gnées faites au corps humain. Si nous

piquons nos membres en cent endroits
différens , nous nous déchirerons le corps
fans en tirer la quantité de fang que la
plus légère ouverture d'une veine en fera
jaillir. *fruftra fit per plura, quod æqué,
commodè fieri poteft per pauciora.* Cherchons donc cette veine du corps politique , d'où une feule incifion doit faire
fortir la richeffe de l'Etat & le bonheur
des citoyens.

CHAPITRE XXX.

De l'impôt direct.

L'IMPÔT direct eft une taxe impofée fur
la terre : fource de toutes les richeffes ,
elle devroit fupporter le poids de toutes
les contributions. Les propriétaires , en
apparence, payeroient feuls cet impôt ;
mais dans la réalité , toutes les claffes de
l'Etat en payeroient une portion , chacune proportionnément à fes moyens.
Ceux qui ne poffèdent rien, y participeroient en confommant les productions ;

& ceux qui poſsèdent, en payant l'impôt. Ceux qui poſsèdent plus, payeroient
plus; ceux qui poſsèdent moins, payeroient moins. Il y auroit encore la même
proportion entre ceux qui ne poſsèdent
rien. Comme tous les fonds de terre ſeroient taxés proportionnément à leur produit net, & que les productions de la
terre ne comprennent pas ſeulement les
denrées de premier beſoin, mais encore
celles de luxe & d'agrément, l'homme le
plus riche, conſommant une plus grande
quantité de ces productions en général,
payeroit plus à l'Etat, & le pauvre, qui
en conſommeroit moins, payeroit auſſi
beaucoup moins que lui.

Un impôt, de quelque nature qu'il
ſoit, a, il eſt vrai, une force expanſive :
il tend naturellement à ſe mettre au niveau de tous les individus de l'Etat, à proportion de la conſommation de chacun
d'eux. Mais cette force expanſive n'eſt
pas la même pour tous les impôts. Le
mouvement qu'elle communique n'a pas
dans tous le même degré d'activité. Si
l'impôt tombe ſur le bas peuple, il tâ-

chera de s'en dédommager en renchérissant son travail ; mais il n'arrivera jamais au niveau de l'impôt, ou il n'y arrivera que tard. Le besoin inexorable ne lui permettra pas de hausser son salaire à proportion de l'impôt qu'il doit payer, ou du moins il n'y parviendra que par degrés insensibles ; autrement les riches n'employeroient plus ses bras comme auparavant, & il perdroit alors, sur la quantité de ses ouvrages, beaucoup plus qu'il ne gagneroit par le haussement du prix. Lorsque l'impôt tombe donc sur le bas peuple, il doit, ou pour toujours ou pour long-temps, en payer une portion en renchérissant ses salaires, & une autre portion en restreignant sa subsistance. La même chose n'arrive pas lorsque l'impôt tombe directement sur la classe des propriétaires des terres. Ils prendront cet impôt pour la mesure du prix de leurs productions. Le besoin de jouir de ces productions étant toujours beaucoup plus fort que celui de les vendre, obligera les non propriétaires à supporter leur part de la contribution : cette subdivision de l'impôt fe fera par ce moyen d'elle-même & avec exactitude.

Ces principes font fi évidens, que je croirois offenfer l'amour propre de mes lecteurs, fi je cherchois à les développer. Je ne vais m'occuper qu'à démontrer tous les avantages que procureroit à une nation l'établiffement de cet impôt unique; je tâcherai de prouver enfuite que toutes les objections qu'on pourroit élever contre ce fyftême font infuffifantes & chimériques. Le premier de tous ces avantages, c'eft l'unité de contribution.

Quel plus grand bienfait peut-on procurer à une nation, que de la délivrer de toutes les vexations de ces hordes d'ennemis intérieurs que la multiplicité des impôts rend néceffaires pour leur perception? quel plus grand intérêt peut donc avoir le Souverain, que de fe voir délivré de l'obligation de partager fes revenus avec cette foule d'exacteurs? quelle plus grande confolation peut avoir le peuple, que d'acquérir la certitude que tout ce qu'il paye va directement vers le Souverain & tourne au profit de l'Etat, fans fe perdre dans les mains d'une classe d'hommes qu'il abhorre, & dont la probité lui est si justement suspecte ? Un petit nombre de préposés suffiroit pour la perception de toutes les contributions particulières (1). On n'enleveroit point tant de bras à l'agriculture & aux arts, & le fisc pourroit être aussi riche avec un tiers de revenu de moins.

Qui croiroit que, sous le règne de Louis XIV, la masse de tous les impôts s'élevoit en France à 750 millions, dans le temps qu'il n'en entroit que 250 dans le trésor royal (2) ?

A mesure que l'on diminue dans un Etat le nombre des contribuables directs, on diminue le nombre des vexations; on rend plus difficile toute espèce de fraude, soit de la part des contribuables, soit de

_____

(1) Nous ferons voir bientôt comment il seroit possible d'épargner toute dépense de perception, en confiant cette opération au peuple lui-même, ou, pour mieux dire, à ses représentans.

(2) Voyez les Mémoires pour servir à l'histoire générale des finances, par M. D. de B.

la part des exacteurs ; on facilite la perception , & on diminue le nombre de
ceux qui y font employés. Or dans le fyftême dont je parle , le nombre des contribuables directs feroit reftreint aux feuls
propriétaires des terres.

Un fecond avantage, plus confidérable
peut-être que le premier , ce feroit la fuppreffion de tous ces obftacles que le fyftême actuel des impôts oppofe , comme
on l'a démontré , au commerce, aux arts,
& à toute efpèce d'induftrie. Combien
d'avantages font renfermés dans celui-là !
D'un côté , la liberté du citoyen & du
négociant , celle du commerce & de l'induftrie , du cultivateur & de l'artifan ; de
l'autre , moins de crimes produits par la
loi , moins de coupables enfevelis dans
les prifons, autrefois le féjour de la fraude
& des délits , aujourd'hui la retraite de
l'induftrie enchaînée par l'atrocité des lois
fifcales. Mais ce ne feroit encore là qu'une
très-petite partie des heureux effets de
l'impôt direct.

Le troifième avantage de ce fyftême,
c'eft la facilité d'une jufte répartition. Il

eft aifé de connoître la valeur des fonds
de terre d'un Etat ; il eft aifé de favoir ce
qu'ils rapportent au propriétaire, & ce
qu'ils pourroient lui rapporter. Comme
cette taxe fur les fonds doit être perma-
nente & fixe, le Gouvernement ne devant qu'une feule fois faire la recherche
des revenus & de la valeur de tous les
fonds de l'Etat, la juftice, la précifion,
& l'exactitude pourroient accompagner
cette grande & utile opération. Après
avoir connu la valeur & les revenus de
tous ces fonds, on en fixeroit la taxe par
une règle commune & univerfelle, qui
mettroit cette impofition à couvert de
l'arbitraire & de la fraude. Chaque
propriétaire feroit taxé proportionnément
à fes revenus ; & fi on lui faifoit quelque
tort dans cette opération, il auroit toujours le droit de réclamer contre les prépofés, & il ne lui feroit pas difficile de
démontrer la juftice de fa réclamation.

La facilité de fixer la taxe fur le produit
net, feroit un autre avantage de cette
forme d'impofition. Nous avons vu combien il importe, dans l'établiffement des

impôts, de connoître avec précifion quel eſt le produit net. Nous avons vu combien cette connoiſſance eſt peu utile chez les nations où les impôts indirects ſont établis : nous avons vu que dans ce cas l'incertitude accompagne toutes les opérations du Gouvernement, qui ne peut ſavoir que la nation eſt accablée ſous le poids des impôts, que lorſqu'il la voit ſur le bord du précipice où elle va s'engloutir. En adoptant le ſyſtême de l'impôt direct, le Gouvernement ne ſeroit point expoſé à ce danger. Il n'y a rien de plus facile que de taxer un fonds de terre, ſans que la taxe ſoit intolérable au propriétaire qui doit la payer. Dès l'inſtant qu'une terre eſt affermée, le prix du bail devient le produit net. Les dépenſes de la culture & de la ſubſiſtance du fermier ont été prélevées du produit total ; ce qui va directement dans les mains du propriétaire, eſt tout produit net.

Si un fonds n'eſt pas affermé, il eſt facile d'en calculer le produit net, d'après le prix du bail des fonds voiſins & la récolte d'une année commune. Ce produit

une fois connu , fi le Gouvernement en a
fixé, pour quotité de l'impôt , la cinquième, la fixième, la feptième ou la huitième partie , il eft affuré que cette impofition n'opprimera point le propriétaire ,
& ne fera point deftructive de l'agriculture, parce qu'elle n'abforbera qu'une portion du produit net. Une feule chofe doit
fixer toute l'attention du Gouvernement
dans cette recherche de la valeur ,des
fonds. Si, par quelque défaut de culture ,
un fonds rapporte beaucoup moins que
ce qu'il pourroit rapporter au propriéé-
taire , il ne faut pas que fa négligence lui
foit avantageufe ; la taxe de ce fonds doit
être proportionnée à celle des fonds voifins : cette rigueur eft utile à la profpérité
de l'agriculture. L'unique foulagement
que, dans ces circonftances, on pourroit
accorder au propriétaire , feroit de le
difpenfer de toute taxe la première année.
C'eft pour cette raifon que l'établiffement de l'impôt direct devroit être préparé par la fuppreffion de tous les obftacles qui arrêtent les progrès de l'agriculture. Il faudroit, avant tout , que les

terres acquiffent une valeur que nos lois & les erreurs de tous les Gouvernemens de l'Europe leur ont fait perdre. La fup- preffion de ces obftacles précédant la taxe, & l'établiffement de la taxe produi- fant à fon tour la fuppreffion des autres obftacles qui naiffent du fyftême actuel des contributions, il en réfulteroit que, dès le commencement, elle ne paroîtroit point onéreufe, & qu'elle deviendroit enfuite plus légère chaque année, à me- fure que les progrès de l'agriculture & de l'opulence publique augmenteroient la valeur des fonds. Si la taxe confiftoit dans le cinquième du produit net, le propriétaire, qui, au commencement, payeroit la cinquième partie de fon reve- nu, quelque temps après n'en payeroit plus que la fixième, & enfuite la feptième, puifque fon revenu s'augmentant fans ceffe, fa taxe refteroit toujours la même.

Enfin le dernier avantage qui réfulte- roit de l'établiffement de cet impôt uni- que, ce feroit l'union indeftructible des intérêts du Souverain & de ceux du peu- ple. Au milieu du défordre de toutes les impofitions indirectes, ces intérêts font toujours en contradiction. Le Souverain, qui ne connoît pas tout ce que la nation peut lui donner, cherche à multiplier continuellement fes revenus, fans s'embarrafler de l'anéantiffement des richeffes; & le peuple, qui croit toujours être accablé fous le poids des contributions, cherche de fon côté à réagir contre la force qui l'opprime, en dérobant au fifc tout ce qu'il peut fouftraire.

De cette oppofition d'intérêts naît cet état de guerre continuelle entre le peuple & le Roi, dont on a parlé fi fouvent. Mais que le Souverain, au lieu de laiffer fubfifter un pareil défordre, partage avec modération, entre lui & les propriétaires, le produit net de leurs terres; alors la profpérité de l'agriculture deviendra l'objet de fon plus grand intérêt, parce qu'elle eft la fource des richeffes de l'Etat, & par conféquent de fes propres richeffes. Le peuple, de fon côté, voyant que la portion du produit net qu'il donne au Souverain, doit maintenir fon bonheur avec fa fûreté, payera

volontiers

volontiers une contribution dont aucune fraude & aucun artifice ne peuvent le difpenfer. Ce nouveau fyftême d'impofi-tion eft donc le lien le plus fort qui puiffe unir le Souverain au peuple, & éternifer les rapports qui exiftent entre la nation & fon chef.

Tels font les avantages qui naiffent du fyftême de l'impôt direct. Voyons main-nant les objections que l'on pourroit éle-ver contre ce fyftême. La première, & la plus forte de toutes, c'eft l'augmentation du prix des productions de la terre.

L'impôt unique fur les fonds de terre étant établi, dit-on, pour tenir lieu de tous les impôts indirects que l'on fup-prime, doit être confidérable. Il eft donc certain que les propriétaires des terres doivent augmenter de beaucoup le prix de leurs productions. Alors la nation trouvera un plus grand avantage à con-fommer les denrées étrangères : les den-rées nationales, ou ne feront point ven-dues, ou le feront au même prix que les autres. Dans l'un & l'autre cas, les pro-priétaires effuieront des *non valeurs* ou

des pertes. La ruine de l'agriculture entraînera la ruine de la nation. Tel eſt
l'effet inévitable de la nouvelle méthode
que l'on propoſe.

Toute la force de ce raiſonnement eſt
dans une ſuppoſition inconteſtable au
premier aſpect, mais entièrement fauſſe,
lorſqu'on l'examine de près : c'eſt qu'en
ſupprimant tous les impôts pour en tranſporter la valeur entière ſur l'impôt territorial, le prix des productions hauſſera en
proportion de la valeur de la taxe.

Si l'on vouloit établir un impôt ſur les
terres ſans ſupprimer tous les autres impôts, il eſt certain que les propriétaires
ſeroient obligés de faire hauſſer le prix
des productions de la terre. Mais ce n'eſt
pas là notre ſuppoſition. Il ne s'agit ici
de mettre cet impôt ſur la terre qu'après
avoir ſupprimé tous les impôts indirects. Or, dans ce cas, quel motif pourroit engager les propriétaires à faire
hauſſer le prix de leurs productions ?
Ce déplacement d'impôt ne ſeroit-il pas
d'abord infiniment utile pour eux ? Tous
les impôts que l'on perçoit dans une

nation agricole ne font-ils pas payés par
la claffe des propriétaires ? Les impôts
fur la confommation, la circulation, &
l'exportation des denrées néceffaires à la
vie, ne font-ils pas fupportés par eux ? La
capitation du peuple, les impôts fur
toutes les efpèces d'arts confacrés à vêtir
& à loger le citoyen qui n'a que fes bras,
& le mercenaire qui vend fa perfonne,
ne retombent-ils pas fur le propriétaire qui
emploie les bras du premier & achète
les fervices du fecond ? Les impôts fur
les objets de luxe ne font-ils pas payés
par le propriétaire qui les achète pour
lui, ou qui les fait acheter à ceux qui le
fervent ? Donc fi les impôts qui exiftent
dans une nation agricole tombent indirectement fur la claffe des propriétaires
des terres, il eft certain qu'en réduifant
tous ces impôts à un impôt unique fur
les fonds, le fort du propriétaire deviendroit plus heureux ; donc, en adoptant
cette nouvelle méthode, le prix des productions de la terre devroit plutôt diminuer que s'accroître.

Z 2

On peut faire une autre objection : on peut dire que cette méthode détruiroit toutes les exemptions de quelques corps, & tous les priviléges en général. Ah ! combien un tel événement seroit à défirer ! Eft-il jufte qu'une partie des membres de l'Etat jouiffe comme l'autre des bienfaits de la société, fans les payer ? Une infraction auffi fcandaleufe des lois fondamentales de toute société ne devroit - elle pas être arrêtée ? Toutes ces exemptions, tous ces priviléges abufifs en eux-mêmes, ne viennent-ils pas s'anéantir devant le droit inaliénable & indeftructible qu'ont tous les membres du corps politique d'exiger les uns des autres la contribution réciproque de ces forces qu'ils fe font obligés d'offrir à la sûreté commune? N'eft-ce pas un abus de l'autorité de difpenfer de cette obligation imprefcriptible une partie des individus de la société, pour en faire tomber tout le poids fur l'autre ? Ni les deux Rois & les Magiftats à Sparte, ni les Nobles & le Doge à Venife, ni les Magiftrats & les chefs de la

République à Rome , pendant le règne
de la liberté , ni les Empereurs mêmes, à
l'époque de fa décadence , ne furent
exempts des contributions publiques : &
nous , qui vantons notre juſtice & notre
impartialité , nous prodiguons avec tant
d'imprudence & de légèreté tous les droits
& tous les devoirs fociaux ! Ah ! loin de
regarder comme un défordre la fuppreffion de tous ces privilèges qui n'ont même
qu'une apparence d'utilité pour ceux qui
les poſsèdent , regardons - la plutôt
comme un des effets les plus heureux de
l'établiſſement de l'impôt direct.

Il reſte une autre objection. Il n'eſt
aucun peuple en Europe, dit-on , à qui
ſa ſituation permette de tenter ce grand
changement. Par-tout , ajoute-t-on , les
impoſitions font ſi exceſſives , les dépenſes
ſi multipliées, les beſoins ſi urgens ; par-
tout le fiſc eſt dans un ſi grand défordre ,
qu'une révolution ſubite dans la perception des revenus publics porteroit coup
à la confiance des citoyens & attaqueroit
l'intérêt commun.

Je me contenterai, pour répondre à

Z 3

cette objection , de demander d'abord
fi tous ces impôts énormes, qui naiffent
de la multiplicité des dépenfes , du
nombre immenfe des befoins, du défordre
du fifc, & de l'excès de la dette nationale,
excèdent ou non les facultés du peuple
qui les paye; fi la maffe en eft plus ou
moins confidérable que le produit net
du revenu public. Si ces impôts excèdent
les facultés du peuple & la portion difponible du revenu national, il faut alors
ou en diminuer la quantité , ou attendre
d'un moment à l'autre la ruine entière de
la nation. Le feul moyen de diminuer
cette quantité, en combinant les intérêts
du fifc avec ceux du peuple , de faire
dans les revenus publics le moins de re-
tranchemens poffible , en foulageant le
peuple le plus que l'on peut, eft, comme
je l'ai prouvé, d'établir le fyftème de
l'impôt direct. Si la maffe des impôts
n'excède pas les facultés de la nation &
la partie difponible de fon revenu; alors,
puifque l'impôt retombe toujours dans
quelque nation que ce foit, ou directement ou indirectement, fur les proprié-

taires des terres, en réduifant tous ces impôts à un impôt territorial, la recette du fifc ne fera pas diminuée, & la nation jouira de tous les avantages qui font attachés à cette nouvelle méthode.

Quant aux défordres qui pourroient naître, dit-on, de ce changement fubit dans la perception du revenu, je n'ai qu'un mot à dire : c'eft que ce changement ne doit pas être fubit; il doit au contraire être préparé de loin avec beaucoup d'attention, & exécuté par degrés avec beaucoup de ménagement. Ce n'eft point par un acte d'autorité que l'on peut détruire tous ces maux. Les anciens fyftêmes de finances reffemblent à de vieux édifices, qui, agrandis peu à peu, en différens temps, & par différens architectes plus avides qu'inftruits, menacent de crouler de tous côtés. Il faut toute l'adreffe d'un artifte & toutes les précautions de l'art pour en déplacer les différentes parties : fi chaque opération n'eft pas combinée avec la plus grande fagacité, n'eft pas exécutée par degrés

Z 4

infenfibles , on court rifque de le voir
s'écrouler tout d'un coup, & de demeurer
enfeveli fous les ruines.

CHAPITRE XXXI.

Méthode que l'on doit fuivre pour exécuter
la réforme du fyftême des impôts.

CETTE réforme, comme je viens de le
dire , a befoin d'être préparée de loin
& exécutée par degrés. Le Légiflateur,
pour la préparer, doit donc fupprimer
d'abord tous les obftacles qui s'oppofent
aux progrès de l'agriculture , & qui ne
font pas attachés au fyftême actuel des
impôts (1): il faut enfuite qu'il fe procure

---

(1) Il eft inutile de rappeler ici tous ces obftacles : j'en
ai parlé avec affez de détail. Il eft une chofe feulement que
je ne dois pas omettre ; c'eft qu'avant d'établir un impôt
fur la terre , il faut fupprimer toutes les autres contributions
territoriales, telles que les dixmes eccléfiaftiques & les dixmes féodales. Quant aux premières , on a déjà indiqué,

des renseignemens exacts sur la valeur relative des terres dans toutes les provinces de son Empire. Le voile du mystère ne devroit point envelopper cette opération, & des actes de violence ne devroient point en être les moyens. Il faudroit envoyer dans chaque province un inspecteur instruit & honnête, animé de ces sentimens qui savent produire de si grandes choses dans ceux qui en sont pénétrés ; un homme, en un mot, véritablement digne de la confiance publique. Le Législateur devroit en même temps faire en sorte que la nation s'éclairât sur ses vrais intérêts : mais elle ne pourroit créer cette grande révolution, qu'en se servant du génie des Philosophes : ce sont eux qui doivent répandre des lumières; leur droit,

---

dans plusieurs endroits de cet ouvrage, la route qu'il conviendroit de suivre pour les supprimer, sans priver le Sacerdoce des moyens nécessaires à sa subsistance. Pour les secondes, il suffiroit de dédommager les seigneurs de la perte de ces droits; & la vente des domaines de la souveraineté mettroit l'administration en état de leur offrir ce dédommagement.

c'eft leur talent, comme l'a dit un fage.
C'eft à eux qu'il appartient de démontrer
les effets funeftes qui naiffent de l'ancien fyftême des impofitions, la néceffité d'une réforme, les avantages d'un
feul impôt territorial, & l'intérêt que les
propriétaires doivent prendre à cette innovation, dont ils reffentiront les premiers
tous les avantages.

Après avoir pris toutes ces précautions,
après avoir fait répandre ces lumières
dans toutes les claffes de l'Etat, le Légiflateur doit fe livrer à l'exécution de ce
grand ouvrage; mais il ne peut, comme
on l'a dit, y procéder que par degrés. Il
faut commencer par fupprimer celui de
tous les impôts qui, de fa nature, eft le
plus onéreux pour le citoyen, & dont la
perception eft la plus difficile; en calculer
le revenu net, & en établir l'équivalent
par une taxe fur la terre, fans en perdre
jamais de vue la valeur relative. Après
cela, on procédera fucceffivement, &
de la même manière, à la fuppreffion des
autres impôts: car on ne doit pas faire
toutes ces opérations à la fois.

Pour gagner la confiance du peuple, le Gouvernement devroit s'interdire tout projet de gain dans ce déplacement d'impôt ; il faudroit que la nouvelle recette ne fût pas plus confidérable que l'étoit l'ancienne, & que le public fût inftruit de l'exactitude de ce calcul.

Après avoir terminé cette opération ; après avoir réduit toutes les efpèces d'impofitions à une feule ; après avoir remedié à tous les inconvéniens particuliers que l'on peut détruire dans une réforme univerfelle, fans pouvoir les prévenir, un édit, publié avec la folennité néceffaire pour frapper la multitude, devroit affurer à la nation la durée de cet impôt. La nation & le Prince donnéroient en quelque forte à cet établiffement une garantie facrée. Les repréfentans du peuple jureroient de ne jamais réclamer contre la taxe établie, & le Prince, de ne jamais y porter atteinte. Elle deviendroit une loi fondamentale de l'Etat, un contrat entre le Roi & le peuple, en un mot, une obligation rigoureufe que chaque Prince

devroit ratifier en montant fur le trône
de fes pères.

CHAPITRE XXXII.

De la perception des impôts.

APRÈS avoir propofé un fyftême de
finances, j'oferai propofer un fyftême de
perception. Jufqu'à préfent la perception des revenus publics n'a été confiée
qu'à des prépofés du Gouvernement, ou à
des fermiers : outre les inconvéniens
communs à l'une & à l'autre de ces mé-
thodes, il en eft qui font particuliers à
chacune d'elles. Le grand inconvénient
commun à la régie & à la ferme, c'eft
l'immenfité des fommes que le Gouvernement doit facrifier à la perception des
impôts. Que les revenus publics foient
perçus par des prépofés, ou qu'ils foient
perçus par des fermiers ; dans l'un &
l'autre cas, un tiers au moins du revenu

se consomme en frais de perception. Ce sacrifice coûte cher à l'Etat ; mais ce n'est pas tout : le peuple, aigri, tourmenté par des vexations obscures & toujours renaissantes , murmure hautement; & l'on voit s'éteindre dans toutes les ames cette douce confiance qui par - tout, excepté dans les lieux où siège le despotisme , est le lien qui doit unir le peuple & le Gouvernement.

Tels sont les maux attachés à l'un & à l'autre de ces systêmes. Examinons maintenant quels en sont les inconvéniens particuliers. Les fraudes continuelles , les actes de péculat que les peines les plus rigoureuses ne peuvent arrêter , lorsque la certitude de les cacher produit la certitude de l'impunité , l'état précaire du revenu public , & par conséquent les variations & le dérangement de la comptabilité ; voilà les désordres principaux qui naissent de la régie.

Lorsque les revenus du fisc sont affermés , & que la perception s'en fait au nom & pour le compte des fermiers , les

défordres, au lieu de diminuer, fe multiplient & deviennent encore plus dangereux. Je ne fuis pas le premier à attaquer cette méthode abfurde de perception, qui donne à quelques particuliers
le droit de perfécuter, au nom de la loi,
leurs concitoyens. Tous les Ecrivains
patriotiques, tous les bons efprits qui fe
font voués à la défenfe de l'intérêt public,
ont dénoncé avec énergie cet abus dé-
tructeur de l'ordre & de la sûreté commune. En effet, dès que le Souverain
afferme le revenu public à un ou à plufieurs
citoyens, il leur donne le pouvoir d'outrager, d'opprimer, de tourmenter tous ceux
qu'ils jugent à propos de choifir pour
leurs victimes.

Il fuffit de lire les annales de l'oppreffion de tous les peuples, pour être effrayé
de l'atrocité de ce fyftême, dont l'origine eft auffi ancienne que celle de la
tyrannie elle-même. L'Hiftoire nous apprend que Rome, qui ne put jamais ni
fouffrir la liberté hors de fes murs, ni
la conferver au dedans, avoit condamné
à ce fyftême de perception toutes les pro-

vinces conquifes. Elle nous apprend jufqu'à quel excès furent portées l'avidité
des publicains (1) & la misère de ces provinces. Suétone dit qu'un Financier des
Gaules, fous le règne d'Augufte, voyant
que les impôts fe payoient chaque mois,
eut l'audace incroyable de divifer l'année
en quatorze mois. Nous lifons dans Dion,
que les plaintes des peuples de l'Afie
obligèrent Céfar de fupprimer dans ces
provinces tous les publicains, & d'introduire un nouveau fyftême de perception.
On voit dans Tacite que la Macédoine
& l'Achaïe, provinces qu'Augufte avoit
laiffées au peuple Romain, crurent avoir
tout obtenu lorfqu'elles eurent été déli-
vrées de cette forme de perceprion ; &
le même Hiftorien rapporte que, fous le
règne de Néron, les clameurs des provinces obligèrent l'Empereur de publier
plufieurs lois propres à mettre un frein à
l'avidité & au pouvoir des publicains (2).

_____

(1) C'eft le nom qu'on donnoit aux fermiers du revenu
public.

(1) Ces lois étoient au nombre de quatre : la première

Tels furent les désordres que produisit dans les provinces de Rome le système d'affermer les revenus du fisc. Je ne ferai pas l'énumération de tous ceux qu'il produit aujourd'hui en Europe. Un mal dont tout le monde est affligé, est connu de tout le monde. Je me contenterai de dire que ce n'est pas le droit de percevoir l'impôt, mais le pouvoir de commettre des extorsions & de tourmenter les contribuables, que l'on ambitionne & que l'on estime le plus dans la forme du revenu public. Presque toute l'Europe offre des preuves de cette vérité.

Que l'on perçoive les revenus publics, ou par la ferme, ou par la régie, on tombera donc toujours dans des désordres

---

enjoignoit de publier toutes les lois portées contre les publicains, & qu'on avoit eu grand soin jusqu'alors de tenir cachées. Par la seconde, il leur étoit défendu d'exiger tout ce qu'ils avoient négligé de réclamer dans le cours de l'année. La troisième avoit pour objet l'établissement d'un Préteur destiné à juger, sans formalités, toutes leurs prétentions. La quatrième ordonnoit de ne faire payer aux marchands aucun droit pour leurs vaisseaux. Voyez *Tacite, annal. liv.* 13, *& Burman de Vectig. cap.* 5.

égalememt

également deſtructeurs de l'intérêt du
Souverain & de celui de la nation. Mais
tel eſt le vice du ſyſtême de l'impôt indi-
rect, que l'une ou l'autre de ces voies
ſemble un mal néceſſaire, tant que ce
ſyſtême ſubſiſtera. Une nouvelle forme
de perception ne peut commencer qu'a-
vec un nouveau ſyſtême d'impôt. L'établiſſement ſeul de l'impôt direct pourroit
donner lieu à cette grande réforme. S'il
n'y avoit qu'un ſeul impôt dans l'État, &
que cet impôt fût aſſis ſur les fonds, le
peuple lui-même ſeroit le receveur du
fiſc. Tous les chefs des communautés
percevroient les taxes des fonds enfermés
dans leur diſtrict, & feroient parvenir
leurs recettes reſpectives aux chefs de la
province. Comme tout eſt fixe, perma-
nent & inaltérable dans cette eſpèce
d'impoſition, il ne ſeroit pas poſſible de
commettre dans la perception le moindre
acte de fraude & de partialité. Le fiſc
verroit arriver dans le tréſor public tous
ſes revenus ſans aucune dépenſe; & le
peuple, de ſon côté, voyant ces mêmes

Tome II. A a

hommes qu'il a choifis pour le repréfenter
& le diriger, chargés de la perception
de toutes ces taxes partielles, feroit rem-
pli de confiance envers eux, parce qu'il
feroit sûr de n'être pas trompé. L'induftrie, protégée par l'autorité inviolable
de la loi, n'auroit plus rien à craindre
des hommes. L'arbitraire, la partialité,
la fraude ne pourroient fe mêler à cette
forme de perception. Des tarifs exacts &
permanens de toutes les taxes réelles
annonceroient au propriétaire tout ce
qu'il doit payer à l'Etat. Le contribuable
ne dépendroit ainfi que de la loi & de lui-
même. La faveur ou la haîne des exacteurs lui feroit également indifférente. Il
pourroit difpofer comme bon lui femble-
roit de tout ce qui lui appartient; donner
à fa terre tous les genres de culture qu'il
lui plairoit; en vendre les productions à
fon gré, les tranfporter, les exporter ou
les garder ainfi qu'il le jugeroit à propos,
fans entendre prononcer le nom du fifc
au milieu de toutes ces opérations. L'artifan, le négociant, l'homme du peuple,

& l'oisif consommateur payeroient chacun leur portion sans s'en apercevoir.
L'Etat ne seroit plus surchargé & embarrassé de toutes ces cohortes d'exacteurs,
de gardes, & d'espions. La liberté régne-
roit dans les villes, dans les provinces,
sur les chemins, dans les ports ; elle
étendroit en même temps son influence
bienfaisante sur l'agriculture, sur les arts,
& sur le commerce. Elle rendroit à l'industrie son activité naturelle, & deviendroit la base inébranlable de la tranquillité des peuples & de la sûreté de ceux
qui les gouvernent.

A a 2

CHAPITRE XXXIII.

Des besoins extraordinaires de l'Etat, & de la manière d'y pourvoir.

ON a dit que la mesure des impôts doit être déterminée par les besoins de l'Etat. Or ces besoins ne sont pas toujours les mêmes. La guerre a, dans tous les lieux & dans tous les temps, exigé plus de dépense que la paix. Les peuples anciens savoient y pourvoir par les économies qu'ils faisoient en temps de paix. Ils mettoient en réserve des sommes très-considérables pour les besoins extraordinaires de la République. Nous voyons dans l'Histoire, que les anciens Rois d'Egypte, & les Ptolomées, successeurs d'Alexandre (1), les Rois de Macédoine (2), les Rois de Syrie, & les Rois

_____

(1) Appien, qui avoit visité les archives d'Alexandrie, où il étoit né, assure que ce trésor étoit de 740,000 talens.

(2) Tite-Live (liv. 45, chap. 40) parle des trésors qui

Mèdes (1) avoient des trésors immenses. Sparte même, malgré sa frugalité & son aversion pour l'or & l'argent, avoit un trésor public, au rapport de Platon (2). Les Athéniens (3) & les anciennes Républiques des Gaules, avoient aussi le leur (4). Il en fut de même des Romains,

---

avoient été amassés en Macédoine sous le règne de Philippe & sous celui de Persée. Velleius Paterculus (liv. 1, chap. 9) dit que Paul Emile, qui ne trouva qu'une partie de ces trésors, porta à Rome une somme équivalente à neuf millions de ducats ; & Pline (liv. 33, chap. 3) fait monter cette somme presque au double.

(1) Plutarque (Vie d'Alexandre) rapporte que lorsque ce Prince conquit les deux villes de Suez & d'Ecbatane, il y trouva 80,000 talens mis en réserve pour les besoins publics, & une partie y étoit en dépôt depuis le règne de Cyrus. Quinte-Curce (liv. 5, chap. 2) dit que la partie seule qui fut trouvée à Suez étoit de plus de cinquante mille talens.

(2) Plato. in Alcibiad.

(3) Thucydide (liv. 2) & Diodore de Sicile (liv. 12) rapportent que les Athéniens avoient amassé dans un espace de cinquante ans, entre la guerre de Médie & celle du Péloponèse, plus de dix mille talens que l'on conservoit dans le trésor public.

(4) Strab. lib. 6.

au temps de la République & sous le deſpotiſme de Céſar (1). Cette méthode s'eſt
conſervée chez les nations de l'Europe
preſque juſqu'à l'avant dernier ſiècle (2) ;
auſſi-tôt que les avantages de la circulation ont été connus, auſſi-tôt que les
Gouvernemens ont été perſuadés que des
tréſors ainſi entaſſés ruinoient le commerce & l'induſtrie, on a abandonné,
avec raiſon, un pareil ſyſtême. Mais,
il en faut convenir, on eſt tombé dans
un nouvel abus, non moins dangereux
que le premier. Dès que les intérêts du
Prince ou ceux de ſon Etat l'obligent
de prendre les armes, s'il ne trouve pas
au même inſtant de l'argent pour entre-

_____

(1) Le temple de Saturne étoit le dépôt de ces
tréſors, dont Lucain nous fait une deſcription brillante.
(liv. 3, v. 155). Nous ſavons que Céſar, dans la guerre
civile, s'empara de ſommes immenſes, & qu'Auguſte,
Tibère, Veſpaſien, & Sévère en mirent en réſerve de
très - conſidérables pour les beſoins extraordinaires de
l'Etat.

(2) Le ſyſtême de la dette nationale n'a commencé en
Eſpagne qu'en 1608, & ce ſyſtême a été une des principales cauſes de ſa ruine.

ptendre la guerre, & qu'il ne veuille pas faire murmurer la nation en établiffant des impôts extraordinaires, il a recours aux emprunts. Le Gouvernement cherche de l'argent, & pour en obtenir, il engage à fes créanciers une portion de fes revenus. Ce fyftême abfurde entraîne en même temps vers leur ruine le Prince & la nation. Je n'examine point ici fi le Souverain a droit d'emprunter; fi la couronne, étant héréditaire, le Souverain, qui ne peut pas difpofer de la fucceffion au trône, a droit de difpofer, en totalité ou en partie, de la propriété des fonds dont une fubftitution perpétuelle ne lui laiffe que l'ufufruit; fi cette autorité paffagère lui donne le pouvoir d'obliger à jamais toute la nation pour fes dettes particulières; s'il peut confommer d'avance les revenus de fes fucceffeurs, en chargeant de dettes le tréfor public, dont il n'eft que l'adminiftrateur. Je laiffe aux politiques l'examen de cette queftion qu'il n'eft pas difficile de réfoudre dans un fiècle tel que le nôtre. Je fupplie mes lecteurs de me difpenfer d'établir mon opinion à cet égard, & de permettre que je ne confidère ici dans ce fyftême que les maux qu'il produit.

Dès que le Prince emprunte une fomme, il eft obligé, pour en payer l'intérêt aux créanciers, de fe priver d'une portion de fon revenu. Il fe forme donc un vide dans le tréfor public ; mais ce font les peuples qui font condamnés à le remplir : fi l'emprunt fe fait pour attaquer les ennemis de l'Etat, ou pour fatisfaire l'ambition du Souverain, dès que la guerre eft finie, & qu'on ne craint plus d'aigrir le peuple & de le faire murmurer, on fonge tout de fuite à un nouvel impôt. Le miniftère fe foucie fort peu que cet impôt foit contraire aux avantages de l'agriculture & du commerce ; il fuffit que le produit en puiffe compenfer l'intérêt qu'il eft obligé de payer : ce n'eft qu'une affaire de calcul. On annonce le nouvel impôt ; la dette fubfifte éternellement ainfi que l'impôt. Le Prince, qui fent combien il eft facile d'avoir de l'argent aux dépens du peuple, s'engage de nouveau dans des entreprifes fupérieures aux facultés & aux forces de la nation qu'il gouverne. Sans cette facilité, Louis XIV n'auroit pas ruiné la France par son orgueil inquiet & sa fureur guerrière. La Hollande n'auroit point été entraînée dans toutes ces guerres que son ambition démésurée & son esprit ombrageux, bien plus que le besoin de défendre sa liberté ou de veiller aux intérêts de son commerce, lui ont fait entreprendre. L'Angleterre n'auroit pas brisé tous les ressorts de sa constitution politique, opprimé son commerce, son territoire, ses villes, épouvanté le luxe lui-même par des droits infinis; n'auroit pas enfin porté son esprit d'avidité jusques sur les boissons les plus communes du peuple, pour payer l'intérêt d'une dette de 3,300,000,000 de livres qu'elle avoit contractée avant la dernière guerre contre la France & contre l'Espagne; dette qui a causé l'insurrection de ses colonies, & qui forcera un jour la nation de faire banqueroute, au milieu d'un revenu de 140 millions de liv. (1)

_____

(1) Je dis que cette dette a été la cause de l'insurrection

Voilà dans quels défordres le fyftême de
l'emprunt a entraîné les différens Etats

---

de fes colonies, parce que le Gouvernement, comme l'on
fait, n'eut pas d'autre motif pour multiplier leurs contributions, que l'impoffibilité où étoit la métropole de pourvoir aux befoins de l'Etat, chargé de 111,577,000 liv.
d'intérêt de la dette nationale. J'ajoute que cette dette
obligera le Gouvernement à faire banqueroute, parce que
la nation ne peut fupporter le poids des impôts auxquels
ces intérêts exceffifs la condamnent. L'Angleterre doit
donc, ou fe libérer de fes dettes, ou fuccomber fous leur
poids. On a propofé une infinité de projets pour effectuer
cette libération ; mais ces projets n'ont fait jufqu'à préfent
qu'attefter le zèle de ceux qui les ont imaginés.

Les opérations de *La caiffe d'amortiffement*, qui ne peut
être d'ailleurs qu'un remède trop lent contre un mal d'une
fi grande violence, ont été fufpendues ; & elles n'auront
peut-être jamais de fuite, parce que les befoins de l'Etat
ne permettent pas un pareil facrifice. Le projet de faire une
répartition du capital de la dette, afin de l'éteindre prefque
tout d'un coup, en faifant contribuer chaque citoyen pour
une fomme proportionnée à fes facultés, porte avec lui-
même l'impoffibilité de l'exécuter. Comment connoître
les facultés de chaque citoyen ? comment fixer d'une manière précife l'état des fortunes de tous les négocians, de
tous les artifans, de tous les citoyens qui ne vivent que
des profits du commerce & de l'induftrie ? comment enfin
obliger les artifans à payer tous enfemble une fomme dont
ils peuvent à peine payer l'intérêt annuel ? Le projet de

de l'Europe. Mais ce n'est pas tout ; ces fléaux s'étendent encore sur l'agriculture,

---

pénétrer dans l'intérieur de l'Afrique par le Sénégal , & de faire la conquête des mines de Bambuck , de ce pays que l'on nomme le royaume de l'or , & qui seroit peut-être appelé le royaume du sang , si les Européens y arrivoient ; ce projet est également impraticable. D'abord l'Angleterre seroit obligée de dépenser des sommes très-considérables pour faire bâtir de distance en distance un grand nombre de forts propres à garantir ses établissemens des incursions des Mandignos & des Sarakoles, qui ne cesseroient de troubler les nouveaux entrepreneurs d'un commerce dont ils ont toujours eu la propriété exclusive; ensuite elle seroit forcée d'y sacrifier un grand nombre d'hommes ; & l'on sait bien qu'elle n'a pas même le moyen de faire ce malheureux sacrifice. Elle pourroit d'ailleurs voir ses desseins traversés par une nation rivale , à portée de faire échouer son entreprise , ou du moins d'en partager les avantages , sans en payer les frais. Mais en supposant que l'Angleterre surmonte enfin tous ces obstacles , qui peut lui assurer qu'après tant de peines elle trouvera tous ces trésors qui en auront été l'objet. Les relations de quelques voyageurs , parmi lesquels il n'y en a qu'un seul qui soit connu (*Compagnon* , facteur de la Compagnie Françoise des Indes orientales) ces relations, presque toujours fausses & exagérées, suffisent-elles pour engager le Gouvernement britannique dans une telle entreprise ? Il faudroit donc, dans l'espoir d'un succès incertain , faire d'abord des dépenses énormes , puisqu'il n'est permis à aucun

le commerce, & l'induſtrie; & il n'eſt pas
difficile de s'en convaincre. Comme le
Gouvernement emprunte d'ordinaire de
ſes propres ſujets qui regardent cette manière de placer leur argent dans les fonds
publics, comme l'emploi le plus ſûr &
le plus commode qu'ils puiſſent en faire,
parce qu'un tel revenu n'eſt expoſé ni à
l'incertitude des circonſtances, ni aux
injures des ſaiſons, ni à l'avidité des
gens de finance, chaque citoyen doit
chercher à mettre ſon argent dans les
fonds publics. Le propriètaire vend avec

Européen de pénétrer dans ces régions, dont les habitans
connnoiſſent aſſez & leurs intérêts & notre avidité, pour
nous en fermer l'entrée. La Grande-Bretagne s'expoſeroit
au danger d'accélérer ſa ruine par le moyen même dont
elle ſe ſerviroit pour la prévenir. Les maux de cette
nation ne ſeront-ils donc ſuſceptibles d'aucun remède? L'expérience & le caractère de ſes habitans lui indiquent une
reſſource qui, ſans effort & ſans danger, peut rétablir
l'ordre public. C'eſt une ſouſcription volontaire, qui devroit
reſter ouverte juſqu'à l'extinction entiere de la dette nationale. L'enthouſiaſme, la généroſité, & les richeſſes particulières de ſes citoyens rempliroient bien les eſpérances de
la patrie. Le Légiſlateur n'auroit beſoin, pour ſentir toute
la force de pareils reſſorts, que de s'en ſervir un ſeul inſtant.

plaisir son domaine, ou néglige de l'améliorer; le négociant abandonne son commerce, l'artisan son atelier. Or toutes
ces sommes qui enrichiroient la nation,
si elles étoient consacrées à l'agriculture,
au commerce, & à l'industrie, sont entièrement perdues pour l'Etat. Cet emploi
de l'argent devient même une source de
maux, puisqu'il fomente l'oisiveté, qu'il
fait abandonner la culture aux mains les
plus pauvres & les plus aviljes, qu'il empêche la distribution des richesses nationales, qu'il peuple les villes aux dépens
des campagnes, & qu'il fait arrêter dans
les asiles de la mollesse, de la profusion,
& de la volupté, des richesses qui, en cir-
culant dans toute l'étendue de l'Etat,
féconderoient la campagne & excite-
roient au travail ses pauvres habitans.

Puisque de tous les systêmes politiques,
celui de l'emprunt est le plus dangereux;
que la méthode de former un trésor public, à l'exemple des anciens, est nuisible au commerce & à l'industrie, parce
qu'elle enlève à la circulation une grande
partie du numéraire; que la politique ne

permet pas de faire fupporter aux peuples
des impôts extraordinaires, quoique mo-
mentanés (expédient qui feroit néanmoins
plus jufte & moins pernicieux que tous
les autres) ; enfin , puifqu'aucune des
reffources que les Gouvernemens ont
imaginées jufqu'aujourd'hui, n'eft exempte
de dangers & d'abus, il faut donc chercher un nouveau moyen de pourvoir aux
befoins extraordinaires de l'Etat. Voici
mes idées fur cet objet.

Quelle eft la caufe qui rend dangereux aujourd'hui le fyftême des anciens?
C'eft que cette méthode , comme on
l'a dit, enlève à la circulation une grande
partie du numéraire. S'il étoit donc poffible d'avoir un tréfor qui ne fût pas oifif;
fi l'on pouvoit difpofer à volonté de fommes très - confidérables , fans les faire
fortir de la circulation, un pareil fyftême offriroit tous les avantages de la
politique des anciens, fans en avoir les
inconvéniens. Comment pourroit - on
combiner deux objets fi oppofés? Rien
n'eft plus facile. Que l'adminiftration,
au lieu de conferver dans fon tréfor les

épargnes annuelles qu'elle devra à son économie, prête cet argent aux citoyens qui en ont besoin & qui peuvent l'hypothéquer sur un fonds solide, inaliénable jusqu'à l'entier remboursement, lequel aura lieu dans quelque temps & dans quelque circonstance que ce soit, sans exiger aucun intérêt des débiteurs.

Ce sacrifice des intérêts seroit absolument nécessaire : en multipliant les richesses, il permettroit au Prince de choisir entre les emprunteurs ceux qui lui offriroient une plus grande sûreté pour sa créance : il pourroit encore se servir de ce moyen pour récompenser des citoyens qui auroient rendu des services à l'Etat ; car ce n'est pas offrir un léger avantage que de prêter sans intérêt une somme considérable. Ainsi, le Souverain pourroit avoir à sa disposition un trésor toujours prêt, sans enlever à la circulation aucune partie du numéraire. Ce seroit à la vérité une espèce de trésor idéal ; mais il se réaliseroit au moment même où les besoins de l'Etat exigeroient cette opération. Si ces besoins, devenus

très-confidérables , rendoient insuffisans
les fonds mis en réferve par l'adminiftration , alors des impofitions extraordinaires feroient le feul expédient auquel
elle pourroit recourir. Lorfque le peuple
aura vu que le Prince a tenté tous les
moyens poffibles pour ne pas l'opprimer;
lorfqu'il fera bien convaincu que les befoins de l'Etat exigent quelques efforts
de fa part , il ne fe fouleyera pas
contre une impofition, onéreufe , il eft
vrai , mais toujours fupportable quand le
temps en eft déterminé par la durée du
befoin (1).

_____

(1) Le peuple ne murmure pas , lorfqu'il fent bien que
l'adminiftration a befoin de fon fecours. Pendant toute la
durée de la ligue de Cambrai, la République de Venife ,
obligée de réfifter à tant de Puiffances réunies contre elle
ne fut pas dans la néceffité de recourir à la voie des emprunts : tous fes citoyens fe foumirent volontairement à
une impofition proportionnée à leurs facultés. La Hollande
n'eut pas befoin de contracter une dette nationale pour
mettre une armée fur pied en 1672. Tous les citoyens
contribuèrent, fans la moindre répugnance, aux dépenfes
publiques , lorfqu'ils en eurent connu la néceffité. Lorfque dans Syracufe les femmes coupèrent leurs cheveux
& en treffèrent des cordes d'arcs pour lancer fur l'ennemi

Voyez-vous

Voyez-vous ce reſſort ? Une preſſion momentanée, quelque forte qu'elle ſoit, ne fait, pour ainſi dire, qu'exciter ſon élaſticité. Mais ſi vous le preſſez pendant quelque temps, il réagit ſur lui-même avec violence, ſon élaſticité finit : il ſe briſe tout d'un coup, & déchire la main qui le comprime. Tel eſt le peuple : lorſqu'il eſt parvenu à cet excès d'oppreſſion, il apprend une terrible vérité à ceux qui ont eu la funeſte ambition de le tourmenter. Il leur fait voir que ſi les peuples ſouffrent long-temps des délires des Rois, les Rois en ſont auſſi les dernières victimes. Le temps arrive enfin où la préten-

la traînit de la mort ; lorſque dans Rome elles ſe dépouillérent de leurs ornemens, & les dévouèrent à la défenſe de l'Etat, menacé par un vainqueur ſuperbe, ce ne fut point le Gouvernement, mais le cœur des citoyens, qui dicta de pareils ſacrifices : on n'y étoit excité que par le beſoin de la patrie ; ſa défenſe en étoit l'unique objet ; & la reconnoiſſance publique en étoit le prix. Aucune de ces Républiques ne trouva dans ſes citoyens la même générosité, lorſqu'il fallut venir au ſecours de la patrie, dans une guerre dictée par l'ambition, & non par la néceſſité de la défenſe ; par l'avidité, & non par le beſoin.

due toute-puiſſance du deſpote s'évanouit; le monſtre à figure humaine, armé de ſon ſceptre de fer, baiſſe la tête ſous l'invincible main de la néceſſité, & tombe ſur les débris du trône d'où il avoit effrayé les nations.

CHAPITRE XXXIV.

De la diſtribution des richeſſes nationales.

APRÈS avoir parlé des richeſſes & des moyens de les faire circuler dans l'Etat; après avoir conſidéré tous les obſtacles qui s'oppoſent à cette circulation & les moyens de les ſurmonter, il faut examiner quel eſt le meilleur ſyſtême que le Gouvernement doit ſuivre pour les y diſtribuer avec équité: ſans cette ſage diſtribution, les richeſſes, loin de faire le bonheur des Etats, ſont la ſource de leur ruine. Cette opinion n'eſt point un paradoxe: c'eſt une vérité conſtante, que l'intérêt particulier voudroit cacher aux peuples & à ceux qui les gouvernent; mais que la philosophie a le courage de révéler & de démontrer.

Le bonheur public n'est que la réunion de tous les bonheurs particuliers des membres de la société. Lorsque les richesses sont réunies en peu de mains, & que le plus grand nombre est voué à l'indigence, ce bonheur particulier de quelques individus ne fait pas certainement le bonheur de tout le corps social; il en est la ruine. Si, dans une machine dont toutes les pieces se sont usées par le frottement, vous en renouvelez quelques-unes, en laissant les autres dans le même état, la force des premières, loin de donner à la machine plus de solidité & de durée, en accélère la destruction, parce que l'action & la résistance des anciennes pieces ne peut être proportionnée à l'action & à la résistance des pieces nouvelles. Il en est de même de la société : si presque tous les individus qui la composent sont dévoués à la misère & à la foiblesse, & qu'une poignée d'hommes tire de l'excès de ses richesses une force

invincible, la facilité qu'auront ceux-ci
de lutter contre la société, avec la certitude de ne pouvoir trouver une réfiftance proportionnée à leur action, en
fera tout autant d'oppreſſeurs, & le peuple, foulé par cent petits defpotes, éprouvera tous les fléaux du defpotifme au
milieu des défordres de l'anarchie. Les
richeſſes, dans ce cas, hâteront par
conféquent la deftruction de la fociété.
Ne vaudroit-il pas mieux que tous les
citoyens fuffent également pauvres ?
Qu'on examine quelles furent dans Rome
les fuites de cette funefte difproportion.
La République d'Athènes auroit-elle été
opprimée par fes trente tyrans, fi le peuple n'eût été accablé de misère pendant
que quelques familles de la claſſe des
grands nageoient dans l'opulence? Il n'eſt
impoſſible de combiner une bonne conftitution avec le fyftême féodal, que
parce qu'il eft impoſſible de concilier ce
fyftême avec la moindre inégalité poffible dans la diftribution des richeſſes nationales.

Puifque les richeſſes font pour le

peuple une source de maux lorsqu'elles font mal distribuées, le Législateur n'aura donc fait qu'une partie de son ouvrage, lorsqu'il les aura fait naître dans l'Etat, sans songer aux moyens de les y distribuer. Mais quels sont ces moyens dont le Législateur doit se servir sans que le peuple s'en aperçoive ? quels font les obstacles qu'oppose la Législation actuelle ? C'est par ces observations intéressantes que nous terminerons ce Livre des lois politiques & économiques; mais il faut, avant tout, déterminer le sens de ces mots, *distribution & répartition des richesses nationales.*

CHAPITRE XXXV.

Ce que l'on doit entendre par le mot de
distribution des richesses nationales.

UNE distribution exacte des richesses
nationales, une égalité parfaite dans les
fortunes des citoyens, ne peut avoir lieu
qu'au sein d'une République naissante.
Dès qu'un certain nombre de familles
vient se fixer dans une région & y former
une société, le chef de cette société, ou
le corps qui le représente, commence
par assigner à chacun des membres une
portion de terrein, & alors toutes ces
familles sont également riches. Mais
comme tous les hommes n'ont ni la
même industrie, ni la même économie,
ni les mêmes besoins; que les fonds se
subdivisent en proportion de la multiplicité des enfans; que le droit de tester,
que l'on a cru jusqu'aujourd'hui insépa-

ble de la propriété , réunit avec le temps
dans la même perfonne les richeffes de
plufieurs familles ; & qu'enfin une efpèce
de force d'attraction attire continuellement l'argent vers l'argent, les richeffes
vers les richeffes, il eft impoffible que
cette égalité de diftribution demeure
inaltérable : auffi, à peine la feconde
génération fera-t-elle écoulée , que l'égalité établie au commencement de la République aura déjà difparu. Cette vérité
a été démontrée jufqu'à l'évidence par
Ariftote, au fecond livre de fa Politique,
où il examine le fyftême des deux Républiques imaginaires de Platon & de
Phaleas de Carthage , dans lefquelles
ces deux Philofophes vouloient établir
l'égalité parfaite des fortunes. Les effets
des lois agraires des Romains font une
autre preuve de cette vérité. Il n'eft
donc pas poffible d'établir cette égalité
précife dans les différentes familles d'une
fociété ; mais il n'eft pas non plus impoffible que les richeffes y foient bien
diftribuées, c'eft à dire , que l'argent y
foit répandu avec une forte d'égalité

Bb 4

qui y produife l'aifance générale, & par
elle, le bonheur des hommes. Un Etat
où chaque citoyen, par un travail modéré
de fept à huit heures par jour, pourra
facilement fatisfaire fes befoins & ceux
de fa famille, fera l'Etat le plus heureux
de la terre; il fera le modèle d'une fociété
bien organifée. On n'y trouvera pas une
parfaite égalité de biens, qui n'eft qu'une
chimère, mais une égalité de bonheur
dans toutes les claffes qui le compofent;
égalité qui doit être l'unique but de la
politique & des lois. Je dis, un travail
modéré de fept à huit heures par jour,
parce qu'un travail exceffif eft incompatible avec le bonheur. Laiffons les Poëtes
& quelques Philofophes enthoufiaftes
nous faire l'éloge d'une vie extrêmement
laborieufe, & contentons-nous de gémir
fur l'infortune de ceux qui y font condamnés. La nature, qui a donné à tous
les êtres une force proportionnée à l'efpèce de travail qu'ils doivent exécuter,
n'a pas deftiné l'homme à un genre de vie
auquel il ne peut jamais fe livrer qu'aux
dépens de fa propre exiftence. Ne nous

faisons point illusion. Il n'est pas vrai que des hommes, occupés des arts les plus pénibles de la société, & qui n'ont que quelques heures de la nuit pour se délasser de leurs fatigues, vivent autant que celui qui jouit des fruits de leurs sueurs & qui fait de ses forces un usage modéré. Un travail de quelques heures fortifie le corps, une fatigue excessive l'épuise & le détruit. Un pauvre laboureur qui prend la bêche au lever du soleil, & qui ne la quitte qu'aux approches de la nuit, est un vieillard à quarante ou cinquante ans : ses jours s'abrègent, son corps se courbe ; tout annonce en lui la violence faite à la nature. Ce n'est donc pas dans cette manière d'exister qu'il est possible de trouver le bonheur ; mais on ne le trouvera pas davantage dans l'oisiveté. L'ennui accompagne la richesse oisive, comme l'ombre suit le corps ; il la poursuit jusqu'au sein de la volupté : les plaisirs les plus vifs sont bientôt épuisés pour elle ; elle ne sent plus qu'une triste uniformité de jouissances qui l'accable & l'endort. Les plaisirs destinés par la

nature à foulager l'ame après les fatigues
du corps, ou après les travaux de l'esprit,
ceffent d'être des plaifirs au moment où
ils ne font plus préparés par l'occupation.
Alors l'homme peut paffer fans interruption de plaifirs en plaifirs; il ne fera jamais
que paffer d'ennuis en ennuis. Vainement il fe fait un devoir de parcourir le
cercle de toutes ces jouiffances ; vainement il affecte le fourire de la gaieté &
le langage du bonheur. Hélas ! il n'a
qu'un bonheur emprunté, qu'une gaieté
d'oftentation, à laquelle le cœur n'a point
de part. La longue habitude des jouiffances en a détruit toute l'activité. Le
plaifir eft un reffort qui s'ufe par une
preffion réitérée, & dont une preffion
continue anéantit enfin l'élafticité.

Non, ce n'eft point dans les plaifirs
que le riche oifif trouvera le bonheur:
il ne peut le goûter que dans ces momens
paffagers où il fatisfait les befoins de la
vie. Dans ces momens, tous les hommes
font également heureux : mais la nature
ne multiplie pas en faveur du riche les
befoins de la faim, de l'amour, du fom-

meil. S'il se nourrit de mets plus délicats que l'homme du peuple qui vit du travail de ses mains, il n'a pas plus de plaisir que lui à satisfaire son appétit. Si son lit est plus moelleux, il n'y goûte pas un sommeil plus calme & plus profond. Tous les hommes sont donc également heureux dans le temps où ils satisfont leurs besoins. La seule différence qui existe entre eux, comme l'a observé un célèbre Philosophe françois dont la raison a souvent éclairé la mienne, n'est que dans la manière dont ils remplissent l'intervalle qui sépare un besoin satisfait d'un besoin renaissant. Or le riche oisif qui remplit cet intervalle par un mouvement continuel vers le plaisir qui le fuit, n'est pas plus heureux que le pauvre qui emploie tout ce temps à des travaux excessifs. L'un souffre du poids de son ennui, l'autre du poids de sa misère : l'un va toujours cherchant de nouveaux besoins, de nouveaux désirs, l'autre maudit à chaque instant la nature qui lui en a donné qu'il peut à peine satisfaire. Un travail modéré, qui suffit pour se procurer le néceſſaire, & pour remplir l'intervalle qui ſépare un beſoin ſatisfait d'un beſoin renaiſſant, eſt donc le ſeul moyen de parvenir à ce degré de bonheur auquel la nature permet à l'homme de s'élever.

Mais quels ſont les moyens de faire participer tous les individus à ce bonheur, qui, dans une ſociété bien organiſée, ne peut être interdit qu'à la folie & au crime? Je l'ai dit : pour parvenir à ce but, il n'eſt pas néceſſaire que les citoyens ſoient tous également riches, mais que les richeſſes ſoient en général réparties avec une ſorte d'égalité ; c'eſt à dire, qu'elles ne viennent pas toutes ſe réunir dans un petit nombre de mains, en laiſſant dans l'indigence la plus affreuſe le reſte de la ſociété. Cherchons donc les moyens de faciliter cette répartition néceſſaire, & examinons quels ſont les obſtacles qui s'y oppoſent.

CHAPITRE XXXVI.

Des moyens propres à établir une sorte d'éga-
lité dans la distribution de l'argent & des
richesses dans l'Etat, & des obstacles
qu'oppose la Législation actuelle.

QUE l'on jette un coup-d'œil sur l'Etat
actuel des sociétés en Europe : on les
trouvera presque toutes divisées en deux
classes de citoyens, dont l'une manque du
nécessaire, & dont l'autre regorge de su-
perfluités. La première, qui est la plus
nombreuse, ne peut pourvoir à ses besoins
que par un travail excessif. Ce n'est donc
pas à celle-là qu'il est permis de connoître
le bonheur, comme nous l'avons démontré. La seconde vit dans l'abondance,
dans l'oisiveté, & dans les tourmens de
l'ennui qui les accompagnent. Elle est
quelquefois plus malheureuse que l'autre.
Hélas ! presque tous les Empires seront
donc condamnés à ne renfermer dans leur

fein que des malheureux ? Seroit - ce
donc là un décret irrévocable de la nature, ou n'eft-ce pas plutôt un effet néceffaire de l'abfurdité de nos lois & des
erreurs de notre politique ? Croit-on qu'il
feroit impoffible de diminuer les richeffes
des uns, & d'augmenter celles des autres,
fans bleffer les droits de la propriété, &
par conféquent les lois de la juftice ? Non.
L'on ne peut regarder une telle révolution comme impoffible ou comme très-
difficile à exécuter, que dans le cas où
l'on ne voudroit point examiner quelles
font les caufes de ce défordre. Qui le
croiroit ? Tandis que tout le monde fe
plaint de l'extrême difproportion des
richeffes, nos lois ne travaillent qu'à
l'entretenir & à l'accroître. On ne peut
douter que tout ce qui tend à diminuer
le nombre des propriétaires dans un Etat,
ne tende en même temps à garantir & à
conferver cette funefte difproportion.
Or tel eft l'effet des fubftitutions & des
majorats.

Nous voyons les plus vaftes domaines
paffer tout entiers, pendant plufieurs

Siècles, des pères aux enfans, des aînés aux aînés, comme si les terres étoient indivisibles, & que la propriété dépendît de cette sorte d'immutabilité. Dans une nation d'où ces majorats & ces substitutions seroient proscrits, les richesses seroient, sans doute réparties avec plus d'égalité. Si les biens du père étoient partagés entre tous ses enfans, ceux-ci deviendroient autant de petits propriétaires, de pères de familles, qui, n'ayant point un grand superflu, seroient forcés de faire valoir leurs terres; & si le produit de ces fonds ne suffisoit pas, de se livrer à d'autres occupations qui les mettroient à l'abri de l'oisiveté & de tous les tourmens de l'ennui. Cette subdivision continuelle des fonds seroit également utile aux progrès de l'agriculture, de l'industrie, & de la population. Les citoyens qui n'auroient d'autre propriété que celle de leurs bras, trouveroient encore leur intérêt dans cette augmentation de propriétaires : le prix du travail, ainsi que celui de toutes les choses qui sont un objet de commerce, dépend toujours du nombre des vendeurs & de celui des acheteurs. Or comme il y auroit beaucoup de propriétaires & très-peu de non propriétaires, beaucoup de personnes auroient befoin des bras des manouvriers, lefquels étant en petit nombre, hauffe-roient néçeffairement le prix de leur travail : alors il leur feroit permis de jouïr de cette aifance, fans laquelle il n'eft point, comme on l'a dit, de bonheur fur la terre.

Qu'on ne m'oppofe point l'impoffibi-lité d'abolir les majorats dans les pays où il exifte encore des fiefs. Ou une fa-mille n'a qu'un fief, & alors on peut donner la baronnie à l'aîné, & partager les terres du fief également entre les autres frères : ou une famille a plufieurs fiefs, & alors pourquoi ne pas en faire le partage entre eux par égales portions ? N'ont-ils pas tous le même droit à l'hé-ritage du père ? Un cadet a-t-il dans fa perfonne quelque chofe d'incompatible avec l'inveftiture d'un fief ? Un grand Seigneur terrien a plus de moyens d'op-primer que le propriétaire d'un petit fief.

fief. A mesure que le nombre de ces propriétaires augmentera, le Prince verra
s'accroître le nombre des défenseurs de
l'État en temps de guerre, & le peuple
verra diminuer le nombre de ses oppres-
seurs en temps de paix.

Mais on dira peut-être : le système des
substitutions & des majorats est propre
à la nature de la constitution monarchi-
que. Le Gouvernement, tourmenté par
ses besoins, trouve dans les grands propriétaires des secours toujours prêts, &
par conséquent beaucoup de sûreté pour
lui-même, parce que ces grands propriétaires ayant tout à craindre pour leurs
richesses d'un changement dans le système de l'administration, ont le plus
grand intérêt à le maintenir.

Est-il un mal plus terrible ? La multiplicité des propriétaires est la source de
la félicité publique dans les Monarchies,
comme dans toutes les autres constitu-
tions. Or si la distribution des richesses,
produite par le démembrement des grandes propriétés, alloit ranimer toutes les
classes de la société, ce ne seroit plus

Tome II.   C c

alors un feul ordre de citoyens, ce ne feroient plus quelques riches aînés d'illuſtres familles, qui auroient le droit exclufif de veiller à la confervation de l'Etat. La nation entière défendroit elle-même fon propre bonheur , & par conféquent l'autorité tutélaire du citoyen couronné à qui elle le devroit. Connoît-on quelque sûreté plus grande que celle-là ?

Si les fubftitutions & les majorats s'oppofent à la diftribution des richeffes, parce qu'ils raffemblent en peu de mains toutes les propriétés de l'Etat, les immenfes propriétés des eccléfiaftiques s'y oppofent auffi par la même raifon. Dans tous les pays catholiques, où le célibat eft un des devoirs du facerdoce, l'ordre entier du Clergé peut être confidéré comme une feule famille. Prefque un tiers du territoire de chacun de ces Empires eft poffédé par elle. Quelle immenfe quantité d'individus un tel ordre de chofes doit laiffer fans propriété (1)?

_____

(1) Nous l'avons obfervé dans le cinquième chapitre de ce livre, & nous en parlerons avec plus de détails dans le cinquième livre.

Un autre obstacle s'oppose à la distribution des richesses; c'est cette énorme
quantité de numéraire qui vient de toutes
les parties de l'Empire s'engloutir dans
la capitale. Ce n'est plus que dans les
capitales que l'on trouve aujourd'hui la
splendeur des nations de l'Europe. Les
habitans de ces villes sont les seuls citoyens de l'Etat : le reste n'est, pour ainsi
dire, qu'un ramas de malheureux condamnés à passer toute leur vie dans des
travaux excessifs, avec la cruelle certitude
de ne laisser d'autre héritage à leurs pauvres enfans, que l'habitude de l'oppression, de la fatigue, de la misère, & des
imprécations d'une rage impuissante.

En parlant des obstacles que l'immense
grandeur des capitales oppose aux progrès
de l'agriculture, nous avons indiqué les
causes qui y transportent tout le numéraire des peuples : nous avons observé
que quelques-unes de ces causes étoient
nécessaires, & qu'il y en avoit beaucoup
d'abusives, & nous avons proposé les
moyens d'affoiblir l'action des unes & de

détruire les autres. Je ne puis rien ajouter ici à tout ce que j'ai dit sur cet objet (1).

Après avoir examiné quelles sont les causes qui empêchent, dans la plupart des nations de l'Europe, l'égale distribution de l'argent, voyons maintenant comment ces obstacles, une fois détruits, on peut faciliter cette distribution. Un seul moyen suffiroit peut-être : il n'y auroit, par exemple, qu'à ordonner, par une loi, que dans la vente des terres, toutes choses égales d'ailleurs, la préférence fût accordée aux hommes sans propriété, & qu'en cas de concurrence entre deux acheteurs propriétaires, la préférence fût donnée à celui des deux qui possède une moindre étendue de terrein. Mais que dirons-nous du luxe ? Peut-il contribuer à la répartition des richesses ? Je vais examiner cette question dans le chapitre suivant.

_____

(1) Voyez le chap. 14 de ce livre.

CHAPITRE XXXVII.

Du luxe.

LE luxe, dont les moralistes & les politiques ont dit tant de bien & tant de
mal; le luxe, que les uns appellent l'ornement de la société, & que les autres
proscrivent comme un vice destructeur;
le luxe à qui la déclamation a attribué la
décadence des Empires, & l'industrie les
progrès des arts; le luxe, qui, selon les
politiques vulgaires, fait passer les richesses d'un peuple agricole dans les
mains d'un peuple manufacturier, mais
qui dans le fait les soutient l'un & l'autre, & entretient le commerce entre les
hommes; le luxe est sans doute un des
plus grands moyens de la répartition de
l'argent & des richesses dans l'Etat. Si
les hommes opulens ne faisoient pas de
grandes dépenses pour alimenter le luxe,
verroit-on jamais ces masses énormes de
richesses se diviser & se répartir dans

C c 3

toutes les claſſes de la ſociété ? Cette
vérité a été développée par un grand
nombre d'Ecrivains, & l'expérience la
démontre tous les jours. Dans les Etats
où règne le luxe, les richeſſes, malgré
tous les obſtacles dont nous avons parlé,
ſont beaucoup mieux diſtribuées que dans
ceux où ces obſtacles ne ſont ni ſi nombreux ni ſi puiſſans, mais d'où le luxe
eſt proſcrit.

On dira peut-être que ſi le luxe produit
ce bien, il produit auſſi tant d'autres
maux, que le Légiſlateur ne devroit pas
recourir à ce moyen pour faciliter la répartition des richeſſes. Examinons de
quelle nature ſont ces maux. Voyons
tout ce que les moraliſtes attribuent au
luxe, ne devroit pas être plutôt attribué
aux mœurs ; voyons ſi c'eſt le luxe qui
corrompt les mœurs, ou ſi les mauvaiſes
mœurs corrompent le luxe. Obſervons
enfin ce que le luxe pourroit être, dans
une nation où régneroient les bonnes
mœurs. Il faut d'abord déterminer l'idée
du luxe, & fixer avec préciſion ce qu'il
peut avoir d'utile & de dangereux.

Le luxe est l'usage que l'on fait des richesses & de l'industrie pour se procurer une existence agréable par les moyens les plus propres à augmenter les commodités de la vie & les plaisirs de la société. Une nation, au milieu de laquelle on voit un très-grand luxe, doit donc posséder de grandes richesses. Si le luxe y est commun à toutes les classes de citoyens, c'est une preuve que les richesses y sont bien distribuées, & que la plus grande partie de la société jouit d'un superflu qu'elle peut employer à ses plaisirs. Si on ne trouve ce luxe que dans une seule classe, c'est une preuve que les richesses sont mal distribuées. Mais si d'autres causes ne concourent pas à perpétuer cette funeste disproportion, elle ne durera pas long-temps, parce que le luxe ne tardera pas lui-même à la détruire. Ainsi, dans l'un & l'autre cas, le luxe est un bien : dans le premier, parce qu'il anime l'industrie, inspire l'amour du travail, conserve les richesses dans l'Etat, adoucit les mœurs, crée des plaisirs, fait naître dans l'homme une activité qui

l'arrache à la pareffe, répand par tout une
chaleur vivifiante, donne une nouvelle
force au commerce, & rend propre à
tous les hommes les productions que
la nature avare a cachées au fein des
eaux & dans les entrailles de la terre, ou
qu'elle tient éparfes dans les climats les
plus éloignés. Dans le fecond cas,
le luxe eft encore un bien, parce qu'il
facilite la répartition de l'argent & des
richeffes, dont la réunion en un petit
nombre de mains eft une fource de maux,
comme nous l'avons démontré. L'ouvrier
laborieux & l'artifte habile, qui ne poffè-
sèdent aucun fonds de terre, peuvent
alors devenir auffi propriétaires. Le luxe
ouvre la caiffe de l'homme riche, & l'o-
blige de payer une forte d'impôt volontaire à celui qui, fans cet aiguillon, lan-
guiroit dans la misère & l'oifiveté. Le
luxe invente, perfectionne, multiplie
les arts & les métiers, ranime les efprits,
donne enfin une nouvelle vie à l'agriculture, parce que les propriétaires, privés
par lui du fuperflu de leurs revenus, font
forcés, par leur intérêt, d'accroître le

nombre de ces productions, qu'ils échangent pour des plaisirs. Il y a plus : cette réaction, dont chaque société éprouve les effets particuliers, peut, dans l'état actuel des choses, avoir beaucoup d'influence sur la liberté politique d'une nation.

Un peuple grossier, à qui l'esprit du siècle interdit la guerre, & où l'absence du luxe fait négliger les arts, ne doit connoître d'autre occupation que la culture des terres. Ce peuple sera donc divisé en deux classes, celle des propriétaires des terres, & celle de leurs vaffaux ou laboureurs. La dépendance de ceux-ci, déterminée par la loi rigoureuse du besoin, doit dégénérer en une dépendance servile. Si les violences des propriétaires deviennent insupportables, cette classe sans propriété n'a d'autre ressource que de s'unir au Monarque, & de chercher dans l'augmentation de son pouvoir un remède contre les vexations de l'aristocratie. C'est ce qui est arrivé chez presque tous les peuples de l'Europe. Le luxe eût prévenu ce désordre:

en diftribuant les propriétés avec les richeffes, il auroit donné de la force au peuple, & auroit affoibli l'ariftocratie, fans altérer la forme du Gouvernement.

Le luxe, confidéré fous le point de vue que nous venons d'indiquer, eft toujours un bien; mais il peut devenir un mal, lorfqu'on en généralife trop l'idée, & qu'on renferme fous ce nom toute dépenfe de fafte & de magnificence. Enlever, par exemple, aux campagnes un nombre d'hommes très-confidérable, pour en orner dans les villes les nombreux appartemens de l'opulence; arracher à la culture de la terre & aux travaux du commerce une quantité immenfe de chevaux, pour les diftribuer dans de grandes écuries; employer continuellement une partie du territoire en jardins & en forêts, c'eft un luxe de fafte & de confommation, très-pernicieux pour l'Etat: mais ce n'eft pas ce luxe dont j'ai donné la définition. C'eft le luxe des nations barbares: c'étoit celui des Barons, dans les temps féroces & miférables de la féodalité: c'étoit celui des principaux Prélats, dans les

fiecles d'ignorance. On fait que les uns
& les autres n'ofoient pas faire un pas
hors de leurs fiefs ou hors de leurs maifons, fans être fuivis d'un nombre prodigieux de ferfs & de chevaux. Un Con-
cile tenu à Latran en 1179, défendit
aux Evêques ce fafte onéreux, qui obligeoit les églifes & les monaftères par où
ils paffoient, de vendre les vafes d'or &
d'argent pour les recevoir dans leurs vifi-
tes (1). Ce fafte étoit devenu fi exceffif,
que les Canons furent obligés, comme
l'on fait, de fixer la fuite de chaque Pré-
lat. Celle des Archevêques fut réduite à
cinquante chevaux, celle des Evêques à
trente, celle des Cardinaux à vingt-cinq.
Voilà, je le répète, le luxe des nations
barbares, luxe contre lequel la philofophie ne pourra jamais s'élever avec affez
de force, & dont le Légiflateur doit
éloigner les hommes, non par les moyens
directs des lois fomptuaires, mais par
d'autres moyens que le refpect pour les

---

(1) *Cap.* 23 , *Ex. de cenfibus.*

droits sacrés de la liberté & de la propriété lui permet d'employer.

Après avoir donné une idée vraie du
luxe, & avoir distingué le luxe utile du
luxe dangereux, voyons si le luxe peut
corrompre les mœurs, comme les moralistes le prétendent, ou si les mauvaises
mœurs peuvent corrompre le luxe.

Les mœurs ne font autre chose que
l'habitude de régler nos actions suivant l'opinion. Que cette opinion soit
vraie ou fausse, elle est toujours la mesure unique de nos actions; elle doit par
conséquent régler l'emploi de toutes les
richesses. Ce font donc les mœurs seules
qui déterminent & dirigent le luxe dans
une nation. Si les mœurs font bonnes, le
luxe sera conforme à l'ordre; si elles font
corrompues, le luxe sera corrompu à son
tour. Si, par exemple, de bonnes mœurs,
ou, ce qui est la même chose, si l'opinion
qui règle les actions des citoyens, & le
Gouvernement qui la dirige, offrent des
distinctions à ceux qui se consacrent au
bien public; alors le luxe ne sera qu'un

luxe de bienfaisance , un luxe patriotique.
L'homme riche, dans cette nation, ne fera
pas consister son luxe à étaler dans ses
jardins un groupe obscène de Bacchus
& de Vénus ; il se rappellera l'impression
que fit dans l'ame de Themistocle le
monument élevé à Athènes en l'honneur
d'Aristide victorieux , & fera exécuter
par une main habile la statue du citoyen
dont les vertus ont honoré la patrie , afin
d'en éterniser le nom , & d'apprendre à
tous ses concitoyens comment ils peuvent
se rendre dignes de la reconnoissance publique. La reconstruction d'un chemin
pour la facilité du commerce , le des-
séchement d'un marais , l'introduction
d'un nouvel art , la protection d'un talent
obscur ou naissant ; voilà quels seront ,
dans cette nation, les objets de luxe d'un
citoyen riche. Tel a été en effet le luxe
de tous les pays libres, vertueux, & riches.
Tel sera le luxe des colonies angloises ,
dès que la paix aura raffermi leur heureuse
constitution , & qu'il leur sera permis de
jouir des fruits de leur liberté , de leurs

vertus, & de leur commerce (1). Mais si les mœurs au contraire font corrompues dans une nation ; fi le peuple a perdu toute idée de vertu & tout fentiment de patriotifme ; fi l'opinion qui règle toutes les actions des hommes, n'accorde des diftinctions qu'à ceux qui vivent dans la molleffe & l'oifiveté : alors le luxe d'une nation prendra l'empreinte de fes mœurs. C'eft alors que l'on verra un citoyen qui à peine a de quoi vivre fans avoir befoin de travailler, étaler comme un objet de luxe des ongles qu'il laiffe croître pour prouver qu'il ne fait rien. Là, tout le luxe fera dans un férail ; le nombre feul des femmes & des eunuques y annoncera les richeffes de chaque citoyen qui y déterminera les marques de refpect & de confidération qu'on lui doit. Tel eft le luxe d'une grande partie de l'Orient.

Il ne faut donc pas confondre la caufe avec les effets. De la corruption des

_____

(1) Il faut toujours fe rappeler que l'auteur, comme on l'a vu plus haut, a écrit cette partie de fon ouvrage pendant la dernière guerre.

mœurs naît la corruption du luxe : mais
ce n'est pas le luxe qui corrompt les
mœurs ; il ne peut pas non plus énerver
le courage d'une nation. Ce mal, que les
moralistes ont encore attribué au luxe,
n'est qu'un effet de la corruption des
mœurs, qui, en même-temps qu'elle
fait naître la corruption du luxe, amollit
les hommes & les rend incapables de
supporter les fatigues de la guerre. L'industrie, loin d'énerver l'esprit & le corps,
leur donne une nouvelle force. Combien
de fois les Athéniens, avec tout leur
luxe, ne triomphèrent-ils pas de la frugalité des Spartiates ? La France, sous
le règne de Louis XIV, c'est-à-dire, à une
époque où le luxe étoit devenu excessif,
ne fit-elle pas trembler l'Europe ? Quelle
différence y a-t-il entre *Saint-Hilaire*,
qui, blessé mortellement, montre à son
fils le grand Turenne mort à ses côtés
pour la patrie, & le père d'un Spartiate
qui court au temple rendre graces aux
Dieux de ce que son fils a perdu la vie en
défendant son pays ? La nation de l'Europe où le luxe a fait le plus de progrès,

n'a-t-elle pas montré dans ces derniers
temps une valeur digne de ses barbares
ancêtres ? L'Angleterre n'a t-elle pas vu
fortir de fon fein une quantité prodigieufe
d'hommes qui auroient obfcurci la gloire
de tous ces fameux héros de l'antiquité,
s'ils euffent combattu fur les mers ? Combien de fois l'Océan n'eft-il pas devenu le
théâtre d'une foule d'actions plus coura-
geufes que toutes celles qui ont immor-
talifé les journées de Platée , de Mara-
thon, & des Termopyles ? Non , le luxe
n'affoiblit point le courage , la force, &
l'énergie , lorfque les mœurs ne font
point encore corrompues ; il ne devient
véritablement nuifible que par le concours de plufieurs caufes étrangeres.
Puifqu'il dépend des mœurs de la nation ,
le Légiflateur ne peut le diriger qu'en
dirigeant les mœurs. S'il veut que fa
nation ne foit compofée ni de féroces
Spartiates, ni de Sybarites efféminés ; s'il
veut que l'amour du travail s'y perpétue
avec le goût de l'aifance & des plaifirs de
la fociété ; s'il veut enfin que le luxe foit
ce qu'il doit être , l'ame de l'induftrie

&

& le diftributeur des richeffes nationales; qu'il crée, qu'il perfectionne les mœurs publiques; qu'il ceffe de croire à l'effi-cacité prétendue de toutes ces lois fomp-tuaires qui attaquent la liberté du ci-toyen, & qui d'ordinaire ne font point dictées par l'amour du bien public, mais par cette fantaifie abfurde & trop com-mune, de vouloir régler toutes les ac-tions des citoyens; efpèce de manie qui fait confidérer les hommes comme autant d'enfans privés des lumières de la raifon, & qu'il faut mener par la main; qu'il fe perfuade enfin que vouloir diriger le luxe par des réglemens, c'eft foumettre les lois à toutes les viciffitudes de la mode. S'il prohibe aujourd'hui telle efpèce de luxe qu'il croit dangereufe, demain elle ne fera plus de mode, & il fera obligé d'en prohiber une nouvelle efpèce. L'imagination, fans ceffe irritée par des prohibitions, volera fans ceffe au devant des lois; alors on ne verra plus que des ordonnances arbitraires, parti-culières, qui naîtront toujours les unes des autres; & le Légiflateur qui, à

Tome II. Dd

l'exemple de la Divinité, doit gouverner les hommes par des lois générales & conformes à l'ordre naturel , compromettra sa dignité ; ses lois deviendront un objet de ridicule & de mépris, & ruineront l'industrie & le commerce de la nation , en détruisant leurs rapports avec l'industrie & le commerce des autres peuples, par la crainte imaginaire d'un luxe passif, comme l'expérience l'a si souvent démontré. Qu'il ne redoute donc pas les progrès du luxe, quels qu'ils soient , tant que l'ordre régnera dans les différentes classes de la société ; qu'il regarde au contraire ce luxe comme un ressort nécessaire à l'opulence de l'Etat , & comme le résultat de l'aisance générale.

La plupart des Ecrivains politiques se sont élevés en général contre le luxe passif, & ont assuré qu'il n'y a que le luxe actif qui puisse être utile à une nation. Je vais développer sur cet objet important quelques vérités que ne devroient pas ignorer ceux qui sont chargés de gouverner les Etats.

CHAPITRE XXXVIII.

Du luxe actif & du luxe passif. Dans quels cas le luxe passif est-il un bien ? Dans quel cas le luxe actif est-il un mal ?

CETTE digreffion n'eft pas étrangère aux objets que j'ai traités dans ce livre. La plupart des Ecrivains qui ont foutenu la caufe du luxe, fe font déclarés contre le luxe paffif, parce qu'ils ont cru voir qu'il faifoit fortir de l'Etat des richeffes réelles, pour y introduire des richeffes d'opinion & de fantaifie; qu'il alimentoit l'induftrie étrangère; enfin qu'il nuifoit à l'induftrie nationale, en faifant concourir avec elle l'induftrie étrangère, qui obtient toujours la préférence.

Cette objection faite prefque univerfellement contre le luxe paffif, eft une erreur qui ne peut naître que de l'ignorance des vrais intérêts des nations & de

Dd 2

l'état particulier des différens peuples. C'eſt contre cette erreur que je cherche à prévenir ici les dépoſitaires de l'autorité publique. Je prie ceux qui liront ce livre de ne point m'accuſer d'élever des ſyſtêmes pour détruire les opinions de tous les hommes célèbres qui ſe ſont conſacrés à la défenſe des droits de l'humanité , comme ſi je me croyois chargé d'une miſſion expreſſe pour révéler aux peuples les principes de leur bonheur, & leur indiquer les routes cachées qui doivent les y conduire. Une préſomption auſſi abſurde ne peut entrer dans l'eſprit d'un homme qui a déjà déclaré & qui déclare encore devoir la plus grande partie de ſes idées à tous ceux qui ont écrit ſur cet objet. Mais la politique , l'économie, la Légiſlation ſont des matières très-compliquées, dans leſquelles il eſt facile de commettre des erreurs , lorſqu'on veut trop généraliſer des idées, dont l'exactitude, comme je l'ai dit , eſt toute relative. Tel eſt le défaut de ceux qui ſe ſont élevés contre le luxe

paſſif en général, ſans obſerver que ce
luxe, qu'on entretient par l'induſtrie
étrangère, loin d'être toujours un mal,
pourroit être, pour quelques nations,
l'unique appui de leurs richeſſes & de
leur proſpérité.

Pour ſentir toute la vérité de ce principe,
il faut ſavoir que, dans quelque nation
que ce ſoit, il exiſte pour le numéraire
un terme conſtant qu'il ne peut outre-
paſſer, ſans ruiner la population, l'agriculture, les arts, & le commerce. Suppoſons, par exemple, qu'un peuple qui
poſsède des mines abondantes, ou une
balance de commerce très-avantageuſe,
veuille ſe ſouſtraire à la dépendance où il
eſt des autres peuples, en s'appropriant les
arts, les manufactures, & les denrées qui
peuvent ſervir à ſa conſommation intérieure, & en proſcrivant l'importation de
toutes les marchandiſes étrangères qui
feroient ſortir une partie de ſon numéraire ; quel ſera, je le demande, le ſort
de cet Etat ? Pourvu qu'un tremblement
de terre ne bouleverſe pas ſes mines,

qu'une révolution politique ne détruise pas son commerce , que l'ambition de son Roi , ou l'intérêt de sa propre sûreté, ne l'oblige pas d'envoyer hors des frontières une armée dont la consommation dissipe une partie de ses métaux; la quantité du numéraire croissant toujours dans cet Etat , en diminuera la valeur au point de rendre le prix des denrées & des ouvrages de l'art , si supérieur à celui des autres nations ; que les citoyens , trouvant plus d'avantages à acheter les denrées & les marchandises étrangères que les leurs , consommeront celles-là. Alors les agriculteurs , les artisans , les manufacturiers du pays, ne pouvant soutenir la concurrence des étrangers, abandonneront leurs fonds , leurs arts , & leurs manufactures , & déserteront une patrie qui ne leur offre que l'indigence ; alors enfin sortira de l'Etat toute cette masse énorme de numéraire à laquelle on n'avoit pas su procurer un débouché. C'est ainsi que finissent les nations où le numéraire s'est trop multiplié.

Qu'on n'espère pas de pouvoir prévenir cette terrible catastrophe en opposant
des lois prohibitives aux lois puissantes
de la nécessité : malgré la sévérité des
peines qu'on pourroit établir contre l'importation des marchandises étrangères,
malgré toute' cette multitude de gardes
& d'espions qu'on chargeroit de les
surveiller nuit & jour ; dès qu'il y aura
un très-grand avantage à les faire entrer
dans l'Etat, elles y entreront. Les gardes
& les espions seront corrompus ; on mé-
prisera tous les ordres, toutes les menaces
de la loi ; & les préposés de la finance
deviendront eux-mêmes les principaux
agens de ce commerce clandestin. L'Angleterre, l'Espagne, & tous les pays du
monde offrent des preuves de cette vérité (1).

(1) L'Angleterre a cru pouvoir empêcher l'importation
de quelques marchandises étrangères, en les chargeant d'un
droit qui leur donne une valeur factice de cent ou de deux
cent pour cent. Elle a ajouté à cet impôt les peines les
plus sévères contre les contrebandiers. Mais est-elle bien

D d 4

Le mal eſt donc irréparable, lorſque
la maſſe du numéraire s'eſt exceſſivement
accrue dans une nation. C'eſt à la politique de prévenir ce déſordre, en offrant un débouché au ſuperflu qui pourroit
le produire. Or je n'en vois pas d'autre
que le luxe paſſif, pour une nation qui,
poſſédant des mines abondantes d'or &
d'argent, & jouiſſant d'une balance de
commerce très-avantageuſe, joint à tous
ces avantages celui d'un territoire qui
produit pour ſa conſommation intérieure
toutes les denrées de première néceſſité.

Où pourroit-on chercher ce débouché?
Dans la guerre? Ce ſeroit une erreur contraire à tous les principes de la morale &
de la politique. Toute guerre qui n'eſt
pas déterminée par les droits d'une défenſe néceſſaire, ou par les devoirs ſacrés
de l'alliance, eſt une injuſtice que rien

---

parvenue à ſon but? Les importations clandeſtines de
ces marchandiſes n'ont-elles pas enrichi un très-grand
nombre de familles? ne ſont-elles pas auſſi fréquentes
que les autres importations qui ſe font ſous les yeux des
Magiſtrat, & avec la permiſſion de la loi?

ne peut légitimer. La guerre ne diffipe pas feulement le numéraire ; elle détruit encore la population. D'ailleurs , une telle guerre , dans un fiècle où les nations n'afpirent qu'à la paix , ne produiroit d'autre effet que de les foulever toutes à la fois contre celle d'entre elles qui oferoit troubler la paix générale.

Le cherchera-t-on dans la confommation des denrées étrangères de première néceffité ? Ce feroit mettre la nation dans la dépendance des autres Etats ; ce feroit rendre fon exiftence précaire & fon bonheur incertain ; ce feroit détruire l'agriculture, premier fondement de la profpérité des peuples.

Le cherchera-t-on dans l'établiffement d'une marine confidérable ? Ce moyen fans doute produit d'ailleurs de trèsgrands avantages; mais il ne peut pas faire naître ici l'effet que l'on défire. Ou cette marine eft deftinée à protéger & ranimer le commerce, & alors elle exifte aux dépens du commerce ; ou elle eft deftinée à défendre les côtes de l'Etat , & alors elle confomme les denrées de la nation qui l'entretient. Dans l'un & l'autre cas, elle ne peut donc être confidérée comme un débouché favorable au fuperflu du numéraire.

De quelque côté que nous jetions les yeux, nous ne trouverons donc que le luxe paffif qui puiffe faciliter l'écoulement de ce fuperflu. Ce canal de communication qui donne la vie au commerce, en établiffant entre toutes les nations une forte de dépendance volontaire, & que l'on peut fermer ou rouvrir felon que les circonftances l'exigent, eft le feul moyen que la politique puiffe imaginer pour affurer la profpérité d'un pays que l'excès de fes richeffes peut entraîner vers fa ruine.

Si l'on obferve avec attention les différens intérêts de deux nations de l'Europe, qui font précifément dans la fituation que nous avons fuppofée, cette vérité paroîtra encore plus évidente. L'Efpagne & le Portugal poffèdent des mines abondantes d'or & d'argent : elles ont un territoire fertile qui peut offrir à leur confommation intérieure toutes les denrées de premier befoin. Quant à l'Efpagne, perfonne ne peut nier qu'elle ne foit de tous les Etats de l'Europe, & peut-être même de l'univers entier, celui que fa fituation naturelle, fon territoire, & fes domaines en Amérique rendroient le plus riche; celui qui pourroit, avec la plus grande célérité, accumuler une maffe plus confidérable d'or & d'argent; celui enfin qui pourroit arriver le plûtôt à cet excès de richeffe, qui, détruifant, comme nous l'avons démontré, l'induftrie, l'agriculture, & la population, ramène l'indigence & fait fuccomber un Etat fous le poids de fes tréfors.

Suppofons que la fertilité de fon territoire fût fecondée par une bonne culture, & qu'elle s'occupât à manufacturer toutes fes matières premières; l'Europe fe verroit alors inondée en peu de temps, fuivant l'expreffion d'un Ecrivain diftingué (1), de fes grains, de fes vins, de

_____

(1) L'Auteur des *Intérêts des nations*, tom. 1, ch. 5.

fes liqueurs, de fon favon, de fes huiles, de fes fruits, de fes étoffes de laine & de foie, de fes toiles, de fes ouvrages d'or, d'argent, de fer & d'acier; fa pêche fuffiroit à fa confommation, & elle n'auroit befoin, pour entretenir une marine confidérable, que d'aller faire dans le Nord fes approvifionnemens de bois.

Si l'Efpagne, n'ayant aucun domaine en Amérique, vouloit donner à l'induftrie nationale le mouvement dont elle fufceptible & ouvrir toutes les fources de fes richeffes, elle pourroit devenir une des nations les plus opulentes de l'Europe, & conferver une balance de commerce toujours avantageufe. Mais peut-elle, dans fa fituation actuelle, créer & entretenir cet efprit d'induftrie générale ? peut-elle établir cette balance avantageufe de commerce, au milieu de quatre - vingts millions de livres qu'elle reçoit chaque année du Mexique & du Pérou ? Si elle ne vouloit pas voir dans l'or & l'argent que l'Amérique lui envoye, une forte de marchandife, une production de fon

territoire, un objet d'échange, & que,
pour en conferver dans fon fein la maffe
entière, elle excitât tous les genres de
culture, que fon fol peut permettre, &
établît toutes les efpèces d'arts & de
manufactures qui peuvent fervir à fa confommation & à fon luxe, n'auroit-elle
pas en circulation, dans l'efpace de quarante ans, un numéraire qui excéderoit
des deux tiers celui des autres nations,
numéraire d'autant plus confidérable,
que toutes les nations induftrieufes feroient, à fon égard, dans un état de pauvreté relative ? Or fa fituation ne feroit-
elle pas alors celle d'un peuple que fon
opulence extrême ramène à la plus dure
pauvreté ? Ses denrées & les ouvrages
de fes manufactures, parvenus à un prix
exceffif par l'aviliffement du numéraire,
pourroient-ils réfifter à la concurrence
des autres nations qui lui offriroient les
leurs à bon marché ? Et qui pourroit
empêcher l'Efpagnol de confommer les
denrées & les marchandifes étrangères
qu'il payeroit deux tiers de moins que
celles de fon pays ? Bientôt l'Efpagne

verroit fortir de fon fein tous fes immenfes
tréfors, après avoir vu la ruine de l'agriculture & de l'induftrie nationales. Puifqu'il eft donc impoffible à l'Efpagne de
retenir pour elle le produit entier des
mines du Nouveau - Monde ; puifque
toute fa politique ne doit avoir pour but
que d'en conferver une partie fuffifante
pour faire pencher la balance de fon côté,
& de ne pas rendre fes avantages exceffifs, afin de les rendre durables ; puifque
l'exercice des arts de premier befoin, ainfi
que l'abondance & les excellentes qualités
de fes productions fuffifent pour lui procurer cette fupériorité ; puifqu'elle ne
peut enfin procurer un débouché à cette
énorme quantité d'or & d'argent que lui
envoyent le Pérou & le Mexique, fans
renoncer à toutes ces manufactures & à
tous ces arts qui ne fervent pas immédia-
tement à la culture de fon territoire : il
n'y a donc que le luxe paffif qui puiffe
devenir l'inftrument de fa profpérité &
de fa confervation, en faifant écouler
cette maffe de richeffes, & en empêchant l'aviliffement du numéraire.

On peut dire la même chose du Portugal : si son territoire étoit bien cultivé, & qu'une population plus considérable mît en valeur tout ce qui reste sans culture, cet Etat n'auroit besoin d'aucune autre nation pour subvenir à ses besoins de première nécessité : il pourroit échanger son surabondant contre les denrées qui lui manquent. Son commerce dans les Indes orientales & sur les côtes d'Afrique, s'il étoit bien dirigé, deviendroit encore une source très-abondante de richesses. Enfin, indépendamment des autres productions du Brésil, par le moyen desquelles il feroit un grand commerce de propriété en Europe, le Portugal reçoit tous les ans de ses mines soixante millions de livres. Telles sont les richesses dont jouiroit ce Royaume, si l'absurdité de ses lois, les erreurs de son administration, & le monopole des Anglois n'en avoient épuisé ou détourné les sources. Lorsqu'un Gouvernement éclairé aura remédié à tous ces maux, le Portugal sera forcé d'adopter, à l'exemple de l'Espagne, un système de luxe passif.

Je crois avoir suffisamment démontré l'erreur de ces Ecrivains qui s'élèvent avec beaucoup de véhémence, & sans trop de réflexion, contre le luxe paffif en général, sans obferver les circonf-tances particulières où fe trouvent les différens peuples; circonftances qui d'or-dinaire détruifent les règles trop géné-rales de la politique. Mais comme cette vérité eft encore peu connue, je me vois obligé de réfuter deux objections qu'on ne manqueroit pas de me faire. La pre-mière eft relative à ce que j'ai dit fur l'Efpagne.

L'Efpagne, me dira-t-on, fous le règne de Charles V & de Philippe II fon fils, poffédoit en Amérique des mines auffi abondantes que celles qu'elle poffède aujourd'hui; elle entretenoit fes colonies du produit de fes mines; elle faifoit le plus grand commerce dans les Indes orientales & dans l'Europe : loin d'ali-menter fon luxe par l'induftrie étrangère, elle alimentoit le luxe étranger par fa propre induftrie. Séville feule, au rapport
du

du célèbre D. Jérôme de Uftaris , renfermoit foixante mille métiers à foie ; les
draps de Ségovie & ceux de Catalogne
étoient les plus beaux de l'Europe & les
plus recherchés : les foires de l'Efpagne
étoient fréquentées par tous les négocians de l'Europe : dans la feule foire de
Médine , fuivant un mémoire dreffé fous
Philippe II par Louis Valle della Cerda ,
il fe négocioit en lettres de change pour
une valeur de plus de cent cinquante
millions d'écus. Cependant l'Efpagne n'a
peut-être jamais été plus peuplée qu'elle
l'étoit alors ; fon territoire n'a jamais été
mieux cultivé, fon induftrie n'a jamais eu
plus d'activité. L'opulence de l'Efpagne
ne rendoit donc pas alors néceffaire le
luxe paffif, que vous croyez fi important
pour cette nation ?

Tous ces faits font vrais, & je ne prétends point les contefter ; mais l'hiftoire
entière de l'Efpagne, fous ces deux règnes,
ne confifte pas feulement dans ces faits.
Elle n'eut pas befoin , je l'avoue, du luxe
paffif : mais pourquoi ? parce qu'elle trouva
un débouché pour fon numéraire dans les

guerres que l'ambition de Charles V
& de Philippe II fit entreprendre.
Rappelons-nous les dépenses énormes
que ces deux Princes firent hors de leur
Etat. Charles V, toujours en voyage &
toujours en guerre, répandit des sommes
immenses en Allemagne, en Italie, & en
Afrique : il fit, pendant tout le cours de
son règne, près de cinquante voyages.
Les revenus de la couronne sortoient
presque tout entiers de l'Espagne, pour
satisfaire les besoins & l'ambition d'un
Prince que sa manie des conquêtes &
son titre d'Empereur forçoient d'être
toujours hors de l'Etat. Lorsqu'il envoya
son fils à Londres pour épouser la Reine
Marie & prendre le titre de Roi d'Angleterre, il fit partir pour la Cour de
Londres vingt-sept grandes caisses d'argent en barre, & cent chevaux chargés
d'or & d'argent monnoyés. On sait d'ailleurs que les fameuses mines du Potosi
ne furent découvertes que peu d'années
avant la fin de son règne. Quant à Philippe II, il faisoit la guerre dans les
Pays-Bas contre le Prince Maurice

d'Orange, dans le même temps qu'il la faisoit à Henri IV, aux Genevois, aux Suisses, & qu'il combattoit sur mer les Anglois & les Hollandois. Sa flotte de cent cinquante vaisseaux qu'il envoya contre les Anglois, & qui eut un sort si malheureux, ne fut pas une perte indifférente pour la nation. Son despotisme dans les Pays - Bas & son ambition en France lui coûtèrent plus de trente millions de livres. Est-il donc étonnant que l'Espagne n'ait pas eu besoin, à cette époque, du luxe passif, pour prévenir cet excès d'opulence qui ruine l'agriculture, l'industrie, & la population ? Si l'on calcule toutes les sommes que ces deux Princes répandirent hors de leur Etat, on trouvera une somme très-supérieure à celle que feroit sortir le luxe passif le plus considérable que l'on puisse imaginer (1).

_____

(1) Qu'on observe tous les maux que le système absurde d'empêcher le transport d'une partie du numéraire hors de l'Etat produisit dans cette nation, lorsque le superflu du numéraire eut perdu ce débouché que l'ambition de ces deux Princes avoit ouvert. L'Espagne souffre encore, &

L'autre objection que l'on pourroit me faire, est relative à la Hollande. Si elle n'a pas, me dira-t-on, des mines d'or & d'argent, comme l'Espagne & le Portugal, elle a un commerce d'économie qui est pour elle une source de richesses aussi abondante que le seroit la mine la plus précieuse. La balance toujours avantageuse de son commerce augmente chaque année la masse de son numéraire. Personne n'ignore que c'est de tous les pays de l'Europe, celui où l'on trouve une plus grande quantité d'argent. Cependant la Hollande, au milieu de ses trésors, n'a pas perdu son esprit d'économie; son opulence n'a pas eu besoin jusqu'à présent du luxe passif. N'est-il donc pas permis de présumer que l'Espagne & le Portugal pourroient aussi conserver la leur, sans recourir à ce moyen? Non : la Hollande n'a rien de commun avec ces deux nations; sa constitution, son territoire, la

---

elle souffrira long-temps de l'ignorance de ses Législateurs à cet égard. Voyez le chapitre 3 du premier livre de cet Ouvrage.

nature de fon fol, la fource de fes richeffes, tout eft différent. L'Efpagne &
le Portugal , non feulement peuvent
pourvoir à leur confommation intérieure
par les productions de leur fol , mais ils
ont encore un furabondant à échanger.
La Hollande , au contraire , ne peut
nourrir avec fes productions que le tiers
de fes citoyens. L'Efpagne & le Portugal
font un commerce de propriété , & la
Hollande ne fait qu'un commerce d'économie. Or qui ne fait que l'unique fondement de ce commerce eft la frugalité
de ceux qui le font? Nous l'avons obfervé
ailleurs : l'Efpagne & le Portugal n'ont
pas encore prêté de l'argent aux autres
Etats, & la Hollande a placé des fommes
immenfes dans les fonds publics de France,
d'Angleterre, & de quelques autres nations. Les guerres que les Provinces-Unies
ont foutenues après la paix de Ryfvick,
& les fommes qu'elles ont prêtées à la
France & à l'Angleterre avant la guerre
contre les colonies , ont fait fortir de la
Hollande plus de cinq cents millions de
livres. Mais malgré tous les débouchés

qu'à eus le numéraire de la Hollande, malgré l'écoulement continuel & néces- saire que lui procurent la petitesse de son territoire & la stérilité de son sol ; malgré l'économie que la nature de son com- merce exige, la Hollande n'a-t-elle pas été forcée de renoncer aux profits de ses manufactures ? le prix excessif de la main-d'œuvre, que l'avilissement du nu- méraire a produit, n'a-t-il pas obligé les Hollandois à se servir des toiles & des étoffes des Indes ? leur opulence ne les a-t-elle pas forcés d'adopter cette espèce de luxe étranger ? Il est donc certain que le luxe passif est, pour quelques nations, une ressource absolument nécessaire.

———

Tels sont les principes, telles sont les vérités que j'ai cru devoir développer dans cette partie de la Science de la Lé- gislation, relative aux lois politiques & économiques. Leur objet, comme je l'ai observé en commençant, est de multi- plier les hommes & de pourvoir à leur subsistance, en faisant naître des richesses dans l'État, en les confervant, & en les diftribuant avec la moindre inégalité poffible. Mais ai-je traité ce fujet dans toute fon étendue ? ai-je expofé toujours de nouvelles reffources, montré des vérités nouvelles, attaqué des erreurs inconnues ? puis-je me glorifier d'avoir le premier obfervé les caufes de la mifère des peuples, & indiqué des moyens propres à la détruire ? Non. Je n'ai fait que porter une lumière de plus dans cette caverne ténébreufe où fe retirent les monftres qui dévorent les nations. Si cette lumière peut contribuer à faire mieux apercevoir leur nombre, leur force, & leur union; fi elle peut faire découvrir quelqu'un de ces monftres, cachés jufqu'aujourd'hui dans la cavité la plus profonde de la caverne, je fuis récompenfé de toutes mes peines.

Le Philofophe doit être le miniftre de la vérité, & non un vain créateur de fyftêmes. Que des hommes fans talens & fans courage continuent de répéter leur grande maxime, *Tout a été dit* : tant que les abus & les préjugés qui les

perpétuent trouveront des partisans, tant
que la vérité, objet des méditations d'un
petit nombre d'hommes, sellera incon-
nue à la plus grande partie du genre
humain ; tant qu'on la forcera de s'éloigner des trônes, le devoir du Philosophe
sera de l'annoncer & de la défendre. Si
les lumières qu'il répand ne sont pas
utiles à son siècle & à sa nation, elles
le seront à un autre siècle & à d'autres
peuples : citoyen de tous les lieux, con-
temporain de tous les âges, l'univers est
sa patrie, & tous les hommes sont ses
disciples.

Fin du tome second.